普通高等教育会计专业**精品课程**系列教材

高级财务会计

Advanced Financial Accounting

张　洁　主编

上海财经大学出版社

图书在版编目(CIP)数据

高级财务会计/张洁主编.一上海:上海财经大学出版社,2017.9
(普通高等教育会计专业精品课程系列教材)
ISBN 978-7-5642-2633-6/F·2633

Ⅰ.①高… Ⅱ.①张… Ⅲ.①财务会计-教材 Ⅳ.①F234.4

中国版本图书馆 CIP 数据核字(2017)第 203146 号

□ 责任编辑 王 芳
□ 封面设计 张克瑶

GAOJI CAIWU KUAIJI
高级财务会计

张 洁 主 编

上海财经大学出版社出版发行
(上海市中山北一路 369 号 邮编 200083)
网 址:http://www.sufep.com
电子邮箱:webmaster @ sufep.com
全国新华书店经销
上海华教印务有限公司印刷装订
2017 年 9 月第 1 版 2017 年 9 月第 1 次印刷

787mm×1092mm 1/16 11.75 印张 301 千字
(习题与案例 7.25 印张 186 千字)
印数:0 001—4 000 定价:45.00 元

(本教材赠送习题与案例,请向售书单位索取)

前 言

FOREWORD

本教材是《中级财务会计》的后续教材。通过学习本教材，使学生能够掌握企业合并与合并报表编制的基本方法与基本技能，以及其他特殊会计问题，为进行其他财经类课程的学习奠定基础。为此，本书在编写主线、编写特点与编写结构上涵盖了这些目的。本教材全套分为两册，分别为《高级财务会计》和《高级财务会计习题与案例》。

编写主线

按照本教材的编写目标，其主线是：依据我国财政部和我国立法机构最新颁布实施的一系列会计规范性文件和法律、条例编写。本教材以简明易懂的文字，阐述了企业合并会计核算的基本概念、企业合并报表编制的基本方法；阐述了上市公司信息披露规则、公允价值会计、租赁业务、企业财务困境会计处理方法以及外币交易会计及其报表编制。通过这门课的学习，使学生能够初步掌握企业合并会计报告的基本框架、会计处理以及其他特殊业务的会计处理与分析。

编写特点

为便于学生在学习本章之前对讲授内容有一个大致了解，在每一章之首，阐述了本章学习目标，提纲挈领地让读者了解每一章的内容，并在每一章之末，对本章的重点部分进行小结，便于学生进行课后重点复习与领会。

本教材以简洁、通俗易懂的方式为会计专业的初学者设计了"知识链接"与"课堂思考"栏目。"知识链接"栏目主要是为了扩展学生的知识面以及提高学生的学习热情；设置"课堂思考"栏目的目的是使学生能够正确理解每个章节的知识点，培养学生勤于思考、善于思考的能力，使学生知其然，也知其所以然。

为方便教师与学生教学活动，与本书配套的《高级财务会计习题与案例》阐述了各章节的教学重点与难点、练习题与案例分析题。

本书各章作者

本书由上海财经大学浙江学院会计系张洁任主编，上海财经大学会计学院王霞负责全书提纲的拟订以及全书定稿前的修改、补充和总纂，上海财经大学浙江学院会计系教师负责完成。本书各章的作者是：第一章～第七章由张洁执笔，第八章由王金平执笔，第九章由张倩执笔，第十章、第十一章由邓芬执笔，第十二章和第十三章由王霞、徐斌执笔。

致谢和结语

上海财经大学会计学院钱逢胜博士对本教材提出了宝贵意见与建议，使我们受益匪浅；上海财经大学浙江学院院长马洪教授自始至终地关心本教材的编写进度与编写质量，在此，我们全体编写人员表示衷心地感谢。

随着现代企业制度的建立与不断完善，我国会计法规、制度正处于不断的更新与改革之中，在此期间，将有许多会计处理方法需要修订。我们认为，会计是一种国际商业语言，记录着每一项交易的来龙去脉，但是，现实的经济生活实际上已经超过了这一商业语言本身涵盖的范围，它涉及许多相关的知识"链接"。这些"链接"除会计之外，更多的是法律和经济学方面的，包括金融、货币、证券；甚至是哲学方面的，包括伦理学、心理学等相关内容。由于受篇幅限制和编写水平有限，本书不可能面面俱到，疏漏之处在所难免，恳请会计同仁多多赐教，以修正不足之处。

编者

2017 年 8 月

目　录

CONTENTS

第二篇　其他特殊业务会计

第一篇

企业合并与合并报表

第一章 企业合并会计概述

本章学习目标

熟悉企业合并的概念、企业合并的方式与类型，掌握购买法和权益结合法的基本原理，了解企业合并的会计信息披露。

第一节 企业合并的定义与范围

企业合并是企业谋求规模快速扩张的重要方式之一。宏观经济环境的改变会促使一个企业采用合并这种方式进行快速发展，以保持与市场环境步调一致。为了进入一个新兴市场领域、提升技术创新能力、实现资源互补、降低生产成本、形成垄断等，也可能成为企业进行合并的原因。因此，企业合并是经济快速发展时期较为常见的交易事项。

一、企业合并的定义

对于企业合并的定义，《国际财务报告准则第 3 号——企业合并》中的定义为：将单独的主体或业务集合为一个报告主体。而美国财务会计准则委员会颁布的《财务会计准则委员会第 141 号公告》对企业合并的会计概念定义如下：企业合并是购买方取得对一个或更多企业控制的交易或事项，这些交易有时称为真实兼并或者等同兼并。我国《企业会计准则第 20 号——企业合并》中规定：企业合并，是指将两个或两个以上单独的企业合并形成一个报告主体的交易或事项。

上述有关企业合并的会计概念强调单一主体及参与合并企业合并前的独立性。虽然参与合并的企业中可能有一家或数家丧失其法人资格，但是，从会计上看，法人资格的消失并不是企业合并的必要条件。只要以前彼此独立的企业合并成一个会计主体，而它们的经济资源和经营活动处于单一的管理机构控制之下，那么就完成了企业合并。合并的实质是控制，而不是法律主体的解散。所以，是否形成合并，关键要看有关交易或事项发生前后，是否因为控制权的变化而引起了报告主体的变化。

但是，即使一个企业取得了对另一个企业或多个企业的控制权，而被购买方（或被合并方）并不构成业务，则该交易或事项不形成企业合并。业务是指企业内部某些生产经营活动或资产负债的组合，该组合具有投入、加工处理过程和产出能力，能够独立计算其成本费用或所产生的收入,但该组合又不构成一个企业,不具有独立的法人资格。例如,2008 年中国电信以 1 100亿元人民币的价格只是购买了中国联通的 CDMA 网络及全部业务,而不是购买了中国联通,但这仍属于企业合并。

综上所述,构成企业合并至少包括两层含义:一是取得对另一个或多个企业(或业务)的控制权,二是所合并的企业必须构成业务。

二、不包括在企业合并准则范围内的交易或事项

在实务中,有一些交易或事项虽然符合我国《企业会计准则第 20 号——企业合并》的定义,但是因为交易条件等各方面的限制,不包括在企业合并准则的范围之内。主要有以下两种情况:

(一)购买子公司的少数股权

购买子公司的少数股权,是指一个企业已经能够对另一个企业实施控制,双方已经是母子公司的关系,但是为了增加持股比例,母公司自子公司的少数股东处购买少数股东持有的对该子公司全部或部分股权。根据企业合并的定义,该交易或事项发生前后,不涉及控制权的转移,报告主体没有发生变化,因此不属于企业合并。

(二)其他不属于企业合并准则规范的情况

两方或多方形成合营企业的情况,主要是指合营方将其拥有的资产、负债等投入所成立的合营企业,按照合营企业章程或合营合同、协议的规定,在合营企业成立以后,由合营各方对其生产经营活动实施共同控制。在这种情况下,因为合营企业的各合营方中,并不存在占主导作用的控制方,因此也不属于企业合并。

第二节　企业合并的方式与类型

企业合并的方式多种多样,可按不同的标准加以分类,最常见的分类方法是按照法律形式和合并类型进行分类。

一、企业合并的方式

企业合并按照其法律形式进行分类,可以分为吸收合并、新设合并和控股合并。

(一)吸收合并

吸收合并也称兼并,是指一家企业通过支付现金或其他资产、发行股票或债券等方式取得另外一家或几家企业的全部净资产。参与合并的企业中,只有一家继续存在,其余企业都丧失其法律地位。丧失法律地位的企业,其经营活动可能继续进行,但是只能作为合并方(或购买方)企业的一部分而存在。吸收合并的过程可用下式表示:

A 企业+B 企业=A 企业

(二)新设合并

新设合并是指参与合并的各方在企业合并后法人资格均被注销,重新注册成立一家新的企业,由新注册成立的企业持有参与合并各企业的资产、负债,并在新的基础上经营。新设合并的过程可用下式表示:

A 企业+B 企业=C 企业

(三)控股合并

控股合并是指一家企业通过支付现金或其他资产、发行股票或债券等方式取得另一家企

业的全部或部分有表决权的股份，从而达到能够对被投资企业实施控制的程度，而参与合并的两家企业在合并前后仍然保留其法律地位。控股合并的过程可用下式表示：

A企业＋B企业＝A企业＋B企业

在控股合并中，因合并方（或购买方）通过企业合并交易或事项取得了对被合并方（或被购买方）的控制权，被合并方（或被购买方）成为其子公司，在企业合并发生后，被合并方（或被购买方）应当纳入合并方（或购买方）合并财务报表的编制范围，因此，从合并财务报表的角度看，报告主体发生了变化。这一过程可用下式表示：

A企业的财务报表＋B企业的财务报表＝A企业B企业的合并财务报表

依据法律形式对企业合并分类，是传统上讨论企业合并会计问题时采用的主要分类方法。吸收合并和新设合并的结果是形成单一的法律主体，不存在编制合并财务报表的问题。而控股合并后，合并企业与被合并企业仍然是两个独立的法律主体和会计主体。从经济学角度看，由于控股事实的存在，两者在合并后已经构成了一个经济实体。为了综合、全面地反映这一经济实体的财务状况和经营成果，有必要将母子公司组成的整个企业集团视为单一的会计主体，编制集团的财务报表，反映集团整体的财务状况、经营成果和现金流量情况。编制合并报表也是实质重于形式的会计信息质量要求的体现。

二、企业合并的类型

我国企业合并准则中将企业合并按照参与合并的企业在合并前后是否受同一方或相同的多方最终控制进行分类，分为同一控制下的企业合并和非同一控制下的企业合并。

（一）同一控制下的企业合并

同一控制下的企业合并，是指参与合并的企业在合并前后均受同一方或相同的多方最终控制，且该控制并非暂时性的。同一方，是指对参与合并的企业在合并前后均实施最终控制的投资者，如企业集团的母公司。相同的多方，通常是指根据投资者之间的合同或协议约定，拥有最终决定参与合并企业的财务和经营政策，并从中获取利益的投资者群体。控制并非暂时性，是指参与合并各方在合并前后较长的时间内受同一方或相同的多方最终控制，具体是指在企业合并之前（即合并日之前），参与合并各方受最终控制方的控制时间在一年以上（含一年），企业合并后所形成的报告主体在最终控制方的控制时间也应达到一年以上（含一年）。

如图1－1所示，B公司、C公司均为A公司的子公司，D公司、E公司均为B公司的子公司，则B公司、C公司、D公司、E公司均受A公司最终控制。假设该控制不是暂时性的，那么B公司、C公司、D公司、E公司中任意两个或多个公司的合并就是同一控制下的企业合并。

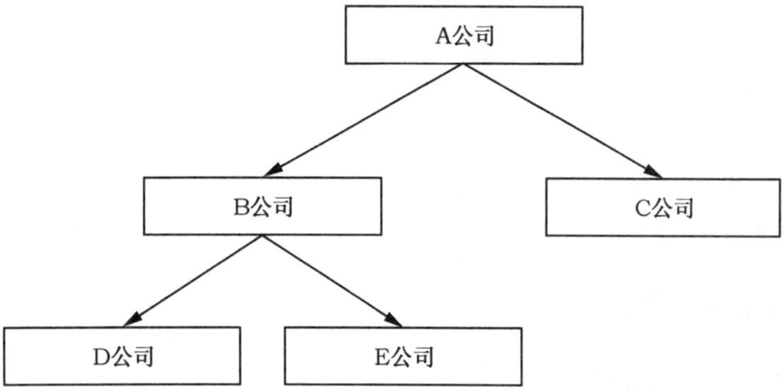

图1－1　受同一方最终控制

如图 1—2 所示，F 公司和 G 公司均受 M 公司和 N 公司的共同控制，如果 F 公司和 G 公司合并后仍然受 M 公司和 N 公司的共同控制，并且该控制不是暂时性的，则 F 公司和 G 公司的合并就是同一控制下的企业合并。

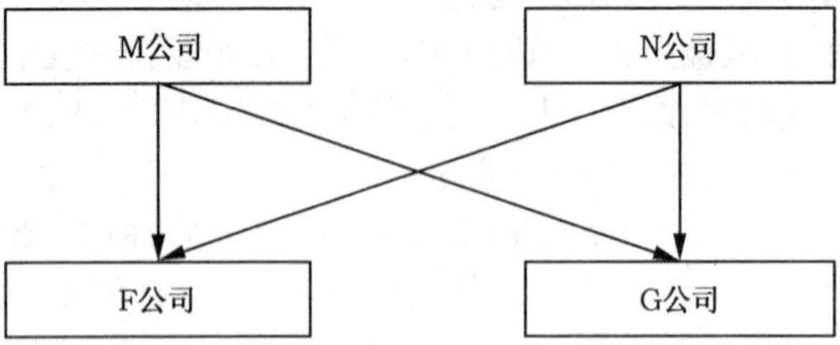

图 1—2　受相同多方最终控制

企业之间的合并是否属于同一控制下的企业合并，应综合构成企业合并交易的各方面情况，按照实质重于形式的原则进行判断。一般情况下，同一控制下的企业合并是指发生在同一企业集团内部企业之间的合并。结合我国国情，我国虽然有很多国有企业，但是同受国家控制的企业之间发生的合并，不应仅仅因为参与合并各方在合并前后均受国家控制而将其作为同一控制下的企业合并。

(二)非同一控制下的企业合并

非同一控制下的企业合并，是指参与合并的各方在合并前后不受同一方或相同的多方最终控制，或者虽然受同一方或相同的多方最终控制，但这种控制是暂时性的。

知识链接

同一控制下的企业合并，在合并日取得对其他参与合并企业控制权的一方为合并方，参与合并的其他企业为被合并方。非同一控制下的企业合并，在购买日取得对其他参与合并企业控制权的一方为购买方，参与合并的其他企业为被购买方。

第三节　企业合并的会计处理方法

企业合并的类型划分不同，所遵循的会计处理原则也不同。企业合并的会计处理是会计理论界与实务界最热门且具有争议的话题之一。企业合并会影响到整个公司的命运，同时涉及巨额交易，而每一个企业合并又有其自身的特点。因此，企业合并的会计处理是整个财务会计的重点和难点。

企业合并的会计处理方法受到了社会各界的关注。然而，各利益主体关注的焦点不同。要全面、深入地理解企业合并的会计处理方法，首先要充分认识企业合并所带来的会计问题。

一、企业合并带来的会计问题

(一)会计上如何看待企业合并

企业合并会计以反映企业合并的经济实质为目标。关于企业合并的经济实质，有三种不同的观点：

1. 购买观

购买观认为，企业合并是一家企业购买另一家或几家企业的购买行为。基于购买观采用的企业合并会计方法，称为购买法。

2. 权益结合观

权益结合观认为，企业合并是参与合并的各企业的原有权益的简单结合。基于权益结合观采用的企业合并会计方法，称为权益结合法。

3. 新实体观

新实体观认为，企业合并是所有参与合并的企业重新组成新的实体的行为。基于新实体观采用的企业合并会计方法，称为新实体法，或称新主体法、新起点法。

(二)可辨认资产与负债的计价

在具体会计处理层次上，企业合并带来的首要会计问题是，参与合并的企业的可辨认资产与负债在合并后企业的报表上如何反映。解决这一问题的方法主要有以下三种：

1. 对于主并企业和被并企业的资产与负债的计价采用不同的处理方法，主并企业不改变其计价基础，其资产、负债都按原来的账面价值计价；而被并企业要改变其计价基础，资产、负债按合并日的公允价值计价。这是购买法的主要特点。

2. 参与合并的所有企业都不改变其计价基础，所有资产、负债都按原来的账面价值计价。这是权益结合法的主要特点。

3. 参与合并的所有企业都改变其计价基础，所有资产、负债都按其合并日的公允价值计价，这是新实体法的主要特点。

(三)企业合并带来的其他会计问题

1. 企业合并中发生的有关费用的处理

为进行企业合并支付的审计费用、进行资产评估的费用以及有关的法律咨询费用等，列入当期的“管理费用”；以发行债券方式进行的企业合并，与发行债券相关的佣金、手续费等应计入负债的初始计量金额中，其中折价发行的，应增加折价的金额；溢价发行的，应减少溢价的金额；以发行权益性证券作为合并对价的，与所发行权益性证券相关的佣金、手续费等应自溢价手续费中扣除，在权益性证券发行无溢价或溢价金额不足以扣减的情况下，应当冲减盈余公积和未分配利润；常设的购并部门的日常管理费用不属于合并直接费用，发生时记入当期损益。

2. 被并企业期初至合并日的损益的处理

企业合并有可能不是在期初或期末完成，而是在会计期间中间的某一天完成的，于是就产生了被并企业期初至合并日损益的处理问题——合并后企业的当期(特别是当年)利润表中是否应该包括被并企业期初至合并日的损益。购买法下不应包括，权益结合法下则应包括。

3. 被合并方的留存收益是否保留

购买法下不予保留，权益结合法下则应当保留。

二、购买法

购买法将企业合并视为一家企业购买另一家或几家企业的行为。它要求购买企业对被购买企业的可辨认净资产和负债进行重新估价，按照购买日的公允价值入账或反映在购买日的合并资产负债表上。也就是说，与一般购买交易一样，买方对所取得的资产或承担的负债均以取得成本入账，各项资产、负债的取得成本为其在合并日的公允价值。如果总的购买成本大于所取得的全部可辨认净资产的公允价值，则将其差额确认为商誉；反之则为负商誉。

（一）购买法的特点

1. 将企业合并视为一种净资产和控制权的买卖交易。吸收合并是并购方一揽子买进被并购企业的全部资产，并承担其全部负债；控股合并，则是母公司购买了子公司净资产的控制权，子公司置于母公司的控制之下，因而其股权发生了实质性的变化。

2. 有新的计价基础，在购买日对被并购企业的可辨认资产与负债按公允价值计量。购买方取得被购买方的并入的可辨认净资产，应按评估后的公允价值计量。

3. 需要确定和分配合并成本。

4. 可能产生商誉或负商誉。当合并成本大于所取得的被并购企业可辨认净资产的公允价值时，就产生商誉；当合并成本小于所取得的被并购企业可辨认净资产的公允价值时，就产生负商誉。

5. 合并后企业的当期收益不包括被并购企业期初至购并日所实现的收益。

6. 不需要保留被并购企业的留存收益。

7. 不需要对参与合并的其他企业的会计记录加以调整，因为它们的资产和负债已按公允价值计量。

以上讨论主要是相对于权益结合法而言的。

（二）合并成本的确定

在购买法下，为了如实反映购买交易的财务影响，需要单独确定合并成本，并将合并成本进行适当的分配。主并企业所支付的对价是合并成本的必然组成部分，如果合并方采取支付非现金资产或发行债券、权益性证券的方式支付对价，则应当基于所支付非现金资产或所发行债券、权益性证券的公允价值确定合并成本。

购买法下确定合并成本时，还需要考虑的一个问题是企业合并中发生的直接相关费用是应当计入合并成本还是应当计入当期损益。计入合并成本的好处是，能够全面反映合并成本的内容，因为企业合并中发生的直接相关费用也是并购方所付出的代价。但是，将直接相关费用计入合并成本会影响合并商誉的计量，而直接相关费用显然是与被并购企业的商誉毫无关系的。

（三）合并商誉的确认与计量

关于合并商誉，涉及两个层面的问题：一是要不要确认商誉；二是如果要确认商誉，应该如何确认和计量。

商誉是企业不可单独辨认的资产，它不能单独在市场上销售或交换，而只能与企业整体一起确认与转让。它表现为一家企业的盈利能力超过了本行业平均水平或正常的投资回报率。商誉的形成通常源于企业卓越的管理队伍、优越的地理位置、良好的社会声誉等。

商誉按其来源，可以分为自创商誉和外购商誉。自创商誉一般不予确认，外购商誉大多予以确认。会计上一般采用间接计量的方法，将合并成本超过所获得的被并购企业可辨认净资产公允价值份额的差额作为外购商誉的价值。目前对正商誉的确认和计量，国际上较为通行的方法是将正商誉确认为资产，不予分期摊销，只进行定期的减值测试。负商誉一般直接计入当期损益。

（四）对购买法的评价

1. 优点

购买法最大的优点是坚持了资产购置的传统会计处理原则。因为在合并谈判的过程中，合并双方是以有关资产和负债的公允价值而不是账面价值为基础进行讨价还价的。所以，企业合并实质上是独立主体之间讨价还价的一种公平交易行为。而购买法正体现了这种交易的实质。它将企业合并视为收购方获得对另一家公司资产的控制权，并以公允价值对所取得的被并购企业的资产和负债计价，从而坚持了资产购置的传统会计处理原则。

2. 缺点

第一，公允价值往往难以确定。在购买法下，要对被购买方的资产和负债按公允价值重新计量，而要客观确定这些资产和负债的公允价值，往往存在困难。

第二，购买方与被购买方的计量基础不一致。购买法要求按公允价值对被购买方的资产和负债计价，而购买方原来的资产和负债仍然按历史成本记录，这就必然导致合并后企业的财务报表成为一个新旧价格混杂的产物。

第三，商誉的确认和计量存在争议。采用购买法会涉及对商誉如何确认和计量的问题，目前对于商誉的确认和计量仍然存在争议。

第四，购买方有时难以确定。购买法假定可以将参与合并的一方确定为购买企业，其他方则为被购买企业。然而，在实际交易中，有时很难确定谁是购买者，谁是被购买者。例如，一个合并实体的公允价值大大超过另一个合并实体的公允价值，则公允价值较大的实体可能是购买企业；又如，企业合并通过以普通权益工具换取现金或其他资产的交易方式实现，则放弃现金或其他资产的实体可能是购买企业。但对于具有股权连续性和规模类似性的企业合并来说，购买方与被购买方的区分有时是很困难的。

三、权益结合法

权益结合法，是将企业合并视为参与合并的企业的股东为了继续对合并后实体分享利益和分担风险，而联合控制它们的全部或实际上是全部的净资产和经营活动的行为的一种企业合并的会计处理方法。

(一)权益结合法的特点

1. 将合并视为股权联合的行为，而不是资产交易。权益结合法的实质是将企业合并视为原有的股东权益在新的会计主体的联合和继续，而不是企业之间发生的一种取得资产或筹集资本的交易。

2. 没有新的计价基础，参与合并企业的资产、负债均按其原来的账面价值计价。在权益结合法下，参与合并的企业其各自的资产与负债项目均保持原来的账面价值。

3. 不需要单独确定和分配合并成本。

4. 不存在商誉或负商誉问题。

5. 不论合并发生在会计期间内的哪个时点，参与合并的企业自期初至合并日的损益也要包括在合并后企业的利润表中。

6. 需要尽可能保留被合并企业的留存收益。

7. 如参与合并企业的会计方法不一致，则应追溯调整，并重新编制前期财务报表。

(二)权益结合法的优点

1. 有利于促进企业合并的进行

由于权益结合法允许合并企业在当年的合并报表中将其净利润予以合并，合并当年合并实体的利润会比较可观，这样可避免合并当年合并实体净资产收益率、每股收益率等指标的大幅度下降，从而能给企业合并带来有利的影响。

2. 符合持续经营假设

权益结合法是以合并后各个参与合并企业的股权及经营活动的持续为前提，以原有资产、负债的历史数据为基础，合并前后的数据延续连贯，可以更好地反映参与合并企业股权的集合和存续，从而符合持续经营假设，也有利于对企业未来经营状况进行预测分析。

3. 方法简单，便于操作

对于报告主体而言，运用权益结合法的成本低，它保留了参与合并企业所有资产和负债的账面价值，无须确认、计量和报告参与合并企业原来尚未确认的资产和负债及其公允价值，而且合并双方的账面价值仅简单相加，大大节省了操作成本。权益结合法所追求的是反映合并主体各方的连续性，其会计处理相对简单。

(三)权益结合法的缺点

1. 不能准确反映企业合并的经济实质

企业并购作为产权交易，其本身也是一种资源，它可能使合并方受益于被合并方所具有的获取超额收益的能力，也可能通过合并产生协同效应，从而为参与合并的企业带来一定的价值。可见，在合并后企业的财务报表中不反映合并协议最终对资产、负债产生的影响，而仍然只反映基于历史成本计量的原账面价值，这种做法显然不符合真实性这一会计信息质量要求。

2. 不利于社会资源的优化配置

由于采用权益结合法的企业其现金流量与采用购买法的企业无差异，经济实质无差别，因此，财务报告中显示的盈余差异完全是会计处理的结果，但是在市场经济条件下，资源配置往往偏向于那些报告收益较高的企业，从而可能导致社会资源配置的实质上不合理，这不但会损害其他企业的利益，也会对整个资本市场造成不良影响。

3. 对实施合并企业的财务报表会产生较大影响

由于在被合并企业可辨认净资产的公允价值高于账面价值的情况下，权益结合法有可能避免较高的固定资产折旧和无形资产摊销，并可避免确认商誉，也可避免因资产价值重估所引起的每股收益的稀释，因此，合并后各期收益往往比购买法下的收益高，这就容易给报表使用者造成企业收益增长的错觉。

知识链接

各国的会计准则对权益结合法的使用大多做了严格的限制，企业合并业务普遍采用的是购买法。我国企业会计准则也是如此，对非同一控制下企业合并的会计处理要求，实质上相当于购买法；而对同一控制下企业合并的会计处理要求，类似于权益结合法。

第四节　企业合并的会计信息披露

一、同一控制下企业合并有关信息的披露

《企业会计准则第20号——企业合并》规定，合并方应当在合并当期附注中披露与同一控制下企业合并有关的下列信息：

1. 参与合并企业的基本情况。

2. 属于同一控制下企业合并的判断依据。

3. 合并日的确定依据。

4. 以支付现金、转让非现金资产以及承担债务作为合并对价的，所支付对价在合并日的账面价值；以发行权益性证券作为合并对价的，合并中发行权益性证券的数量及定价原则，以及参与合并各方交换有表决权股份的比例。

5. 被合并方的资产、负债在上一会计期间资产负债表日及合并日的账面价值；被合并方自合并当期期初至合并日的收入、净利润、现金流量等情况。

6. 合并合同或协议约定将承担被合并方或有负债的情况。

7. 被合并方采用的会计政策与合并方不一致所做调整情况的说明。

8. 合并后已处置或准备处置被合并方资产、负债的账面价值、处置价格等。

二、非同一控制下企业合并有关信息的披露

《企业会计准则第 20 号——企业合并》规定，购买方应当在合并当期附注中披露与非同一控制下企业合并有关的下列信息：

1. 参与合并企业的基本情况。

2. 购买日的确定依据。

3. 合并成本的构成及其账面价值、公允价值以及公允价值的确定方法。

4. 被购买方各项可辨认资产、负债在上一会计期间资产负债表日及购买日的账面价值和公允价值。

5. 合并合同或协议约定将承担被购买方或有负债的情况。

6. 被购买方自购买日起至报告期期末的收入、净利润和现金流量等情况。

7. 商誉的金额及其确定方法。

8. 因合并成本小于合并中取得的被购买方可辨认净资产公允价值的份额计入当期损益的金额。

9. 合并后已处置或准备处置被购买方资产、负债的账面价值、处置价格等。

本章小结

企业合并的定义与范围：企业合并是指将两个或两个以上单独的企业合并成一个报告主体的交易或事项。企业合并的实质是控制。

企业合并的方式与类型：企业合并的方式包括控股合并、吸收合并和新设合并。企业合并的类型按企业合并前后是否受一方或相同的多方最终控制，可以分为同一控制下的企业合并和非同一控制下的企业合并。

企业合并的会计处理方法：同一控制下的企业合并采用权益结合法进行会计处理，非同一控制下的企业合并采用购买法进行会计处理。合并日或购买日，合并方或购买方应对企业合并业务进行相应的会计处理，确认因企业合并取得的资产、负债。在控股合并下，还涉及合并日或购买日合并财务报表的编制。

第二章 同一控制下的企业合并

本章学习目标

理解同一控制下企业合并的处理原则，掌握同一控制下企业合并的会计处理方法。

第一节 同一控制下企业合并的会计处理原则

参与合并的企业在合并前后均受同一方或相同的多方最终控制且该控制并非暂时性的，为同一控制下的企业合并。我国《企业会计准则第 20 号——企业合并》对同一控制下企业合并的确认和计量进行了详细的规范，要求采用的会计处理方法类似于权益结合法。

一、合并方与被合并方的认定

同一控制下的企业合并，在合并日取得对其他参与合并企业控制权的一方为合并方，参与合并的其他企业为被合并方。其中，合并日是指合并方实际取得对被合并方控制权的日期。

同时满足以下条件的，可认定为实现了控制权的转移：

1. 企业合并合同或协议已获股东大会通过；

2. 企业合并事项需要经过国家有关主管部门审批的，已获批准；

3. 参与合并各方已办理了必要的财产交接手续；

4. 合并方或购买方已支付了合并价款的大部分(一般应超过 50%)，并且有能力、有计划支付剩余款项；

5. 合并方或购买方实际上已经控制了被合并方或被购买方的财务和经营政策，并享有相应的利益，承担相应的风险。

二、同一控制下企业合并的处理原则

同一控制下的企业合并，合并方应遵循以下原则进行相关的处理：

1. 合并方在合并中确认取得的被合并方的资产、负债仅限于被合并方账面上原已确认的资产和负债，合并中不产生新的资产和负债。

同一控制下的企业合并，从最终控制方的角度来看，其在企业合并发生前后能够控制的净资产价值量并没有发生变化。因此，合并中不产生新的资产，但被合并方在企业合并前账面上

原已确认的商誉应作为合并中取得的资产确认。

2. 合并方在合并中取得的被合并方各项资产、负债应维持其在被合并方的原账面价值不变。

合并方在同一控制下企业合并中取得的有关资产和负债不应因该项合并而改记其账面价值,从最终控制方的角度,其在企业合并交易或事项发生前控制的资产、负债,在该交易或事项发生后仍在其控制之下。因此,该交易或事项原则上不应引起所涉及资产、负债的计价基础发生变化。

在确定合并中取得各项资产、负债的入账价值时,应予注意的是,被合并方在企业合并前采用的会计政策与合并方不一致的,应基于重要性原则,首先统一会计政策,即合并方应当按照本企业会计政策对被合并方资产、负债的账面价值进行调整,并以调整后的账面价值作为有关资产、负债的入账价值。

3. 合并方在合并中取得的净资产的入账价值相对于为进行企业合并支付的对价账面价值之间的差额,不作为资产的处置损益,不影响合并当期利润表,有关差额应调整所有者权益相关项目。合并方在企业合并中取得的价值量相对于所放弃价值量之间存在差额的,应当调整所有者权益。在根据合并差额调整合并方的所有者权益时,应首先调整资本公积(资本溢价或股本溢价);资本公积(资本溢价或股本溢价)的余额不足冲减的,应冲减留存收益。

4. 对于同一控制下的控股合并,合并方在编制合并财务报表时,应视同合并后形成的报告主体自最终控制方开始实施控制时一直是一体化存续下来的,参与合并各方在合并以前期间实现的留存收益应体现为合并财务报表中的留存收益。在合并财务报表中,应以合并方的资本公积(或经调整后的资本公积中的资本溢价部分)为限,在所有者权益内部进行调整,将被合并方在合并日以前实现的留存收益中按照持股比例计算归属于合并方的部分自资本公积转入留存收益。

三、合并方为进行企业合并发生的有关费用的处理

1. 为进行企业合并支付的审计费用、进行资产评估的费用以及有关的法律咨询费用等增量费用,应当列入当期的"管理费用"。

2. 以发行债券方式进行的企业合并,与发行债券相关的佣金、手续费等,应计入负债的初始计量金额中。其中,折价发行的,应增加折价的金额;溢价发行的,应减少溢价的金额。

3. 发行权益性证券作为合并对价的,与所发行权益性证券相关的佣金、手续费等应自溢价收入中扣除;在权益性证券发行无溢价或溢价金额不足以扣减的情况下,应当冲减盈余公积和未分配利润。

第二节 同一控制下非控股合并方式企业合并的核算

同一控制下非控股合并方式企业合并主要是指同一控制下的吸收合并或新设合并。在同一控制下,这两种合并业务的核算方式基本相同。

一、同一控制下的吸收合并

同一控制下的吸收合并中,合并方主要涉及合并日取得被合并方资产、负债入账价值的确

定，以及合并中取得有关净资产的入账价值与支付的合并对价账面价值之间差额的处理。

(一)合并中取得资产、负债入账价值的确定

合并方对同一控制下吸收合并中取得的资产、负债，应当按照相关资产、负债在被合并方的原账面价值入账。其中，对于合并方与被合并方在企业合并前采用的会计政策不同的，在将被合并方的相关资产和负债并入合并方的账簿和报表进行核算之前，首先应基于重要性原则，统一被合并方的会计政策，即应当按照合并方的会计政策对被合并方的有关资产、负债的账面价值进行调整，以调整后的账面价值确认。

(二)合并差额的处理

合并方在确认了合并中取得的被合并方的资产和负债的入账价值后，以发行权益性证券方式进行的该类合并，所确认的净资产入账价值与发行股份面值总额的差额，应计入资本公积(资本溢价或股本溢价)，资本公积(资本溢价或股本溢价)的余额不足冲减的，相应冲减盈余公积和未分配利润；以支付现金、非现金资产方式进行的该类合并，所确认的净资产入账价值与支付的现金、非现金资产账面价值的差额，相应调整资本公积(资本溢价或股本溢价)，资本公积(资本溢价或股本溢价)的余额不足冲减的，应依次冲减盈余公积、未分配利润。

【例 2—1】 2017 年 9 月 30 日，P 公司向 S 公司的股东定向增发 1 000 万股普通股(每股面值为 1 元，市价为 10.85 元)对 S 公司进行吸收合并，并于当日取得 S 公司净资产。不考虑相关税费及其他因素。当日，S 公司的资产负债情况如表 2—1 所示。

表 2—1　　P 公司与 S 公司个别资产负债表(合并前)

2017 年 9 月 30 日　　单位：万元

项　目	P 公司	S 公司	合　计
货币资金	2 500	1 570	4 070
应收账款	3 200	2 260	5 460
存货	4 500	3 290	7 790
长期股权投资	1 500	1 000	2 500
固定资产	6 000	4 000	10 000
无形资产	1 000	500	1 500
资产总计	**18 700**	**12 620**	**31 320**
短期借款	3 000	2 500	5 500
应付账款	5 100	3 420	8 520
长期借款	2 300	1 400	3 700
负债合计	**10 400**	**7 320**	**17 720**
实收资本(股本)	5 400	2 000	7 400
资本公积	300	1 300	1 600
盈余公积	1 600	1 000	2 600
未分配利润	1 000	1 000	2 000
所有者权益合计	**8 300**	**5 300**	**13 600**

假设P公司和S公司为同一集团内两家子公司，合并前其共同的母公司为A公司，合并前和合并后P公司和S公司均受A公司的最终控制，为同一控制下的企业合并。自2017年9月30日开始，P公司能够对S公司的净资产实施控制，该日即为合并日。P公司还支付了股票发行费用50万元和审计、法律服务等直接合并费用20万元。

因合并后S公司失去其法人资格，P公司应确认合并中取得的S公司的各项资产和负债，假定P公司与S公司在合并前采用的会计政策相同。P公司对该项合并应进行的会计处理为：

(1)按账面价值记录取得S公司资产和负债，以及支付的合并对价，两者的差额调整资本公积。

借：货币资金	15 700 000	
应收账款	22 600 000	
存货	32 900 000	
长期股权投资	10 000 000	
固定资产	40 000 000	
无形资产	5 000 000	
贷：短期借款		25 000 000
应付账款		34 200 000
长期借款		14 000 000
股本		10 000 000
资本公积——股本溢价		43 000 000

(2)支付的股票发行费用冲减资本公积。

借：资本公积——股本溢价	500 000	
贷：银行存款		500 000

(3)支付的直接合并费用计入管理费用。

借：管理费用	200 000	
贷：银行存款		200 000

课堂思考

假设将上述例题中P公司发行的普通股1 000万股改为发行6 000万股，则P公司应如何进行会计处理？如果P公司不是以发行股票的方式吸收合并S公司，而是P公司支付现金2 000万元给B公司股东作为合并对价，P公司又应如何进行会计处理？

二、同一控制下的新设合并

【例2—2】 假设将【例2—1】中的有关资料改为：P公司和S公司宣告撤销，共同组建一家新公司A公司。A公司发行每股面值1元的普通股5 000万股，换取P公司和S公司股东持有的全部股权。A公司另外支付了股票发行费用50万元和审计、法律服务等直接合并费用20万元。其他资料不变。

A公司在合并日的账务处理如下：

(1)按账面价值记录取得的P公司和S公司的资产、负债，以及支付的合并对价，两者的差额调整资本公积。

借：货币资金	40 700 000	
应收账款	54 600 000	
存货	77 900 000	
长期股权投资	25 000 000	
固定资产	100 000 000	
无形资产	15 000 000	
贷：短期借款		55 000 000
应付账款		85 200 000
长期借款		37 000 000
股本		50 000 000
资本公积——股本溢价		86 000 000

(2)支付的股票发行费用冲减资本公积。

借：资本公积——股本溢价	500 000	
贷：银行存款		500 000

(3)支付的直接合并费用计入管理费用。

借：管理费用	200 000	
贷：银行存款		200 000

知识链接

在新设合并中，对于股票发行费用，如果不存在可以冲减的资本公积或留存收益，我国企业会计准则对此没有明确的规定与说明。根据重要性原则以及会计实务的一般处理方法，可以将股票发行费用视同新设的公司筹建期间的开办费计入管理费用或者视同递延费用计入长期待摊费用，待新设的公司产生资本公积——股本溢价或留存收益时，再予以转销。

第三节 同一控制下控股合并的核算

控股合并方式的企业合并业务，应通过“长期股权投资”账户进行核算。按照《企业会计准则第2号——长期股权投资》的规定，形成同一控制下企业合并的长期股权投资，合并方应以合并日应享有的被合并方账面所有者权益的份额作为形成长期股权投资的初始投资成本，借记“长期股权投资”科目；按享有被投资单位已宣告但尚未发放的现金股利或利润，借记“应收股利”科目；按支付的合并对价的账面价值，贷记有关资产或借记有关负债科目。

以支付现金、非现金资产方式进行的，该初始投资成本与支付的现金、非现金资产的差额，相应调整资本公积(资本溢价或股本溢价)，资本公积(资本溢价或股本溢价)的余额不足冲减的，依次冲减盈余公积、未分配利润。

以发行权益性证券方式进行的，长期股权投资的初始投资成本与所发行股份的面值总额之间的差额，相应调整资本公积（资本溢价或股本溢价），资本公积（资本溢价或股本溢价）的余额不足冲减的，依次冲减盈余公积、未分配利润。

一、以支付现金的方式作为合并对价的核算

【例2—3】 P公司支付现金2 000 000元取得S公司60%的股权（P公司和S公司受同一方控制），投资时S公司所有者权益的账面价值为3 000 000元，P公司与S公司的会计年度和采用的会计政策相同。则A公司在取得长期股权投资时的会计分录为：

借：长期股权投资	1 800 000	
资本公积	200 000	
贷：银行存款		2 000 000

二、以转让非现金资产方式作为合并对价的核算

【例2—4】 2017年6月8日，P公司以账面原价700万元、累计摊销300万元、减值准备30万元、公允价值1 000万元的一项土地使用权作为对价，自同一集团内A公司手中取得S公司60%的股权。P公司为增值税一般纳税人，土地使用权适用的增值税税率为11%。合并日S公司所有者权益的账面价值为500万元。合并当日P公司"资本公积——股本溢价"的账户余额为65万元，"盈余公积"的账户余额为50万元，"利润分配——未分配利润"账户的余额为80万元。P公司与S公司的会计年度和采用的会计政策相同，则合并日P公司的会计分录为：

借：长期股权投资	3 000 000	
资本公积——股本溢价	650 000	
盈余公积	500 000	
利润分配——未分配利润	650 000	
累计摊销	3 000 000	
无形资产减值准备	300 000	
贷：无形资产		7 000 000
应交税费——应交增值税（销项税额）		1 100 000

三、以发行权益性证券的方式作为合并对价的核算

【例2—5】 甲、乙、丙三家公司同属一个集团，丙公司持有乙公司60%的股权，甲公司发行600万股普通股（每股面值1元），作为对价自丙公司手中取得乙公司60%的股权，每股的公允价值为10元。甲公司为此支付给券商的发行费用为10万元。合并日乙公司所有者权益的账面价值为1 500万元。甲公司与乙公司的会计年度和采用的会计政策相同，

（1）甲公司发行股票时：

借：长期股权投资	9 000 000	
贷：股本		6 000 000
资本公积——股本溢价		3 000 000

（2）甲公司支付发行费用时：

借：资本公积——股本溢价	100 000	
贷：银行存款		100 000

本章小结

同一控制下企业合并的会计处理原则：根据我国《企业会计准则第20号——企业合并》的规定，对同一控制下企业合并的会计处理要求和方法，类似于权益结合法。

同一控制下非控股合并方式企业合并的核算：非控股合并是指吸收合并和新设合并，在这两种企业合并方式下，同一控制下企业合并业务的核算方式基本相同，不需要通过"长期股权投资"账户，不存在公允价值的计量和合并商誉的问题，账务处理比较简单。

同一控制下控股合并的核算：控股合并的业务处理应通过"长期股权投资"账户进行核算，合并方按合并日享有被合并方净资产账面价值的份额，反映为长期股权投资的初始投资成本，其与支付合并对价账面价值的差额，作为调整资本公积处理。资本公积不足冲减的，依次冲减合并方的留存收益。

第三章 非同一控制下的企业合并

本章学习目标

理解非同一控制下企业合并的处理原则，掌握非同一控制下企业合并的会计处理方法。

第一节 非同一控制下企业合并的会计处理原则

非同一控制下的企业合并，是参与合并的一方购买另一方或多方的交易，基本处理原则是购买法。

一、确定购买方

采用购买法核算企业合并的首要前提是确定购买方。购买方是指在企业合并中取得对另一方或多方控制权的一方。合并中一方取得了另一方半数以上有表决权股份的，除非有明确的证据表明该股份不能形成控制，一般认为取得控股权的一方为购买方。某些情况下，即使一方没有取得另一方半数以上有表决权股份，但存在以下情况时，一般也可认为其获得了对另一方的控制权：

1. 通过与其他投资者签订协议，实质上拥有被购买企业半数以上表决权。
2. 按照协议规定，具有主导被购买企业财务和经营决策的权力。
3. 有权任免被购买企业董事会或类似权力机构绝大多数成员。
4. 在被购买企业董事会或类似权力机构具有绝大多数投票权。

二、确定购买日

购买日是购买方获得对被购买方控制权的日期，即企业合并交易进行过程中，发生控制权转移的日期。同时满足了以下条件时，一般可认为实现了控制权的转移，形成购买日，有关条件包括：

1. 企业合并合同或协议已获股东大会等内部权力机构通过；
2. 按照规定，合并事项需要经过国家有关主管部门审批的，已获得相关部门的批准；
3. 参与合并各方已办理了必要的财产权交接手续；
4. 购买方已支付了购买价款的大部分(一般应超过50%)，并且有能力支付剩余款项；

5. 购买方实际上已经控制了被购买方的财务和经营政策，并享有相应的收益和风险。

企业合并涉及一次以上交换交易的，企业应于每一交易日确认对被投资企业的各单项投资。“交易日”是指合并方或购买方在自身的账簿和报表中确认对被投资单位投资的日期。分步实现的企业合并中，购买日是指按照有关标准判断购买方最终取得对被购买企业控制权的日期。

三、确定企业合并成本

企业合并成本包括购买方为进行企业合并支付的现金或非现金资产、发行或承担的债务、发行的权益性证券等在购买日的公允价值。

非同一控制下企业合并中发生的与企业合并直接相关的费用，包括为进行合并而发生的会计审计费用、法律服务费用、咨询费用等，应当计入管理费用。以发行债券方式进行的企业合并，与发行债券相关的佣金、手续费等应计入负债的初始计量金额中，其中，折价发行的，应增加折价的金额；溢价发行的，应减少溢价的金额。发行权益性证券作为合并对价的，与所发行权益性证券相关的佣金、手续费等应自溢价收入中扣除，在权益性证券发行无溢价或溢价金额不足以扣减的情况下，应当冲减盈余公积和未分配利润。

通过多次交换交易分步实现的企业合并，在购买方的个别报表中，应当以购买日之前所持被购买方的股权投资的账面价值与购买日新增投资成本之和，作为该项投资的初始投资成本；在合并报表中，以购买日之前所持被购买方股权于购买日的公允价值与购买日支付对价的公允价值之和作为合并成本。

四、企业合并成本在取得的可辨认资产和负债之间的分配

1. 购买方在企业合并中取得的被购买方各项可辨认资产和负债，要作为本企业的资产、负债(或合并财务报表中的资产、负债)进行确认，在购买日，应当满足资产、负债的确认条件。有关的确认条件包括：

(1)合并中取得的被购买方的各项资产(无形资产除外)，其所带来的未来经济利益预期能够流入企业且公允价值能够可靠计量的，应单独作为资产确认。

(2)合并中取得的被购买方的各项负债(或有负债除外)，履行有关的义务预期会导致经济利益流出企业且公允价值能够可靠计量的，应单独作为负债确认。

2. 企业合并中取得的无形资产在其公允价值能够可靠计量的情况下，应单独予以确认。

3. 对于购买方在企业合并时可能需要代被购买方承担的或有负债，在其公允价值能够可靠计量的情况下，应作为合并中取得的负债单独确认。

4. 企业合并中取得的资产、负债在满足确认条件后，应以其公允价值计量。

五、企业合并成本与合并中取得的被购买方可辨认净资产公允价值份额差额的处理

购买方对于企业合并成本与确认的可辨认净资产公允价值份额的差额，应视以下情况分别处理：

1. 企业合并成本大于合并中取得的被购买方可辨认净资产公允价值份额的差额，应确认为商誉。

2. 企业合并成本小于合并中取得的被购买方可辨认净资产公允价值份额的部分，应计入合并当期损益。

第二节　非同一控制下非控股合并方式企业合并的核算

一、非同一控制下吸收合并的核算

【例 3—1】 2017 年 9 月 30 日，P 公司向 S 公司的股东定向增发 1 000 万股普通股(每股面值为 1 元，市价为 9 元)对 S 公司进行吸收合并，并于当日取得 S 公司净资产。该合并为非同一控制下的企业合并。不考虑相关税费及其他因素。当日，P 公司和 S 公司的资产负债情况如表 3—1 所示。

表 3—1　　**P 公司与 S 公司个别资产负债表(合并前)**

2017 年 9 月 30 日　　单位：万元

项　目	P 公司		S 公司	
	账面价值	公允价值	账面价值	公允价值
货币资金	2 500	2 500	1 570	1 570
应收账款	3 200	3 500	2 260	2 260
存货	4 500	4 500	3 290	5 000
长期股权投资	1 500	1 500	1 000	1 000
固定资产	6 000	6 500	4 000	5 000
无形资产	1 000	1 000	500	700
资产总计	**18 700**	**19 500**	**12 620**	**15 530**
短期借款	3 000	3 000	2 500	2 500
应付账款	5 100	5 100	3 420	3 420
长期借款	2 300	2 300	1 400	1 400
负债合计	**10 400**	**10 400**	**7 320**	**7 320**
实收资本(股本)	5 400	5 400	2 000	2 000
资本公积	300	1 100	1 300	4 210
盈余公积	1 600	1 600	1 000	1 000
未分配利润	1 000	1 000	1 000	1 000
所有者权益合计	**8 300**	**9 100**	**5 300**	**8 210**

P 公司在购买日的账务处理如下：

(1)按公允价值确定合并成本。

借：长期股权投资　　90 000 000

　贷：股本　　10 000 000

　　　资本公积——股本溢价　　80 000 000

(2)按公允价值记录吸收的 S 公司的资产、负债，确认合并商誉，结转“长期股权投资”账户。

借:货币资金　　15 700 000
　应收账款　　22 600 000
　存货　　50 000 000
　长期股权投资　　10 000 000
　固定资产　　50 000 000
　无形资产　　7 000 000
　商誉　　7 900 000
　贷:短期借款　　25 000 000
　　应付账款　　34 200 000
　　长期借款　　14 000 000
　　长期股权投资　　90 000 000

(3)支付的股票发行费用冲减资本公积。

借:资本公积——股本溢价　　500 000
　贷:银行存款　　500 000

(4)支付的直接费用计入管理费用。

借:管理费用　　200 000
　贷:银行存款　　200 000

如果该例中P公司发行的普通股的市场价格为5元/股,则P公司的会计分录为:

(1)按公允价值确定合并成本。

借:长期股权投资　　50 000 000
　贷:股本　　10 000 000
　　资本公积——股本溢价　　40 000 000

(2)按公允价值记录吸收的S公司的资产、负债,确认合并商誉,结转“长期股权投资”账户。

借:货币资金　　15 700 000
　应收账款　　22 600 000
　存货　　50 000 000
　长期股权投资　　10 000 000
　固定资产　　50 000 000
　无形资产　　7 000 000
　贷:短期借款　　25 000 000
　　应付账款　　34 200 000
　　长期借款　　14 000 000
　　长期股权投资　　50 000 000
　　营业外收入　　32 100 000

二、非同一控制下新设合并的核算

【例3—2】 假设将【例3—1】中的有关资料改为:P公司和S公司宣告撤销,共同组建一家新公司A公司。A公司发行每股面值1元、市价6元的普通股5 000万股,换取P公司和S公司股东持有的全部股权。A公司另外支付了股票发行费用50万元和审计费用、法律服务费用等直接合并费用20万元。其他资料不变。

A公司在合并日的账务处理如下：

(1)借：长期股权投资	300 000 000	
贷：股本		50 000 000
资本公积——股本溢价		250 000 000
(2)借：货币资金	40 700 000	
应收账款	57 600 000	
存货	95 000 000	
长期股权投资	25 000 000	
固定资产	115 000 000	
无形资产	17 000 000	
商誉	126 900 000	
贷：短期借款		55 000 000
应付账款		85 200 000
长期借款		37 000 000
长期股权投资		300 000 000

(3)支付股票发行费用时：

借：资本公积——股本溢价	500 000	
贷：银行存款		500 000

(4)支付直接合并费用时：

借：管理费用	200 000	
贷：银行存款		200 000

第三节　非同一控制下控股合并的核算

一、以支付现金的方式作为合并对价的核算

【例3—3】 P公司支付现金2 000 000元取得S公司60%的股权，该合并为非同一控制下的控股合并。P公司与S公司的会计年度和采用的会计政策相同。则P公司在取得长期股权投资时的会计分录为：

借：长期股权投资	2 000 000	
贷：银行存款		2 000 000

二、以转让非现金资产方式作为合并对价的核算

【例3—4】 2017年6月8日，P公司以账面原价700万元、累计摊销300万元、减值准备30万元、公允价值1 000万元的一项土地使用权作为对价，自A公司手中取得S公司60%的股权。该合并为非同一控制下的企业合并。P公司为增值税一般纳税人，土地使用权适用的增值税税率为11%。P公司与S公司的会计年度和采用的会计政策相同，则合并日P公司的会计分录为：

借:长期股权投资　　3 000 000
　累计摊销　　3 000 000
　无形资产减值准备　　300 000
　营业外支出　　1 800 000
　贷:无形资产　　7 000 000
　　应交税费——应交增值税(销项税额)　　1 100 000

三、以发行权益性证券的方式作为合并对价的核算

【例3—5】 甲、乙、丙三家公司同属一个集团,丙公司持有乙公司60%的股权,甲公司发行600万股普通股(每股面值1元),作为对价自丙公司手中取得乙公司60%的股权,每股市价为10元。甲公司为此支付给券商的发行费用为10万元。甲公司与乙公司的会计年度和采用的会计政策相同。

(1)甲公司发行股票时:

借:长期股权投资　　60 000 000
　贷:股本　　6 000 000
　　资本公积——股本溢价　　54 000 000

(2)甲公司支付发行费用时:

借:资本公积——股本溢价　　100 000
　贷:银行存款　　100 000

本章小结

非同一控制下企业合并的会计处理原则。我国企业合并准则对非同一控制下企业合并的会计处理要求,实质上相当于购买法。

非控股合并方式非同一控制下企业合并的核算。非同一控制下吸收合并和新设合并的核算方法基本相同,通过"长期股权投资"账户核算确定合并成本,与取得被购买方可辨认净资产公允价值之间的差额,即产生的合并商誉。

非同一控制下控股合并的核算。非同一控制下控股合并中购买方的合并成本作为长期股权投资的初始投资成本,将持久地反映在购买方的"长期股权投资"账户中。购买方以公允价值反映的合并成本与享有被购买方净资产公允价值份额之间的差额,不直接在购买方的账簿及个别财务报表中确认为商誉或营业外收入,而是购买方作为母公司在合并财务报表中予以反映。

第四章 合并财务报表概述

本章学习目标

理解合并财务报表的意义，掌握合并财务报表的合并范围和确定方法、合并财务报表的编制程序和编制方法。

第一节　合并财务报表的概念和内容

一、合并财务报表的概念

合并财务报表，是指反映母公司和其全部子公司形成的企业集团整体财务状况、经营成果和现金流量的财务报表。

在吸收合并、新设合并和控股合并三种企业合并方式中，吸收合并完成后，被合并企业全部解散，只有一家企业存续；新设合并完成后，被合并的企业全部解散，所有参与合并的企业重新组成一家新企业。因此，吸收合并和新设合并的结果都是一个统一的法律主体和会计主体，合并后财务报表的编制，与一般企业相同。

但是，控股合并则有所不同。企业实现控股合并后，母、子公司各自仍然是独立的法律主体和会计主体。无论是母公司还是子公司，它们各自的会计问题仍然属于传统的财务会计范畴。但是，站在母、子公司组成的企业集团的角度上来看，会计核算对象的空间范围发生了变化，会计不仅要以每一个独立的企业为单位进行核算，编制个别企业的财务报表，还要以整个企业集团为服务对象，编制反映整个企业集团财务情况的财务报表。因此，合并财务报表只有在企业发生控股合并时才会编制。

编制合并财务报表体现了实质重于形式的会计信息质量要求。虽然从法律形式上看，合并主体并不是一个统一的法律主体，但是从经济实质看，它却是一个统一的经济实体。现行会计实务并不为合并主体进行日常的会计核算，也不为其设置账簿体系，因此，合并主体并不是记账主体。因为要为合并主体编制合并财务报表，因而是将其当做一个报告主体来看待的。

二、合并财务报表的内容

合并财务报表是由母公司编制的，它可以为会计报表的使用者提供决策有用的会计信息，弥补母公司和子公司个别财务报表的不足。因此，合并财务报表包括以下内容：

（一）合并资产负债表

合并资产负债表是以母公司和属于合并范围的子公司的个别资产负债表为基础编制的，反映母公司和子公司形成的企业集团在某一特定日期财务状况的财务报表。

（二）合并利润表

合并利润表是以母公司和属于合并范围的子公司的个别利润表为基础编制的，反映母公司和子公司形成的企业集团在一定时期经营成果的财务报表。

（三）合并现金流量表

合并现金流量表是以母公司和属于合并范围的子公司的个别现金流量表为基础编制的，反映母公司和子公司形成的企业集团在一定时期经营活动、投资活动和筹资活动产生的现金流量和现金等价物的财务报表。

（四）合并所有者权益变动表

合并所有者权益变动表是以母公司和属于合并范围的子公司的个别所有者权益变动表为基础编制的，反映母公司和子公司形成的企业集团在一定时期所有者权益变动情况的财务报表。

（五）附注

附注是对在合并资产负债表、合并利润表、合并现金流量表和合并所有者权益变动表等报表中列示项目的文字描述或明细资料，以及对未能在这些报表中列示项目的说明。

第二节　合并财务报表的编制理论

编制合并财务报表要以一定的理论为依据。所谓合并理论，是指认识合并财务报表的观点或看问题的角度，即如何看待由母公司与其子公司所组成的企业集团（合并主体）及其内部联系。合并理论主要有母公司理论、实体理论与所有权理论。

一、母公司理论

母公司理论是一种站在母公司股东的角度，来看待母公司与其子公司之间的控股合并关系的合并理论。这种理论强调母公司股东的利益，它不将子公司视为独立的法人看待，而是将其视为母公司的附属机构。依据这一理论编制的合并财务报表，不仅要反映母公司股东在母公司本身的利益，还要反映它们在子公司的净资产中的利益。当母公司并不拥有子公司100％的股权时，要将子公司的少数股东权益视为集团外的利益群体，将这部分股东所持有的权益（少数股东权益）视为整个集团的负债。

二、实体理论

实体理论是一种站在由母公司及其子公司组成的统一实体的角度，来看待母子公司间的控股合并关系的合并理论。根据这一理论，编制合并财务报表的目的在于提供由不同法律实体组成的企业集团作为一个统一的合并主体进行经营的信息。因此，母公司及其子公司的资产、负债、收入与费用，也就是合并主体的资产、负债、收入与费用。依据实体理论编制合并财务报表时，如果母公司未能持有子公司100％的股权，则要将子公司净资产区分为控股权益与少数股东权益。尽管少数股东权益只与它们持有股份的子公司有关，但在依据实体理论编制合并财务报表时，少数股东权益与控股权益一样，也属于合并主体的所有者权益的一部分。合并利润表上的合并净利润中，包括子公司少数股东所持有的子公司净利润的份额。

三、所有权理论

所有权理论也称业主权理论，是一种着眼于母公司在子公司所持有股权的合并理论。依据这一理论，编制合并财务报表时，对于子公司的资产与负债，只按母公司持有股权的份额记入合并资产负债表；对于子公司的收入、费用与利润，也只按母公司持有股权的份额记入合并利润表。

知识链接

财政部于2014年2月发布了新修订的《企业会计准则第33号——合并财务报表》。修订前准则依据的基本理论是母公司理论，修订后准则依据的主要理论更侧重于实体理论，对合并主体中的多数股东和少数股东一视同仁，合并报表反映所有股东的利益，而不应该过分强调母公司股东的利益。

第三节　合并财务报表的合并范围

一、合并范围的确认原则

合并财务报表的合并范围应当以控制为基础予以确定。

控制，是指投资方拥有对被投资方的权力，通过参与被投资方的相关活动而享有可变回报，并且有能力运用对被投资方的权力影响其回报金额。控制的定义包含三项基本要素：一是投资方拥有对被投资方的权力，二是因参与被投资方的相关活动而享有可变回报，三是有能力运用对被投资方的权力影响其回报金额。在判断投资方是否能够控制被投资方时，当且仅当投资方具备上述三要素时，才能表明投资方能够控制被投资方。

2014年新修订准则明确了根据控制原则确认子公司的条件，要求母公司应当将其全部子公司纳入合并财务报表的合并范围。并且规定，虽然某一方没有控制权，但是根据公司章程的规定，对投资对象具有实际的控制权且能取得相应的控制利益的情况下，也应该纳入合并范围。这表明，无论是小规模公司还是经营业务性质特殊的子公司，都应纳入合并范围，从而使得合并报表做到对由母公司和子公司所构成的企业集团经营成果和财务状况信息的真实反映。

二、具体操作标准

（一）投资方拥有对被投资方的权力

投资方拥有对被投资方的权力是判断控制的第一要素，这要求投资方识别与评估被投资方的设立目的、识别被投资方的相关活动以及对相关活动进行决策的机制、确定投资方及涉入被投资方的其他方拥有的与被投资方相关的权力等，以确定投资方当前是否有能力主导被投资方的相关活动。具体来讲，包括以下几点：

1. 识别与评估被投资方的设立目的。

2. 识别被投资方的相关活动及其决策机制。

3. 确定投资方拥有的与被投资方相关的权力。

（二）因参与被投资方的相关活动而享有可变回报

判断投资方是否控制被投资方的第二项基本要素是，因参与被投资方的相关活动而享有可变回报。可变回报是不固定的并可能随被投资方业绩而变动的回报，可能是正数，也可能是负数，或者有正有负。

投资方在判断其享有被投资方的回报是否变动以及如何变动时，应当根据合同安排的实质，而不是法律形式。例如，投资方持有固定利率的交易性债券投资时，虽然利率是固定的，但该利率取决于债券违约风险及债券发行方的信用风险，因此，固定利率也可能属于可变回报。

（三）有能力运用对被投资方的权力影响其回报金额

判断控制的第三项基本要素是，有能力运用对被投资方的权力影响其回报金额。只有当投资方不仅拥有对被投资方的权力、通过参与被投资方的相关活动而享有可变回报，并且有能力运用对被投资方的权力来影响其回报的金额时，投资方才控制被投资方。

（四）对被投资方可分割部分的控制

投资方通常应当对是否控制被投资方整体进行判断。但在少数情况下，如果有确凿证据表明同时满足下列条件并且符合相关法律法规规定的，投资方应当将被投资方的一部分视为被投资方可分割部分，进而判断是否控制该部分：

1. 该部分的资产是偿付该部分负债或该部分其他权益的唯一来源，不能用于偿还该部分以外的被投资方的其他负债。

2. 除与该部分相关各方外，其他方不享有与该部分资产相关的权利，也不享有与该部分资产剩余现金流量相关的权利。

因此，实质上该部分的所有资产、负债及相关权益均与被投资方的其他部分相隔离，即：该部分的资产产生的回报不能由该部分以外的被投资方其他部分使用，该部分的负债也不能用该部分以外的被投资方资产偿还。

（五）控制的持续评估

控制的评估是持续的，当环境或情况发生变化时，投资方需要评估控制的三项基本要素中的一项或多项是否发生了变化。如果有任何事实或情况表明控制的三项基本要素中的一项或多项发生了变化，投资方应重新评估对被投资方是否具有控制。

（六）投资性主体

当母公司同时满足下列条件时，该母公司属于投资性主体：

1. 该公司是以向投资者提供投资管理服务为目的，从一个或多个投资者处获取资金；

2. 该公司的唯一经营目的，是通过资本增值、投资收益或两者兼有而让投资者获得回报；

3. 该公司按照公允价值对几乎所有投资的业绩进行考量和评价。

母公司应当将其全部子公司（包括母公司所控制的被投资单位可分割部分、结构化主体）纳入合并范围。如果母公司是投资性主体，则应将那些为投资性主体的投资活动提供相关服务的子公司纳入合并范围，其他子公司不应予以合并，应按照公允价值计量且其变动计入当期损益。

一个投资主体的母公司如果其本身不是投资性主体，则应当将其控制的全部主体，包括投资性主体以及通过投资性主体间接控制的主体，纳入合并财务报表范围。

知识链接

修订后准则对控制的说明更稳健、更严谨、更全面，也更灵活，充分借鉴了国际会计准则的相关规定，更强调实际意义上的控制，而不是仅仅法律形式上的控制。这对会计人员的专业素质提出了更高的要求，需要会计人员结合具体情况进行判断，进一步限制了企业利用准则漏洞操纵合并范围从而操纵企业利润的空间。

第四节　合并财务报表编制的步骤

一、合并财务报表的编制原则

合并财务报表作为财务报表，必须符合财务报表编制的一般原则和基本要求。这些基本要求包括真实可靠、内容完整。与个别财务报表相比，合并财务报表又具有下列特点：

第一，反映的对象是由母公司和其全部子公司组成的会计主体；第二，编制者是母公司，但所对应的会计主体是由母公司及其控制的所有子公司构成的企业集团；第三，合并财务报表是站在合并财务报表主体的立场上，以纳入合并范围的企业个别财务报表为基础，根据其他有关资料，抵销母公司与子公司、子公司相互之间发生的内部交易，考虑了特殊交易事项对合并财务报表的影响后编制的，旨在反映合并财务报表主体作为一个整体的财务状况、经营成果和现金流量。因此，合并财务报表的编制除了遵循财务报表编制的一般原则和要求外，还应当遵循以下原则和要求：

（一）以个别财务报表为基础编制

合并财务报表并不是直接根据母公司和子公司的账簿编制的，而是利用母公司和子公司编制的反映各自财务状况和经营成果的财务报表提供的数据，通过合并财务报表的特有方法进行编制。以纳入合并范围的个别财务报表为基础，可以说是客观性原则在合并财务报表编制时的具体体现。

（二）一体性原则

合并财务报表反映的是企业集团的财务状况和经营成果，反映的是由多个法人企业组成的一个会计主体的财务状况，在编制合并财务报表时应当将母公司和所有子公司作为整体来看待，视为一个会计主体，母公司和子公司发生的经营活动都应当从企业集团这一整体角度进行考虑。因此，在编制合并财务报表时，对于母公司与子公司、子公司相互之间发生的经济业务，应当视同同一会计主体内部业务处理，视同同一会计主体之下的不同核算单位的内部业务。

（三）重要性原则

与个别财务报表相比，合并财务报表涉及多个法人主体，涉及的经营活动的范围很广，母公司与子公司的经营活动往往跨越不同行业界限，有时母公司与子公司经营活动甚至相差很大。这样，合并财务报表要综合反映这样的会计主体的财务情况，必然要涉及重要性的判断问题。特别是在拥有众多子公司的情况下，更是如此。

在编制合并财务报表时，特别强调重要性原则的运用。例如，对一些项目在企业集团中的某一企业具有重要性，但对于整个企业集团则不一定具有重要性，在这种情况下，根据重要性的要求对财务报表项目进行取舍，则具有重要的意义。此外，母公司与子公司、子公司相互之间发生的经济业务，对整个企业集团财务状况和经营成果影响不大时，为简化合并手续，也应根据重要性原则进行取舍，可以不编制抵销分录而直接编制合并报表。

二、合并财务报表编制的前期准备事项

合并财务报表的编制涉及多个子公司，有的合并财务报表的合并范围甚至包括数百个子公司。为了使编制的合并财务报表准确、全面反映企业集团的真实情况，必须做好一系列的前期准备事项。这些前期准备事项主要有：

1. 统一母子公司的会计政策。
2. 统一母子公司的资产负债表日及会计期间。
3. 对子公司以外币表示的财务报表进行折算。
4. 收集编制合并财务报表的相关资料。

三、合并财务报表的编制程序

合并财务报表编制的一般程序如下：

(一)设置合并工作底稿

合并工作底稿的作用是为合并财务报表的编制提供基础。在合并工作底稿中，对母公司和纳入合并范围的子公司的个别财务报表各项目的数据进行汇总、调整和抵销处理，最终计算得出合并财务报表各项目的合并数。

(二)将个别财务报表的数据过入合并工作底稿

将母公司和纳入合并范围的子公司的个别资产负债表、个别利润表、个别现金流量表及个别所有者权益变动表各项目的数据过入合并工作底稿，并在合并工作底稿中对母公司和子公司个别财务报表各项目的数据进行加总，计算得出个别资产负债表、个别利润表、个别现金流量表及个别所有者权益变动表各项目合计数额。

(三)编制调整分录和抵销分录

进行调整抵销处理是合并财务报表编制的关键和主要内容，其目的在于将因会计政策及计量基础的差异对个别报表的影响进行调整，以及将个别财务报表各项目的加总数据中重复的因素等予以抵销或调整等。

(四)计算合并财务报表各项目的合并金额

在母公司和纳入合并范围的子公司个别财务报表项目加总金额的基础上，分别结算合并财务报表中各资产项目、负债项目、所有者权益项目、收入项目和费用项目等的合并金额。

(五)填列合并财务报表

根据合并工作底稿中计算出的资产、负债、所有者权益、收入、成本费用类以及现金流量表中各项目的合并金额，填列生成正式的合并财务报表。

四、合并财务报表的格式

合并财务报表的格式通常是在个别财务报表基础上，增加下列项目：

(一)合并资产负债表

1. 在所有者权益项目下增加“归属于母公司所有者权益合计”，用于反映企业集团的所有者权益中归属于母公司所有者权益的部分，包括实收资本(或股本)、其他权益工具、资本公积、库存股、其他综合收益、专项储备、盈余公积、一般风险准备、未分配利润、其他等项目的金额。

2. 在所有者权益项目下，增加“少数股东权益”项目，用于反映非全资子公司的所有者权益中不属于母公司的份额。

具体格式参见表4—1。

表4—1　　**合并资产负债表**

编制单位：××公司　　2017年12月31日　　单位：万元

资　产	期末余额	年初余额	负债和所有者权益(或股东权益)	期末余额	年初余额
流动资产：			流动负债：		
货币资金			短期借款		
以公允价值计量且其变动计入当期损益的金融资产			以公允价值计量且其变动计入当期损益的金融负债		
应收票据			应付票据		
应收账款			应付账款		
预付款项			预收款项		
应收利息			应付职工薪酬		
应收股利			应交税费		
其他应收款			应付利息		
存货			应付股利		
一年内到期的非流动资产			其他应付款		
其他流动资产			一年内到期的非流动负债		
流动资产合计			其他流动负债		
非流动资产：			流动负债合计		
可供出售金融资产			非流动负债：		
持有至到期投资			长期借款		
长期应收款			应付债券		
长期股权投资			长期应付款		
投资性房地产			专项应付款		
固定资产			预计负债		
在建工程			递延收益		

续表

资　产	期末余额	年初余额	负债和所有者权益(或股东权益)	期末余额	年初余额
工程物资			递延所得税负债		
固定资产清理			其他非流动负债		
生产性生物资产			非流动负债合计		
油气资产			负债合计		
无形资产			所有者权益(或股东权益):		
开发支出			实收资本(或股本)		
商誉			资本公积		
长期待摊费用			减:库存股		
递延所得税资产			其他综合收益		
其他非流动资产			盈余公积		
非流动资产合计			未分配利润		
			归属于母公司所有者权益合计		
			少数股东权益		
			所有者权益(或股东权益)合计		
资产总计			负债和所有者权益(或股东权益)总计		

(二)合并利润表

1. 在"净利润"项目下增加"归属于母公司所有者的净利润"和"少数股东损益"两个项目，分别反映净利润中由母公司所有者享有的份额和非全资子公司当期实现的净利润中归属于少数股东的份额。

同一控制下企业合并增加子公司的，当期合并利润表中还应在"净利润"项目下增加"其中:被合并方在合并前实现的净利润"项目，用于反映同一控制下企业合并中取得的被合并方在合并日前实现的净利润。

2. 在"综合收益总额"项目下增加"归属于母公司所有者的综合收益总额"和"归属于少数股东的综合收益总额"两个项目，分别反映综合收益总额中由母公司所有者享有的份额和非全资子公司当期综合收益总额中归属于少数股东的份额。

具体格式参见表4—2。

表4—2 **合并利润表**

编制单位:××公司　2017年度　单位:万元

项　目	本期金额	上期金额
一、营业收入		
减:营业成本		
税金及附加		
销售费用		

续表

项　目	本期金额	上期金额
管理费用		
财务费用		
资产减值损失		
加:公允价值变动收益(损失以“—”号填列)		
投资收益(损失以“—”号填列)		
二、营业利润(亏损以“—”号填列)		
加:营业外收入		
减:营业外支出		
三、利润总额(亏损总额以“—”号填列)		
减:所得税费用		
四、净利润(净亏损以“—”号填列)		
少数股东损益		
归属于母公司所有者的净利润		
五、其他综合收益的税后净额		
归属于母公司所有者的其他综合收益的税后净额		
以后将重分类进损益的其他综合收益		
归属于少数股东的其他综合收益的税后净额		
六、综合收益总额		
归属于母公司所有者的综合收益总额		
归属于少数股东的综合收益总额		
七、每股收益		
(一)基本每股收益		
(二)稀释每股收益		

(三)合并现金流量表

合并现金流量表的格式与《企业会计准则第31号——现金流量表》应用指南(2006)中现金流量报表的格式基本相同。

(四)合并所有者权益变动表

应增加“少数股东权益”栏目,反映少数股东权益的变动情况。另外,参照合并资产负债表中的“专项储备”“一般风险准备”“资本公积”“其他权益工具”“其他综合收益”等项目的列示,合并所有者权益变动表中应单列上述各栏目反映。

具体格式参见表4—3。

表 4—3 **合并所有者权益变动表**

2017 年度

编制单位:××公司 单位:万元

项　目	本年金额									上年金额
	归属于母公司所有者权益						少数股东权益	所有者权益合计		略
	实收资本（或股本）	资本公积	其他综合收益	盈余公积	未分配利润	小计				
一、上年年末余额										
加:会计政策变更										
前期差错更正										
二、本年年初余额										
三、本年增减变动金额(减少以"—"号填列)										
(一)综合收益总额										
(二)所有者投入和减少资本										
1. 所有者投入资本										
2. 其他										
(三)利润分配										
1. 提取盈余公积										
2. 对所有者(或股东)的分配										
3. 其他										
(四)所有者权益内部结转										
四、本年年末余额										

本章小结

合并财务报表,是指反映母公司和其全部子公司形成的企业集团整体财务状况、经营成果和现金流量的财务报表。

合并财务报表具体包括合并资产负债表、合并利润表、合并现金流量表、合并所有者权益变动表以及合并财务报表附注。

合并范围是指纳入合并财务报表的子公司的范围。合并范围的确定在一定程度上能有效地防止母公司通过选择合并对象来操纵利润,导致会计信息失真的行为,从而能提高企业合并财务报表的相关性和有用性。

合并财务报表编制的步骤主要有设置合并工作底稿,将母公司和子公司个别会计报表的数据过入合并工作底稿,编制调整分录和抵销分录,计算合并财务报表各项目的合并金额,填列合并财务报表。

第五章 购并日合并财务报表的编制

本章学习目标

掌握同一控制下和非同一控制下购并日合并财务报表的编制方法。

第一节 购并日合并财务报表概述

按照我国《企业会计准则第20号——企业合并》的规定，无论是同一控制下的企业合并，还是非同一控制下的企业合并，只要形成母子公司的，都要编制购并日的合并财务报表。

同一控制下的企业合并采用权益结合法处理。母公司应当编制购并日的合并资产负债表、合并利润表和合并现金流量表。在权益结合法下确认初始投资成本时以子公司净资产的账面价值入账，在编制合并财务报表时也是按子公司净资产的账面价值合并，既不用考虑母公司支付对价的公允价值，又不用考虑子公司净资产的公允价值。因此，在同一控制下采用权益结合法编制的合并财务报表不会产生商誉，合并业务也比较简单。

非同一控制下的企业合并采用购买法处理，由于在编制购并日合并财务报表时只涉及股权的取得，不存在集团内部交易，因此，母公司只编制购并日的合并资产负债表，不需要编制合并利润表和合并现金流量表。在购并日编制合并资产负债表时，先要统一子公司的会计政策和会计期间，使子公司与母公司的会计政策和会计期间保持一致。然后，确认子公司在购并日净资产的公允价值。最后，编制相关的抵销分录，消除母子公司之间重复计算的部分。由于是购并日企业合并初期，因此抵销分录也比较简单，主要涉及的是长期股权投资与净资产之间的抵销。

同一控制下的企业合并和非同一控制下的企业合并的不同主要表现在两个方面：第一，在确认初始投资成本和编制合并财务报表时，非同一控制下采用购买法，是以公允价值为基础计量的，而同一控制下采用权益结合法，是以账面价值为基础计量的。第二，在购并日编制合并财务报表时，非同一控制下只需要编制合并资产负债表，而同一控制下需要编制三张合并财务报表，即合并资产负债表、合并利润表和合并现金流量表。

第二节 同一控制下购并日合并财务报表的编制

同一控制下的企业合并中，合并方在合并后取得对被合并方生产经营决策的控制权，并且被合并方在企业合并后仍然继续经营，合并方在购并日涉及两个方面的问题：一是对因该项企业合并形成的对被合并方的长期股权投资的确认和计量问题，二是购并日合并财务报表的编制问题。长期股权投资的确认和计量问题在中级财务会计相关章节已经介绍，此处不再赘述，下面重点介绍购并日合并财务报表的编制。编制购并日的财务报表时，一般包括合并资产负债表、合并利润表及合并现金流量表。

在购并日，被合并方的有关资产、负债应当以其账面价值（合并方与被合并方采用的会计政策、会计期间不同的，按照合并方的会计政策、会计期间，对被合并方有关资产、负债经调整后的账面价值）并入合并财务报表。需要注意的是，这里的账面价值是指被合并方的资产、负债在最终控制方财务报表中的账面价值。合并方与被合并方在购并日及以前期间发生的交易，应作为内部交易进行抵销。

同一控制下企业合并的基本处理原则是视同合并后形成的报告主体在购并日及以前期间一直存在，在合并资产负债表中，对于被合并方在企业合并前实现的留存收益（盈余公积与未分配利润之和）中归属于合并方的部分，应按以下规定，自合并方的资本公积转入留存收益：

1. 确认形成控股合并的长期股权投资后，合并方账面资本公积（资本溢价或股本溢价）贷方余额大于被合并方在合并前实现的留存收益中归属于合并方的部分，在合并资产负债表中，应将被合并方在合并前实现的留存收益中归属于合并方的部分自"资本公积"转入"盈余公积"和"未分配利润"。在合并工作底稿中，借记"资本公积"项目，贷记"盈余公积"和"未分配利润"项目。

2. 确认形成控股合并的长期股权投资后，合并方账面资本公积（资本溢价或股本溢价）贷方余额小于被合并方在合并前实现的留存收益中归属于合并方的部分的，在合并资产负债表中，应以合并方资本公积（资本溢价或股本溢价）的贷方余额为限，将被合并方在企业合并前实现的留存收益中归属于合并方的部分自"资本公积"转入"盈余公积"和"未分配利润"。在合并工作底稿中，借记"资本公积"项目，贷记"盈余公积"和"未分配利润"项目。

因合并方的资本公积（资本溢价或股本溢价）余额不足，被合并方在合并前实现的留存收益在合并资产负债表中未予全额恢复的，合并方应当在会计报表附注中对这一情况进行说明。

一、同一控制下购并日的合并资产负债表的编制

（一）母公司拥有子公司全部股权

【例5—1】 P公司和S公司是同一母公司下的两家子公司。2017年1月1日，合并前两家公司的资产负债表如表5—1所示。

表 5—1

P 公司与 S 公司合并前资产负债表

2017 年 1 月 1 日

单位:元

项 目	P 公司	S 公司
货币资金	350 000	280 000
应收账款	600 000	480 000
存货	550 000	440 000
固定资产	700 000	560 000
资产总计	**2 200 000**	**1 760 000**
短期借款	300 000	240 000
应付账款	400 000	320 000
应交税费	70 000	56 000
长期借款	400 000	320 000
股本	600 000	480 000
资本公积	200 000	160 000
盈余公积	160 000	128 000
未分配利润	70 000	56 000
负债及所有者权益总计	**2 200 000**	**1 760 000**

2017 年 1 月 1 日,P 公司发行 200 000 股普通股,每股面值 1 元,换取 S 公司的全部股权,则:

(1)P 公司将投资入账时,编制会计分录如下:

借:长期股权投资——S 公司　　824 000
　　贷:股本　　200 000
　　　　资本公积　　624 000

(2)将母公司的长期股权投资与子公司的所有者权益相抵销,应在合并会计报表工作底稿上编制抵销分录如下:

借:股本　　480 000
　　资本公积　　160 000
　　盈余公积　　128 000
　　未分配利润　　56 000
　　贷:长期股权投资——S 公司　　824 000

(3)恢复子公司留存收益中属于母公司的份额:

借:资本公积　　184 000
　　贷:盈余公积　　128 000
　　　　未分配利润　　56 000

合并报表工作底稿如表 5—2 所示。

表 5—2

P 公司合并报表工作底稿

2017 年 1 月 1 日

单位:元

项　目	P 公司	S 公司	抵销分录		合并资产负债表
			借　方	贷　方	
货币资金	350 000	280 000			630 000
应收账款	600 000	480 000			1 080 000
存货	550 000	440 000			990 000
长期股权投资——S 公司	824 000			824 000	
固定资产	700 000	560 000			1 260 000
资产总计	**3 024 000**	**1 760 000**			**3 960 000**
短期借款	300 000	240 000			540 000
应付账款	400 000	320 000			720 000
应交税费	70 000	56 000			126 000
长期借款	400 000	320 000			720 000
股本	800 000	480 000	480 000		800 000
资本公积	824 000	160 000	344 000		640 000
盈余公积	160 000	128 000	128 000	128 000	288 000
未分配利润	70 000	56 000	56 000	56 000	126 000
负债及所有者权益总计	**3 024 000**	**1 760 000**			**3 960 000**

(二)母公司拥有子公司部分股权

【例 5—2】 承【例 5—1】,假设 2017 年 1 月 1 日,P 公司发行 200 000 股普通股,每股面值 1 元,换取 S 公司 90%的股权,则:

(1)P 公司将投资入账时,编制会计分录如下:

借:长期股权投资——S 公司　　741 600
　　贷:股本　　200 000
　　　　资本公积　　541 600

(2)将母公司的长期股权投资与子公司的所有者权益相抵销,应在合并会计报表工作底稿上编制如下抵销分录:

借:股本　　480 000
　　资本公积　　160 000
　　盈余公积　　128 000
　　未分配利润　　56 000
　　贷:长期股权投资——S 公司　　741 600
　　　　少数股东权益　　82 400

(3)恢复子公司留存收益中属于母公司的份额:

借:资本公积　　165 600
　　贷:盈余公积(128 000×90%)　　115 200
　　　　未分配利润(56 000×90%)　　50 400

合并报表工作底稿如表5—3所示：

表5—3　**P公司合并报表工作底稿**

2017年1月1日　单位：元

项　目	P公司	S公司	抵销分录		合并资产负债表
			借　方	贷　方	
货币资金	350 000	280 000			630 000
应收账款	600 000	480 000			1 080 000
存货	550 000	440 000			990 000
长期股权投资——S公司	741 600			741 600	
固定资产	700 000	560 000			1 260 000
资产总计	**2 941 600**	**1 760 000**			**3 960 000**
短期借款	300 000	240 000			540 000
应付账款	400 000	320 000			720 000
应交税费	70 000	56 000			126 000
长期借款	400 000	320 000			720 000
股本	800 000	480 000	480 000		800 000
资本公积	741 600	160 000	325 600		576 000
盈余公积	160 000	128 000	128 000	115 200	275 200
未分配利润	70 000	56 000	56 000	50 400	120 400
少数股东权益				82 400	82 400
负债及所有者权益总计	**2 941 600**	**1 760 000**			**3 960 000**

二、同一控制下购并日的合并利润表的编制

合并利润表应当包括参与合并各方自合并当期期初至购并日所发生的收入、费用和利润。被合并方在合并前实现的净利润，应当在合并利润表中单列项目反映（即在"净利润"项目下单列"其中：被合并方在合并前实现的净利润"项目。）

三、同一控制下购并日的合并现金流量表的编制

在编制同一控制下购并日的合并现金流量表时，如果不涉及合并双方当期发生内部交易产生的现金流量，只需要将合并双方的对应项目金额直接相加即可，与购并日的合并利润表的编制是一样的；如果涉及合并双方当期发生内部交易产生的现金流量，应按照合并财务报表准则规定的有关原则进行抵销。

第三节　非同一控制下购并日合并财务报表的编制

在运用购买法编制合并财务报表的情况下，控制权取得日又常常称为购买日。按照我国现行会计准则的规定，对于非同一控制下的控股合并，要采用购买法编制合并财务报表。

一、投资成本等于子公司可辨认净资产的公允价值

【例5—3】 P公司和S公司进行非同一控制下的控股合并,合并前P公司和S公司的资产负债表如表5—1所示。假设2017年1月1日,P公司发行200 000股普通股,每股面值1元,市价3.708元,换取S公司80%的股权,S公司各项资产与负债的账面价值和公允价值相同,则:

(1)P公司将投资入账时,编制会计分录如下:

借:长期股权投资——S公司　　741 600
　贷:股本　　200 000
　　资本公积　　541 600

(2)将母公司的长期股权投资与子公司的所有者权益相抵销,应在合并会计报表工作底稿上编制抵销分录如下:

借:股本　　480 000
　资本公积　　160 000
　盈余公积　　128 000
　未分配利润　　56 000
　贷:长期股权投资——S公司　　741 600
　　少数股东权益　　82 400

合并报表工作底稿如表5—4所示:

表5—4　P公司合并报表工作底稿

2017年1月1日　　单位:元

项　目	P公司	S公司	抵销分录		合并资产负债表
			借　方	贷　方	
货币资金	350 000	280 000			630 000
应收账款	600 000	480 000			1 080 000
存货	550 000	440 000			990 000
长期股权投资——S公司	741 600			741 600	
固定资产	700 000	560 000			1 260 000
资产总计	**2 941 600**	**1 760 000**			**3 960 000**
短期借款	300 000	240 000			540 000
应付账款	400 000	320 000			720 000
应交税费	70 000	56 000			126 000
长期借款	400 000	320 000			720 000
股本	800 000	480 000	480 000		800 000
资本公积	741 600	160 000	160 000		741 600
盈余公积	160 000	128 000	128 000		160 000
未分配利润	70 000	56 000	56 000		70 000
少数股东权益				82 400	82 400
负债及所有者权益总计	**2 941 600**	**1 760 000**			**3 960 000**

二、投资成本大于子公司可辨认净资产的公允价值

【例5—4】 P公司和S公司进行非同一控制下的控股合并，合并前P公司和S公司的资产负债表如表5—5所示：

表5—5　　P公司与S公司合并前资产负债表

2017年1月1日　　单位：元

项　目	P公司(账面)	S公司(账面)	S公司(公允)
货币资金	350 000	280 000	280 000
应收账款	600 000	480 000	480 000
存货	550 000	440 000	440 000
固定资产	700 000	560 000	700 000
资产总计	**2 200 000**	**1 760 000**	**1 900 000**
短期借款	300 000	240 000	240 000
应付账款	400 000	320 000	320 000
应交税费	70 000	56 000	56 000
长期借款	400 000	320 000	320 000
负债合计	**1 170 000**	**936 000**	**936 000**
股本	600 000	480 000	480 000
资本公积	200 000	160 000	300 000
盈余公积	160 000	128 000	128 000
未分配利润	70 000	56 000	56 000
所有者权益合计	**1 030 000**	**824 000**	**964 000**
负债及所有者权益总计	**2 200 000**	**1 760 000**	**1 900 000**

假设2017年1月1日，P公司发行200 000股普通股，每股面值1元，市价4.5元，换取S公司90%的股权，则：

(1)P公司将投资入账时，编制会计分录如下：

借：长期股权投资——S公司　　900 000
　　贷：股本　　200 000
　　　　资本公积　　700 000

(2)在合并工作底稿上，应将子公司高估或低估的资产、负债项目调整至公允价值，因此，本例的工作底稿上应有如下一笔调整分录、一笔抵销分录：

调整分录：

借：固定资产　　140 000
　　贷：资本公积　　140 000

抵销分录：

借：股本 480 000

资本公积(160 000+140 000) 300 000

盈余公积 128 000

未分配利润 56 000

商誉 32 400

贷：长期股权投资——S公司 900 000

少数股东权益 96 400

其中：

少数股东权益=S公司可辨认净资产的公允价值×少数股东权益持股比例

=964 000×10%=96 400(元)

商誉=企业合并成本一合并中取得的被购买方可辨认净资产公允价值份额

=900 000−964 000×90%=32 400(元)

合并报表工作底稿如表5—6所示。

表5—6 **P公司合并报表工作底稿**

2017年1月1日 单位：元

项　目	P公司	S公司	调整与抵销分录		合并资产负债表
			借　方	贷　方	
货币资金	350 000	280 000			630 000
应收账款	600 000	480 000			1 080 000
存货	550 000	440 000			990 000
长期股权投资——S公司	900 000			900 000	
固定资产	700 000	560 000	140 000		1 400 000
商誉			32 400		32 400
资产总计	**3 100 000**	**1 760 000**			**4 132 400**
短期借款	300 000	240 000			540 000
应付账款	400 000	320 000			720 000
应交税费	70 000	56 000			126 000
长期借款	400 000	320 000			720 000
股本	800 000	480 000	480 000		800 000
资本公积	900 000	160 000	300 000	140 000	900 000
盈余公积	160 000	128 000	128 000		160 000
未分配利润	70 000	56 000	56 000		70 000
少数股东权益				96 400	96 400
负债及所有者权益总计	**3 100 000**	**1 760 000**			**4 132 400**

三、投资成本小于子公司可辨认净资产的公允价值

【例5—5】 P公司和S公司进行非同一控制下的控股合并，合并前P公司和S公司的资产负债表如表5—5所示。假设2017年1月1日，P公司发行200 000股普通股，每股面值1元，市价3.5元，换取S公司90%的股权，则：

(1)P公司将投资入账时，编制会计分录如下：

借：长期股权投资——S公司　　700 000
　　贷：股本　　200 000
　　　　资本公积　　500 000

(2)在合并工作底稿上，应将子公司高估或低估的资产、负债项目调整至公允价值，因此，本例的工作底稿上应有如下一笔调整分录、一笔抵销分录：

调整分录：

借：固定资产　　140 000
　　贷：资本公积　　140 000

由于合并成本700 000元小于合并中取得的S公司可辨认净资产公允价值份额867 600元(964 000×90%)，假设两家公司均按照净利润的10%提取盈余公积，则差额167 600元应按10%和90%的比例调整盈余公积和未分配利润。

抵销分录：

借：股本　　480 000
　　资本公积(160 000+140 000)　　300 000
　　盈余公积　　128 000
　　未分配利润　　56 000
　　贷：长期股权投资——S公司　　700 000
　　　　少数股东权益　　96 400
　　　　盈余公积　　16 760
　　　　未分配利润　　150 840

其中：

少数股东权益＝S公司可辨认净资产的公允价值×少数股东权益持股比例
＝964 000×10%＝96 400(元)

合并报表工作底稿如表5—7所示。

表5—7　　**P公司合并报表工作底稿**

2017年1月1日　　单位：元

项　目	P公司	S公司	调整与抵销分录		合并资产负债表
			借　方	贷　方	
货币资金	350 000	280 000			630 000
应收账款	600 000	480 000			1 080 000
存货	550 000	440 000			990 000
长期股权投资——S公司	700 000			700 000	
固定资产	700 000	560 000	140 000		1400 000
资产总计	**2 900 000**	**1 760 000**			**4 100 000**

续表

项目	P公司	S公司	调整与抵销分录		合并资产负债表
			借方	贷方	
短期借款	300 000	240 000			540 000
应付账款	400 000	320 000			720 000
应交税费	70 000	56 000			126 000
长期借款	400 000	320 000			720 000
股本	800 000	480 000	480 000		800 000
资本公积	700 000	160 000	300 000	140 000	700 000
盈余公积	160 000	128 000	128 000	16 760	176 760
未分配利润	70 000	56 000	56 000	150 840	220 840
少数股东权益				96 400	96 400
负债及所有者权益总计	**2 900 000**	**1 760 000**			**4 100 000**

本章小结

合并财务报表包括购并日的合并财务报表和购并日后的合并财务报表。本章主要介绍购并日合并财务报表的编制。

按照我国《企业会计准则第20号——企业合并》的规定，同一控制下的企业合并形成母子公司关系的，应当采用权益结合法进行账务处理。母公司应当编制购并日的合并资产负债表、合并利润表和合并现金流量表。非同一控制下的企业合并形成母子公司关系的，应当采用购买法进行账务处理。由于编制购并日合并财务报表只涉及股权的取得，不存在集团内部交易，因此，母公司只编制购并日的合并资产负债表。

第六章 购并日后合并财务报表的编制

本章学习目标

理解同一控制下和非同一控制下购并日后合并财务报表编制的基本原理，掌握同一控制下和非同一控制下购并日后合并财务报表编制的方法。

第一节　同一控制下购并日后合并财务报表的编制

一、合并当年合并财务报表的编制

对于权益结合法下股权取得日后合并财务报表的编制，母、子公司的各资产与负债项目继续按原来的账面价值计价，而不必考虑资产与负债的公允价值与账面价值的差异，这样也就不存在商誉的确认与计量问题。

在股权取得日，母公司长期股权投资的入账金额代表母公司占子公司净资产账面价值的份额。由于权益结合法将参与合并的企业视为成立时就是一体的，因此，在股权取得日以后编制合并财务报表时，仍然要尽可能保留母公司所占子公司盈余公积与未分配利润的份额。

编制购并日后财务报表时，首先，将母公司对子公司长期股权投资由成本法核算的结果调整为权益法核算的结果，使母公司对子公司长期股权投资项目反映其在子公司所有者权益中所拥有权益的变动情况；其次，将母公司对子公司长期股权投资项目与子公司所有者权益项目等内部交易相关的项目进行抵销，将内部交易对个别财务报表的影响予以抵销；最后，在编制购并日合并工作底稿的基础上，编制合并财务报表。

【例 6－1】 承【例 5－2】，S 公司在 2017 年全年实现净利润 100 000 元，提取盈余公积 10 000元，当年没有分配股利。则 P 公司于 2017 年 12 月 31 日在编制合并财务报表工作底稿时，应编制以下四笔调整与抵销分录：

(1)按照权益法调整 P 公司对 S 公司的长期股权投资，调整的金额为：100 000×90％＝90 000(元)。调整的会计分录为：

借：长期股权投资——S 公司　　　　90 000

　贷：投资收益　　　　90 000

经过上述调整分录，P 公司对 S 公司的长期股权投资的账面价值为 831 600 元(741 600＋

90 000)，正好与 2017 年 12 月 31 日 P 公司在 S 公司的所有者权益中所占的份额相等。此时：

少数股东损益＝100 000×10%＝10 000(元)

少数股东权益＝82 400＋10 000＝92 400(元)

(2)将母公司的长期股权投资与子公司的所有者权益相抵销，应在合并会计报表工作底稿上编制抵销分录如下：

借：股本	480 000	
资本公积	160 000	
盈余公积(128 000＋10 000)	138 000	
年末未分配利润(56 000＋90 000)	146 000	
贷：长期股权投资——S 公司		831 600
少数股东权益		92 400

(3)将母公司对子公司的投资收益与子公司当年利润分配相抵销，抵销分录如下：

借：投资收益	90 000	
少数股东损益	10 000	
年初未分配利润	56 000	
贷：提取盈余公积		10 000
年末未分配利润		146 000

(4)恢复合并前子公司留存收益中属于母公司的份额：

借：资本公积	165 600	
贷：盈余公积(128 000×90%)		115 200
年初未分配利润(56 000×90%)		50 400

P 公司和 S 公司 2017 年 12 月 31 日的资产负债表和利润表如表 6—1 和表 6—2 所示。

表 6—1 **资产负债表**

2017 年 12 月 31 日 单位：元

项　目	P 公司	S 公司
货币资金	500 000	300 000
应收账款	900 000	500 000
存货	650 000	550 000
长期股权投资——S 公司	741 600	
固定资产	800 000	600 000
资产总计	**3 591 600**	**1 950 000**
短期借款	450 000	300 000
应付账款	500 000	270 000
应交税费	100 000	76 000
长期借款	490 000	380 000
股本	800 000	480 000
资本公积	741 600	160 000

续表

项　目	P公司	S公司
盈余公积	188 000	138 000
未分配利润	322 000	146 000
负债及所有者权益总计	**3 591 600**	**1 950 000**

表 6—2　利润表

2017 年度　　单位:元

项　目	P公司	S公司
一、营业收入	800 000	700 000
减:营业成本	400 000	400 000
税金及附加	50 000	30 000
销售费用	40 000	30 000
管理费用	60 000	40 000
财务费用	20 000	10 000
资产减值损失	10 000	10 000
加:投资收益	10 000	20 000
二、营业利润	330 000	200 000
加:营业外收入	20 000	10 000
减:营业外支出	10 000	40 000
三、利润总额	340 000	170 000
减:所得税费用	60 000	70 000
四、净利润	280 000	100 000
五、其他综合收益的税后净额	0	0
六、综合收益总额	280 000	100 000

合并报表工作底稿如表 6—3 所示。

表 6—3　P公司合并工作底稿

2017 年 12 月 31 日　　单位:元

项　目	P公司	S公司	合计金额	调整分录		抵销分录		少数股东权益	合并金额
				借方	贷方	借方	贷方		
利润表项目									
营业收入	800 000	700 000	1 500 000						1 500 000
营业成本	400 000	400 000	800 000						800 000
税金及附加	50 000	30 000	80 000						80 000

续表

项目	P公司	S公司	合计金额	调整分录		抵销分录		少数股东权益	合并金额
				借方	贷方	借方	贷方		
销售费用	40 000	30 000	70 000						70 000
管理费用	60 000	40 000	100 000						100 000
财务费用	20 000	10 000	30 000						30 000
资产减值损失	10 000	10 000	20 000						20 000
投资收益	10 000	20 000	30 000		90 000	90 000			30 000
营业利润	330 000	200 000	530 000		90 000	90 000			530 000
营业外收入	20 000	10 000	30 000						30 000
营业外支出	10 000	40 000	50 000						50 000
利润总额	340 000	170 000	410 000		90 000	90 000			410 000
所得税费用	60 000	70 000	130 000						130 000
净利润	280 000	100 000	380 000		90 000	90 000			380 000
少数股东损益						10 000		10 000	10 000
归属于母公司股东的净利润	280 000	100 000	380 000		90 000	100 000			370 000
综合收益总额	280 000	100 000	380 000						370 000
所有者权益变动表项目									
年初未分配利润	70 000	56 000	126 000		50 400	56 000			120 400
本期未分配利润	252 000	90 000	342 000						342 000
其中：归属于母公司股东的净利润	280 000	100 000	380 000		90 000	100 000			370 000
提取盈余公积	−28 000	−10 000	−38 000				10 000		−28 000
对股东的分配									
年末未分配利润（转下）	322 000	146 000	468 000		140 400	146 000 302 000	146 000 156 000		462 400
资产负债表项目									
货币资金	500 000	300 000	800 000						800 000
应收账款	900 000	500 000	1 400 000						1 400 000
存货	650 000	550 000	1 200 000						1 200 000
长期股权投资——S公司	741 600		741 600	90 000			831 600		0
固定资产	800 000	600 000	1 400 000						1 400 000
资产总计	3 591 600	1 950 000	5 541 600	90 000			831 600		4 800 000
短期借款	450 000	300 000	750 000						750 000
应付账款	500 000	270 000	770 000						770 000
应交税费	100 000	76 000	176 000						176 000

续表

项　目	P公司	S公司	合计金额	调整分录		抵销分录		少数股东权益	合并金额
				借方	贷方	借方	贷方		
长期借款	490 000	380 000	870 000						870 000
负债合计	1 540 000	1 026 000	2 566 000						2 566 000
股本	800 000	480 000	1 280 000			480 000			800 000
资本公积	741 600	160 000	901 600	165 600		160 000			576 000
盈余公积	188 000	138 000	326 000		115 200	138 000			303 200
未分配利润(承上)	322 000	146 000	468 000		140 400	302 000	156 000		462 400
归属于母公司所有者权益合计									2 141 600
少数股东权益							92 400		92 400
所有者权益合计	2 051 600	924 000	2 975 600	165 600	255 600	1 080 000	248 400		2 234 000
负债及所有者权益总计	3 591 600	1 950 000	5 541 600						4 800 000

二、以后各期合并财务报表的编制

同一控制下，母公司对子公司长期股权的处理采用成本法，虽然在控制权取得日长期股权投资的入账金额与母公司占子公司净资产账面价值的份额相一致，但从第二年以后，各期间长期股权投资的余额往往不等于母公司所占子公司净资产价值的份额。因此，需要调整长期股权投资的年初余额，使其与母公司占子公司净资产账面价值的份额相等，这样才能编制抵销分录。

【例 6—2】 承【例 6—1】，假定 2017 年 1 月 1 日，P 公司取得 S 公司 90%股权后，S 公司于 2018 年 5 月 3 日发放现金股利 50 000 元，S 公司 2018 年实现净利润 200 000 元，提取盈余公积 20 000 元。

(1)2018 年度 P 公司长期股权投资的处理。

P 公司对 S 公司的投资采用成本法核算，2018 年 5 月 3 日，P 公司记录 S 公司发放的现金股利 45 000 元(50 000×90%)，确认为投资收益。

借：银行存款　　45 000
　　贷：投资收益　　45 000

(2)2018 年年末，成本法下 P 公司对 S 公司实现的净利润不做账务处理。

(3)将成本法转换为权益法的结果，相关的调整分录如下：

首先，抵销上年度方法转换时产生的影响：

借：长期股权投资——S 公司　　90 000
　　贷：年初未分配利润　　90 000

其次，抵销本年度方法转换时产生的影响：

借：长期股权投资——S 公司(200 000×90%)　　180 000
　　贷：投资收益　　180 000

借：投资收益　　45 000
　　贷：长期股权投资——S 公司　　45 000

经过上述调整分录后，P公司对S公司的长期股权投资的账面价值为966 600元(741 600+90 000+180 000−45 000)。P公司对S公司的长期股权投资的账面价值刚好与母公司在子公司所有者权益中所拥有的份额相等。

少数股东损益=200 000×10%=20 000(元)

少数股东权益=92 400+20 000−50 000×10%
=107 400(元)

(4)长期股权投资与子公司所有者权益相抵销，抵销分录如下：

借：股本	480 000	
资本公积	160 000	
盈余公积(138 000+20 000)	158 000	
年末未分配利润(146 000+130 000)	276 000	
贷：长期股权投资——S公司		966 600
少数股东权益		107 400

(5)将母公司对子公司的投资收益与子公司当年利润分配相抵销，抵销分录如下：

借：投资收益	180 000	
少数股东损益	20 000	
年初未分配利润	146 000	
贷：提取盈余公积		20 000
向股东分派股利		50 000
年末未分配利润		276 000

(6)恢复合并前子公司留存收益中属于母公司的份额：

借：资本公积	165 600	
贷：盈余公积(128 000×90%)		115 200
年初未分配利润(56 000×90%)		50 400

相关合并财务报表的编制同前面的示例，这里不再赘述。

第二节　非同一控制下购并日后合并财务报表的编制

一、合并当年的合并财务报表的编制

当母公司拥有子公司部分股权时，应当将调整后母公司对子公司的权益性投资的数额与子公司所有者权益中属于母公司的数额抵销，子公司所有者权益中属于少数股东的份额，作为“少数股东权益”单独反映。

【例6−3】 承【例5−4】，S公司2017年全年实现净利润200 000元，提取盈余公积20 000元，当年没有分配股利。P公司于2017年年末对购买S公司所记录的商誉进行了减值测试，发现没有减值。

P公司和S公司合并价差的分配与摊销如表6−4所示。

表 6—4　　**P 公司和 S 公司合并价差的分配与摊销**　　单位：元

项　目	假　设	总　额	第 1 年	第 2 年	剩余每年
固定资产（低估）	10 年，直线法折旧	140 000	14 000	14 000	14 000
商誉	年度减值测试				
合　计			14 000	14 000	14 000

1. P 公司 2017 年年末编制合并财务报表时，相关项目计算如下：

S 公司调整后本年净利润＝200 000－14 000（购买日固定资产公允价值增值计算的折旧而调增折旧费用）
＝186 000（元）

S 公司调整后本年年末未分配利润＝56 000＋186 000－20 000
＝222 000（元）

权益法下 P 公司对 S 公司投资的投资收益＝186 000×90%＝167 400（元）

权益法下 P 公司长期股权投资本年年末余额＝900 000＋167 400
＝1 067 400（元）

少数股东损益＝186 000×10%＝18 600（元）

购买日 S 公司可辨认净资产公允价值为 964 000 元，P 公司由于此次合并产生的合并商誉为 32 400 元（900 000－964 000×90%）。

少数股东权益的年末余额＝964 000×10%＋18 600＝115 000（元）

2. P 公司 2017 年编制合并财务报表时，应进行以下抵销处理的调整：

（1）按公允价值对 S 公司财务报表项目进行调整。根据购买日 S 公司资产、负债的公允价值与账面价值之间的差额，调整 S 公司相关公允价值变动的资产、负债及资本公积项目。在合并工作底稿中，其调整分录如下：

借：固定资产　　140 000
　　贷：资本公积　　140 000

因购买日 S 公司资产和负债的公允价值与账面价值之间的差额对 S 公司本年净利润的影响，调整 S 公司的相关项目。

之所以进行这一调整，是因为子公司个别财务报表的编制基础是其资产和负债的原账面价值，其当期净利润也是以其资产、负债的原账面价值为基础计算的结果，而公允价值与原账面价值存在差额的资产或负债，在经营过程中使用、销售或偿付而实现其公允价值，其实现的公允价值对子公司当期净利润的影响需要在净利润计算中予以反映。

在合并工作底稿中，其调整分录如下：

借：管理费用　　14 000
　　贷：固定资产　　14 000

（2）按权益法对 P 公司财务报表项目进行调整。因购买日 S 公司资产和负债的公允价值与账面价值之间的差额对 S 公司本年净利润的影响，而对 P 公司对 S 公司长期股权投资权益法核算的影响，需要对 A 公司对 S 公司长期股权投资及相关项目进行调整；另一方面，P 公司对 S 公司的长期股权投资采用成本法进行核算，需要对成本法核算的结果按权益法核算的要求，对长期股权投资及相关项目进行调整。在合并工作底稿中，其调整分录如下：

借:长期股权投资　　167 400

　贷:投资收益　　167 400

(3)长期股权投资与所有者权益的抵销。将P公司对S公司长期股权投资与其在S公司股东权益中拥有的份额予以抵销。在合并工作底稿中,其抵销分录如下:

借:股本　　480 000

　资本公积(160 000+140 000)　　300 000

　盈余公积　　128 000

　年末未分配利润　　222 000

　商誉　　32 400

　贷:长期股权投资——S公司　　1 067 400

　　少数股东权益　　115 000

(4)投资收益与子公司利润分配等项目的抵销。将P公司对S公司投资收益与B公司本年利润分配有关项目的金额予以抵销。在合并工作底稿中,其抵销分录如下:

借:投资收益　　167 400

　少数股东损益　　18 600

　年初未分配利润　　56 000

　贷:提取盈余公积　　20 000

　　年末未分配利润　　222 000

相关合并财务报表的编制同前面的例子,这里不再赘述。

二、以后各期合并财务报表的编制

【例6—4】 承【例6—3】,假设S公司于2018年3月5日发放现金股利30 000元,2018年实现净利润300 000元,提取盈余公积30 000元。根据已知条件,S公司2017年年末未分配利润为56 000+200 000−20 000=236 000(元)。

1. P公司2018年年末编制合并财务报表时,相关项目计算如下:

S公司调整后本年净利润=300 000−14 000(购买日固定资产公允价值增值计算的折旧而调增折旧费用)
=286 000(元)

S公司调整后本年年初未分配利润=236 000−14 000=222 000(元)

S公司调整后本年年末未分配利润=222 000+286 000−30 000−30 000
=448 000(元)

权益法下P公司对S公司投资的投资收益=286 000×90%=257 400(元)

权益法下P公司长期股权投资本年年末余额=1 067 400+257 400−30 000×90%
=1 297 800(元)

少数股东损益=286 000×10%=28 600(元)

少数股东权益=115 000+28 600−30 000×10%=140 600(元)

2. P公司2018年编制合并财务报表时,应进行以下抵销处理的调整:

(1)按公允价值对B公司财务报表项目进行调整,根据购买日B公司资产、负债的公允价值与账面价值之间的差额,调整B公司相关项目。在合并工作底稿中,其调整分录如下:

借：固定资产　140 000
　贷：资本公积　140 000

因购买日S公司资产和负债的公允价值与账面价值之间的差额对S公司上年净利润的影响，调整S公司的年初未分配利润及相关项目。在合并工作底稿中，其调整分录如下：

借：年初未分配利润　14 000
　贷：固定资产　14 000

因购买日S公司资产和负债的公允价值与账面价值之间的差额对S公司本年净利润的影响，调整S公司的固定资产折旧相关的项目及累计折旧。在合并工作底稿中，其调整分录如下：

借：管理费用　14 000
　贷：固定资产　14 000

(2)按权益法对P公司财务报表项目进行调整。因购买日S公司资产和负债的公允价值与账面价值之间的差额对S公司上年净利润的影响，而对P公司对S公司长期股权投资权益法核算的影响，调整P公司对S公司长期股权投资及相关项目。在合并工作底稿中，其调整分录如下：

借：长期股权投资　167 400
　贷：年初未分配利润　167 400

P公司对S公司长期股权投资由成本法的核算结果转换为权益法核算的结果。即根据调整后S公司本年实现净利润以及本年分派现金股利中所拥有的份额，调整本年P公司对S公司的长期股权投资。在合并工作底稿中，其调整分录如下：

借：长期股权投资(286 000×90%)　257 400
　投资收益(30 000×90%)　27 000
　贷：投资收益　257 400
　　长期股权投资　27 000

(3)长期股权投资与所有者权益的抵销。将P公司对S公司长期股权投资与其在S公司股东权益中拥有的份额予以抵销。在合并工作底稿中，其抵销分录如下：

借：股本　480 000
　资本公积　300 000
　盈余公积(148 000+30 000)　178 000
　年末未分配利润　448 000
　商誉　32 400
　贷：长期股权投资　1 297 800
　　少数股东权益　140 600

(4)投资收益与子公司利润分配等项目的抵销。将P公司对S公司投资收益与S公司本年利润分配有关的项目的金额予以抵销。在合并工作底稿中，其抵销分录如下：

借：投资收益　257 400
　少数股东损益　28 600
　年初未分配利润　222 000
　贷：提取盈余公积　30 000
　　向股东分配利润　30 000
　　年末未分配利润　448 000

第三节 合并现金流量表的编制

合并现金流量表应当以母公司和子公司的现金流量表为基础，在抵销母公司与子公司、子公司相互之间发生的内部交易对合并现金流量表的影响后，由母公司合并编制。

根据我国《企业会计准则第33号——合并财务报表》的规定，编制合并现金流量表时，应该抵销以下相关项目：

1. 母公司与子公司、子公司相互之间当期以现金投资或收购股权增加的投资产生的现金流量。抵销分录为：

借：投资活动现金流量——投资支付的现金

  贷：筹资活动现金流量——吸收投资收到的现金

2. 母公司与子公司、子公司相互之间当期取得投资收益、利息收入收到的现金，与分配股利、利润或偿付利息支付的现金。抵销分录为：

借：筹资活动现金流量——分配股利、利润或偿付利息支付的现金

  贷：投资活动现金流量——分得投资收益收到的现金

3. 母公司与子公司、子公司相互之间以现金结算债权与债务产生的现金流量。抵销分录为：

借：经营活动现金流量——购买商品、接受劳务支付的现金

  贷：经营活动现金流量——销售商品、提供劳务收到的现金

4. 母公司与子公司、子公司相互之间当期销售商品产生的现金流量。抵销分录如下：

借：经营活动现金流量——购买商品、接受劳务支出的现金

  贷：经营活动现金流量——销售商品、接受劳务收到的现金

5. 母公司与子公司、子公司相互之间处置固定资产、无形资产和其他长期资产收回的现金净额，与购建固定资产、无形资产和其他长期资产支付的现金流量。抵销分录如下：

借：投资活动现金流量——处置固定资产等长期资产收到的现金净额

  贷：投资活动现金流量——购建固定资产等长期资产支付的现金

6. 母公司与子公司、子公司相互之间当期发生的其他内部交易产生的现金流量。抵销分录如下：

借：经营活动现金流量——支付的其他与经营活动有关的现金

  贷：经营活动现金流量——收到的其他与经营活动有关的现金

本章小结

无论是同一控制下还是非同一控制下，购并日后在每个会计期末，母公司不仅需要编制合并资产负债表，而且还需要编制合并利润表和合并现金流量表。

母公司在购并日后的各个会计期末编制合并财务报表的基本原理与购并日编制合并财务报表的原理基本相同，但与购并日编制的合并财务报表相比要复杂得多，因为除了要抵销长期股权投资外，还要抵销集团内部的往来交易事项、投资收益和未实现损益。

第七章 集团公司内部交易事项的处理

本章学习目标

掌握合并工作底稿中集团内部的产品或商品销售业务、固定资产业务、债务投资业务等内部往来业务的抵销方法。

第一节 集团内部交易事项概述

一、集团内部交易事项的含义

集团内部交易事项是指集团公司内部母公司与其所属子公司之间以及各子公司之间发生的除股权投资以外的其他各种往来业务及交易事项。

母公司与子公司之间除了股权投资及其因投资所引起的利润分配外，还有可能发生各种涉及损益或不涉及损益的内部交易事项，这些事项发生以后，会分别反映在母公司或子公司的个别财务报表中。由于编制合并财务报表的目的在于反映母公司与各子公司作为一个经济实体的经济活动，因此集团内部公司间的所有交易或往来业务都应抵销，以便使合并财务报表只反映集团与其外部有关方面发生的经济活动，避免虚增资产、负债和虚增利润。

二、集团内部交易事项的类型

(一)按内部交易事项是否涉及损益分类

1. 不涉及损益的内部交易事项

不涉及损益的内部交易事项是指集团内部母子公司之间以及子公司之间发生的交易只与资产负债表有关，与各公司的损益确定无关的事项。例如，集团内部的债权、债务等。

2. 涉及损益的内部交易事项

涉及损益的内部交易事项是指集团内部母子公司之间与子公司之间发生的与损益有关的内部交易事项。例如，母公司将其生产的产品出售给子公司。

(二)按内部交易事项的具体内容分类

1. 内部存货交易

集团内部涉及存货的交易实质上只是将存货转移了储存地点，因此，需要将内部交易产生的未实现损益进行抵销。

2. 内部债权债务交易

母子公司之间、子公司之间发生的债权债务项目，包括应收票据与应付票据、应收账款与应付账款、预付账款与预收账款、其他应收款与其他应付款等。

3. 内部固定资产交易

内部固定资产交易只是集团内部发生交易的某一方发生了与固定资产有关的购销业务。

4. 内部无形资产交易

内部无形资产交易是指集团内部发生交易的某一方发生了与无形资产有关的交易。

5. 其他内部交易

第二节　内部存货交易的抵销

母公司与子公司、子公司相互之间发生的内部存货交易主要是指商品或产品的购销业务。对于发生在企业集团内部的购销业务，购销双方均以独立的会计主体身份进行了核算。销售方将其销售收入和销售成本计入当期损益。对于购买方来说，购进的产品或商品可能出现三种情况：

(1)在当期全部对集团外销售；

(2)当期全部未售出而形成期末存货；

(3)部分售出，部分形成期末存货。

在第(2)和第(3)种情况下，内部购货所形成的购货方期末存货又成为下期的期初存货，从而影响下期合并财务报表的编制。因此，在编制合并财务报表时，应当区分不同情况，将内部销售收入、内部销售成本及可能存在的未实现内部销售利润予以抵销。

一、当期内部存货交易的抵销

(一)内部购买的存货全部实现对外销售

《企业会计准则第 33 号——合并财务报表》准则规定：母公司与子公司、子公司相互之间销售商品，期末全部实现对外销售的，应当将购买方的营业成本与销售方的营业收入相互抵销。

购买方将内部购买的存货全部实现对外销售，意味着在销售方确认销售收入并结转销售成本的同时，购买方再次确认了销售收入并结转了销售成本，其中购买方的销售成本就等于销售方的销售收入。显然，同一购销业务，在内部销售方和内部购买方的个别利润表中分别反映了销售收入和销售成本。然而，从企业集团整体的角度来看，存货只对外销售了一次，应当确认的销售收入只能是内部购买方销售该存货的销售收入，应当确认的销售成本只能是内部销售方销售该存货的销售成本。因此，应当抵销内部销售方的销售收入和内部购买方的销售成本，即应当借记“主营业务收入”账户，并贷记“主营业务成本”账户。

【例 7—1】 P 公司拥有 S 公司 80％的股份。2016 年，P 公司将 30 000 元购入的存货以 50 000 元的价格销售给 S 公司。S 公司在当期将该存货全部对外出售，其销售收入为 80 000 元。假设上述销售均为现销且暂不考虑税金。

要求：编制 P 公司 2016 年合并工作底稿上内部存货交易的抵销分录。

［解析］ 对于这笔内部存货交易事项，P公司和S公司各自账面上的记录如表7—1所示。

表7—1 单位：元

P公司账面记录	S公司账面记录	企业集团整体视角
1. 从外界购货 借：存货 30 000 贷：银行存款 30 000	1. 从P公司购货 借：存货 50 000 贷：银行存款 50 000	1. 从外界购货 借：存货 30 000 贷：银行存款 30 000
2. 对S公司的销货 借：银行存款 50 000 贷：主营业务收入 50 000	2. 对外界销货 借：银行存款 80 000 贷：主营业务收入 80 000	2. 对外界销货 借：银行存款 80 000 贷：主营业务收入 80 000
3. 结转销货成本 借：主营业务成本 30 000 贷：存货 30 000	3. 结转销货成本 借：主营业务成本 50 000 贷：存货 50 000	3. 结转销货成本 借：主营业务成本 30 000 贷：存货 30 000

从整个企业集团角度来看，这笔内部存货交易事项相当于P公司将成本为30 000元的存货以80 000元的价格对外销售。因此，在合并财务报表中应将重复记录的账户金额予以抵销，即在合并工作底稿中应编制抵销分录如下：

借：营业收入 50 000

　贷：营业成本 50 000

（二）内部购买的存货全部未实现对外销售

《企业会计准则第33号——合并财务报表》准则规定：母公司与子公司、子公司相互之间销售商品，期末未实现对外销售而形成存货、固定资产、工程物质、在建工程、无形资产等资产的，在抵销销售商品的营业成本和营业收入的同时，应当将各项资产所包含的未实现内部销售损益予以抵销。

内部购买方购买的存货全部未对外销售时，内部销售方仍然确认了销售收入并结转了销售成本。从整个企业集团的角度来看，存货只是存放地点从内部销售方移至内部购买方，并没有发生存货的对外销售。因此，应当抵销内部销售方的内部销售收入和内部销售成本。同时，内部购买方以支付的价款作为该存货的入账价值，则存货的价值包含了内部销售方的销售毛利。从企业集团的角度看，存货存放地点的变换不应当增加存货的价值，因此，这部分销售毛利是未实现销售毛利，应当予以抵销。

【例7—2】 承【例7—1】，假设S公司在当期全部未将该存货对外出售，即S公司当期期末存货中有50 000元是从P公司购入的存货。

要求：编制P公司在2016年合并工作底稿上的内部存货交易抵销分录。

［解析］ 对于这笔内部存货交易事项，P公司和S公司各自账面上的记录如表7—2所示。

表7—2 单位：元

P公司账面记录	S公司账面记录	企业集团整体视角
1. 从外界购货 借：存货 30 000 贷：银行存款 30 000	1. 从P公司购货 借：存货 50 000 贷：银行存款 50 000	1. 从外界购货 借：存货 30 000 贷：银行存款 30 000

续表

P公司账面记录	S公司账面记录	企业集团整体视角
2. 对S公司的销货 借：银行存款 50 000 贷：主营业务收入 50 000		
3. 结转销货成本 借：主营业务成本 30 000 贷：存货 30 000		

从企业集团整体角度来看，由于S公司本期全部未将从内部购买的存货出售，因此，这笔内部存货交易事项相当于P公司将从外界购入的价值为30 000元的存货移至S公司，并未发生存货的销售。P公司记录的主营业务收入50 000元和主营业务成本30 000元均应进行抵销，同时还需要抵销S公司期末存货上的未实现销售损益20 000元。由此可以得出在合并工作底稿中的抵销分录，如下所示：

借：营业收入 50 000

贷：营业成本 30 000

存货 20 000

(三)内部购买的存货部分实现对外销售、部分形成期末存货

当内部购买方购买的存货部分实现对外销售、部分形成期末存货时，内部销售方确认了全部的销售收入并结转了销售成本，内部购买方也确认了实现对外销售部分存货的销售收入并结转了相应的销售成本。从整个企业集团来看，对于已实现了对外销售部分的存货，在内部销售方和内部购买方的个别利润表中重复记录了销售收入和销售成本；对于形成期末存货的部分，由于这部分未对外销售的存货实质上只是存放地点从内部销售方移至内部购买方，并没有发生存货的销售，因此，应当抵销内部销售方的内部销售收入和内部销售成本、内部购买方的存货上的未实现内部销售损益。

【例7—3】 承【例7—1】，假设S公司在当期对外出售了该存货的70%，销售收入为56 000元，余下的30%形成期末存货。

要求：编制P公司在2016年合并工作底稿上的内部存货交易抵销分录。

［解析］ 对于这笔内部存货交易事项，P公司和S公司各自账面上的记录如表7—3所示。

表7—3 单位：元

P公司账面记录	S公司账面记录	企业集团整体视角
1. 从外界购货 借：存货 30 000 贷：银行存款 30 000	1. 从P公司购货 借：存货 50 000 贷：银行存款 50 000	1. 从外界购货 借：存货 30 000 贷：银行存款 30 000
2. 对S公司的销货 借：银行存款 50 000 贷：主营业务收入 50 000	2. 对外界销货 借：银行存款 56 000 贷：主营业务收入 56 000	2. 对外界销货 借：银行存款 56 000 贷：主营业务收入 56 000
3. 结转销货成本 借：主营业务成本 30 000 贷：存货 30 000	3. 结转销货成本 借：主营业务成本 35 000 贷：存货 35 000	3. 结转销货成本 借：主营业务成本 21 000 贷：存货 21 000

从整个企业集团角度来看，由于内部交易存货的70%已对外销售，企业集团应记录这70%存货的对外销售，抵销P公司和S公司对这部分存货的重复记录。另外，内部交易存货的30%尚未对外销售，因此，从企业集团角度来看，这部分存货交易事项相当于P公司将从外界购入的存货移至S公司，并未发生存货的销售，故无须做销货分录。由此可以得出在合并工作底稿中的抵销分录，如下所示：

借：营业收入　　50 000

　　贷：营业成本　　44 000

　　　　存货　　6 000

二、以后各期内部存货交易的抵销

以后年度连续编制合并财务报表时，内部存货交易的抵销可以分为两个部分：一是期初存货所包含的未实现内部销售损益的抵销问题，二是以后年度当期内部存货交易的抵销问题。对于以后年度当期内部存货交易的抵销问题，可以比照上述“当期内部存货交易的抵销”部分所介绍的方法进行抵销，在此不再赘述。因此，这里主要介绍期初存货所包含的未实现内部销售损益的抵销问题。

在上期内部购进商品当期未全部售出而形成期末存货时，由于本期编制合并财务报表时是以母子公司本期个别财务报表为基础，而母公司和子公司个别财务报表中未实现内部销售利润是作为上期实现利润包括在期初未分配利润之中，因此，上期编制合并财务报表时抵销的内部购进存货中包含的未实现内部销售利润，也对本期的期初未分配利润产生影响。本期编制合并财务报表时必须在合并母子公司期初未分配利润的基础上，将上期抵销的未实现内部销售利润对本期期初未分配利润的影响予以抵销，调整本期期初未分配利润的数额。

【例7—4】　承【例7—3】，进一步假设2017年S公司出售了从P公司购入的2016年年末尚未销售的30%存货，并且在2017年P公司和S公司之间没有发生内部存货交易。

要求：编制P公司在2017年合并工作底稿上内部存货交易的抵销分录。

［**解析**］　由于2016年内部存货交易的影响，S公司2017年期初存货中包含了6 000元未实现内部销售损益。2017年S公司出售期初存货后，期初存货所包含的未实现内部销售损益6 000元就实现了。

由于S公司期初存货多计6 000元从而导致其主营业务成本多计6 000元，因此，必须在合并工作底稿中调整主营业务成本中多计的部分。同时，上期合并工作底稿中抵销了存货未实现内部销售损益6 000元，从而减少了上期的合并净利润和上期期末的合并未分配利润6 000元，那么，本期以母公司与子公司的个别所有者权益变动表中的期初未分配利润为基础计算的合并期初未分配利润，必然与上期的合并所有者权益变动表中的合并期末未分配利润之间存在差额6 000元，应予抵销。抵销分录为：

借：年初未分配利润　　6 000

　　贷：营业成本　　6 000

第三节　内部债权与债务关系的抵销

母公司与子公司之间、子公司相互之间的债权与债务项目，主要包括母公司与子公司之间、子公司之间的应收票据与应付票据、应收账款与应付账款、预付账款与预收账款、其他应收款与其他应付款等。从个别财务报表角度看，享有债权方将债权以资产列示，承担债务方将债务以负债列示。但从企业集团角度看，这种债权债务关系纯属企业集团内部的资金往来，并非企业集团的债权或债务。因此，在编制合并财务报表时，应当将内部的债权债务项目相互抵销，同时还应将因这种债权所计提的坏账准备予以抵销。

一、当期内部债权与债务关系的抵销

【例 7—5】 P公司是S公司的母公司，并持有S公司90%的股份。P公司2016年应收账款中有50 000元为应收S公司的内部应收账款，且应收账款按余额的3‰计提坏账准备。本期期末对内部应收账款计提的坏账准备金额为150元(假设本期开始计提坏账准备)。

要求：编制P公司2016年度合并工作底稿中内部应收账款和坏账准备的抵销分录。

[解析] 对于这笔内部应收应付款项，在合并工作底稿中应做如下抵销分录：

(1)抵销集团内部往来：

借：应付账款　　50 000

　　贷：应收账款　　50 000

(2)抵销为内部应收、应付款项计提的坏账准备：

借：坏账准备　　150

　　贷：资产减值损失　　150

二、以后各期内部债权与债务关系的抵销

集团公司在以后各期存在的内部往来可能有三种情况：(1)本期应收账款余额与上期期末相等；(2)本期应收账款期末余额大于上期期末余额；(3)本期应收账款期末余额小于上期期末余额。

(一)内部应收账款本期余额等于上期余额

【例 7—6】 承【例 7—5】，2017年P公司应收账款中应收S公司的内部应收账款余额仍为50 000元，内部应收账款的坏账准备余额仍为150元。

要求：编制P公司2017年度合并工作底稿中内部应收账款和坏账准备的抵销分录。

[解析] 在合并工作底稿中应做如下抵销分录：

(1)抵销集团内部往来：

借：应付账款　　50 000

　　贷：应收账款　　50 000

(2)抵销为内部应收账款计提的坏账准备：

借：坏账准备　　150

　　贷：年初未分配利润　　150

由于本期内部应收账款与上期相等，因此，本期内部应收账款不需要补提坏账准备，也没有冲销坏账准备，只需要将上期计提的坏账准备对期初未分配利润的影响予以抵销。

(二)内部应收账款本期余额大于上期余额

【例 7—7】 承【例 7—5】，2017年P公司应收账款中应收S公司的内部应收账款余额为80 000元，内部应收账款的坏账准备余额为240元。

要求：编制P公司2017年度合并工作底稿中内部应收账款和坏账准备的抵销分录。

[解析]　为抵销内部应收、应付款项的影响，在合并工作底稿中应做如下抵销分录：

(1)抵销集团内部往来：

借：应付账款　　80 000

　　贷：应收账款　　80 000

(2)抵销为内部应收账款计提的坏账准备：

借：坏账准备　　240

　　贷：年初未分配利润　　150

　　　　资产减值损失　　90

其中，上期计提的坏账准备(150 元)应调整期初未分配利润，而本期计提的坏账准备(90 元)应直接冲减资产减值损失。

当本期的应收账款期末余额大于上期期末余额时，债权增加的一方在上年已计提坏账准备的基础上补提了坏账准备。在编制合并财务报表时，一方面要将上期计提的坏账准备抵销，调整期初未分配利润；另一方面要将本期内补提的坏账准备予以抵销。

(三)内部应收账款本期余额小于上期余额

【例 7－8】　承【例 7－5】，2017 年 P 公司应收账款中应收 S 公司的内部应收账款为 20 000元，内部应收账款的坏账准备余额为 60 元。

要求：编制 P 公司 2017 年度合并工作底稿中内部应收账款和坏账准备的抵销分录。

[解析]　为抵销内部应收、应付款项的影响，在合并工作底稿中应做如下抵销分录：

(1)抵销集团内部往来：

借：应付账款　　20 000

　　贷：应收账款　　20 000

(2)抵销为内部应收账款计提的坏账准备：

借：坏账准备　　60

　　资产减值损失　　90

　　贷：年初未分配利润　　150

其中，上期计提的坏账准备(150 元)应调整期初未分配利润，而本期冲回的坏账准备(90 元)应直接借记资产减值损失。

当本期的应收账款期末余额小于上期期末余额时，收回债权的一方在上年已计提坏账准备的基础上冲回了坏账准备。在编制合并财务报表时，一方面要将上期计提的坏账准备抵销，调整期初未分配利润；另一方面要将本期内转销的坏账准备与当期冲销的资产减值损失予以抵销。

第四节　内部固定资产交易的抵销

内部固定资产交易，是指企业集团内部发生的与固定资产有关的购销业务。根据内部销售方销售的是产品还是固定资产，可以将企业集团内部固定资产交易划分为三种类型：

1. 企业集团内部企业将自己使用的固定资产出售给集团内部其他企业作为固定资产使用。
2. 企业集团内部企业将自己生产的产品出售给集团内部其他企业作为固定资产使用。
3. 企业集团内部企业将自身使用的固定资产出售给集团内部其他企业作为存货。这种类型的固定资产交易，属于固定资产的内部处置，在企业集团内部发生的情况极少，一般情况下发生的数量也不大。

内部固定资产交易属于内部商品交易，其在编制合并财务报表时的抵销处理与一般的内部商品交易的抵销处理有相似之处。但由于固定资产取得并投入使用后，往往要跨越若干个会计期间，因而其抵销处理也有其特殊性，并且要比一般的内部商品交易的抵销处理要复杂得多。

一、当期内部固定资产交易的抵销

对于第一种类型的内部固定资产交易，交易当期内部销售方个别财务报表中反映的是固定资产原价和累计折旧的减少及固定资产出售损益(反映为"营业外收入"或"营业外支出")的增加；而内部购买方则以支付的价款在其个别财务报表中反映固定资产的增加。从企业集团角度看，只是固定资产存放的地点发生了变化，这种固定资产调拨行为不可能产生损益，也不可能产生固定资产的增值。因此，应当抵销固定资产变卖处理损益和固定资产原价中的未实现内部销售损益。

对于第二种类型的内部固定资产交易，交易当期内部销售方个别财务报表中反映的是销售该产品的销售收入和销售成本，而内部购买方则以支付的价款在其个别财务报表中反映固定资产的增加。从企业集团角度看，这一交易相当于通过在建工程自行建造固定资产，不可能产生损益，固定资产原价确认基础也只能是其建造成本。因此，应当抵销内部销售方的销售收入和销售成本，同时应当抵销内部购买方固定资产原价中的未实现内部销售损益。

同时，对于两种类型的固定资产交易，在交易当期均需考虑折旧的抵销问题。内部购买方在交易当期计提的折旧费用是以其包含未实现内部销售损益的固定资产原价为基础计提的，而从企业集团角度来看，在交易当期计提折旧费用的基础应当是不包含未实现内部销售损益的固定资产原价。因此，还必须在交易当期抵销多计提的这部分折旧费用。

【例 7—9】 P 公司是 S 公司的母公司，并持有 S 公司 90%的股份。2016 年 1 月 1 日，P 公司将一台设备以 80 000 元的价格出售给 S 公司，该设备的原值为 100 000 元，累计折旧为 30 000 元。S 公司将该设备作为管理用固定资产使用，折旧年限 4 年，预计净残值为零(为简化处理，当年固定资产按 12 个月计提折旧)。

要求：编制 P 公司 2016 年合并工作底稿上与该内部固定资产交易相关的抵销分录。

[解析] 对于这笔内部固定资产交易事项，2016 年 P 公司和 S 公司各自账面上的记录如表 7—4 所示。

表 7—4 单位：元

P公司账面记录			S公司账面记录		
1.1月1日销售固定资产			1.1月1日购入固定资产		
借：银行存款	80 000		借：固定资产	80 000	
累计折旧	30 000		贷：银行存款		80 000
贷：固定资产		100 000			
营业外收入		10 000			
			2.12月31日对该固定资产计提折旧		
			借：管理费用	20 000	
			贷：累计折旧		20 000

该笔内部固定资产交易属于前述第一种类型的内部交易，从企业集团整体角度来看，该笔内部固定资产交易实质上相当于一台固定设备从P公司移至S公司，2016年1月1日P公司账上的10 000元营业外收入并未实现，即P公司的净利润中包含固定资产未实现内部销售损益10 000元。对于这项内部固定资产交易，我们在编制合并工作底稿时应做两笔合并抵销分录：

(1)抵销集团内部往来

借：营业外收入　　10 000

　　贷：固定资产　　10 000

(2)2016年12月31日S公司对该设备计提了折旧20 000元，但从企业集团整体来看，对该设备只应计提17 500元[(100 000—30 000)/4]的折旧。因此，应在合并工作底稿中抵销由于固定资产包含未实现内部销售损益而多计提折旧2 500元的影响。抵销分录为：

借：累计折旧　　2 500

　　贷：管理费用　　2 500

【例7—10】 P公司是S公司的母公司，并持有S公司90%的股份。2016年1月1日，P公司以100 000元的价格将其生产的产品出售给S公司，销售成本为70 000元。S公司将该产品做管理用固定资产使用，折旧年限为4年，预计净残值为零(为简化处理，当年固定资产按12个月计提折旧)。

要求：编制A公司2016年合并工作底稿上与该内部固定资产交易相关的抵销分录。

［解析］ 对于这笔内部固定资产交易事项，2016年P公司和S公司各自账面上的记录如表7—5所示。

表7—5　　单位：元

P公司账面记录	S公司账面记录
1.1月1日销售商品 借：银行存款　　100 000 　　贷：主营业务收入　　100 000 借：主营业务成本　　70 000 　　贷：存货　　70 000	1.1月1日购入固定资产 借：固定资产　　100 000 　　贷：银行存款　　100 000
	2.12月31日对该固定资产计提折旧 借：管理费用　　25 000 　　贷：累计折旧　　25 000

该笔内部固定资产交易属于前述第二种类型的内部交易。从企业集团整体来看，该笔内部固定资产交易实质上相当于通过在建工程自行建造固定资产，不可能产生损益。因此，2016年1月1日P公司账上的30 000元销货利润并未实现，即P公司的净利润中包含固定资产未实现内部销售损益30 000元。对于这项内部固定资产交易，我们在编制合并工作底稿时应做如下抵销分录：

(1)抵销集团内部往来：

借：营业收入　　100 000

　　贷：营业成本　　70 000

　　　　固定资产　　30 000

(2)抵销由于固定资产包含未实现销售损益而多计提折旧7 500元的影响。抵销分录为：

借：累计折旧　　7 500

　　贷：管理费用　　7 500

二、以后各期内部固定资产交易的抵销

【例 7—11】 承【例 7—10】。

要求：编制 P 公司 2017 年合并工作底稿上与该内部固定资产交易相关的抵销分录。

［解析］ S 公司在 2017 年 12 月 31 日仍需对固定资产计提折旧 25 000 元。为抵销该笔内部固定资产交易对合并财务报表的影响，在编制 P 公司合并工作底稿时应做如下抵销分录：

(1)2017 年，该固定资产仍以原价列示在 S 公司的个别资产负债表中，直至它被出售给企业集团外部或报废。因此，2017 年仍应将固定资产原值中的未实现内部销售损益予以抵销。同时，2016 年因该固定资产使用而计提折旧形成的期初累计折旧，由于计提基数中包含未实现销售利润，应当对其中的未实现销售利润予以抵销，抵销分录为：

借：年初未分配利润　　30 000

　　贷：固定资产　　30 000

(2)抵销 2017 年由于固定资产包含未实现销售损益而多计提折旧 7 500 元的影响。抵销分录为：

借：累计折旧　　7 500

　　贷：管理费用　　7 500

三、内部交易固定资产清理期间的抵销

【例 7—12】 承【例 7—11】，2019 年年末，该固定资产因使用期限届满，予以报废清理。

要求：编制 A 公司 2019 年合并工作底稿上与该内部固定资产交易相关的抵销分录。

［解析］ 为抵销内部交易固定资产使用期限届满清理对合并财务报表的影响，在编制合并工作底稿时，只需做一笔抵销分录：

借：年初未分配利润　　7 500

　　贷：管理费用　　7 500

这里不再抵销固定资产和累计折旧，是因为这两个账户已经随着固定资产的清理而消失，不会再出现在 2019 年 12 月 31 日的合并财务报表中。

本章小结

企业集团内部交易是指集团内部母公司与子公司之间，或是子公司之间所发生的提供商品、相互借贷等经济业务。由于母公司、子公司是独立的法人主体，所以这些内部交易必然会反映在其各自账簿和个别财务报表中。从企业集团整体看，这些内部交易都属于内部发生的业务，其影响在合并财务报表编制的过程中应当予以抵销和调整。

第八章 信息披露

本章学习目标

通过本章学习，掌握上市公司信息披露的概念、分类及内容，理解上市公司信息披露的意义；掌握分部报告、经营分部的概念，掌握报告分部的确定，理解分部报告披露的内容及意义；掌握中期财务报告的概念及内容，熟悉中期财务报告的确认与计量。

第一节　上市公司信息披露概述

一、上市公司信息披露的概念

上市公司信息披露是上市公司依据国家法律、法规的规定，按照一定的程序及规范的报告格式，通过适当方式向证券管理机构及广大投资者完全公开与证券发行、交易有关的会计信息资料的行为。

上市公司信息披露是上市公司向投资者和社会公众全面沟通信息的桥梁。投资者和社会公众对上市公司信息的获取，主要是通过大众媒体阅读各类定期报告和临时报告等资料，投资者和社会公众在获取这些信息后，可以作为投资抉择的主要依据。因此，上市公司信息披露是证券市场健康发展的重要保证，也是投资者作出合理投资决策的基本依据。

我国证券市场自 1990 年正式启动，上市公司信息披露制度的法律体系也逐步完善。2007 年 1 月 30 日，中国证券监督管理委员会发布了《上市公司信息披露管理办法》，对上市公司及其他信息披露义务人的所有信息披露行为作出了全面规定，涵盖公司发行、上市后持续信息披露的各项要求，同时废止了 1993 年 6 月发布的《公开发行股票公司信息披露实施细则(试行)》及其他相关规定。

知识链接

随着互联网技术的迅猛发展，上市公司的信息披露渠道也受到一定影响。微博、微信、其他大众媒体，形成了资本市场形形色色的信息源，真假难辨，一些“猛料”常常引起上市公司股价剧烈波动，有些错误信息甚至误导投资者做出错误决策，造成投资损失。

为此，证监会表示，《证券法》第70条规定："依法必须披露的信息，应当在国务院证券监督管理机构指定的媒体发布，同时将其置备于公司住所、证券交易所，供公众查阅。"对于《证券法》等法律、法规规定的必须披露的信息，上市公司应在指定媒体披露，也可在其他媒体披露，但披露时间不得早于指定媒体，披露内容不得多于指定媒体，否则将构成信息披露违规行为，证监会将视情况采取相应的监管措施。

证监会指定信息披露的报纸有《中国证券报》《上海证券报》《证券时报》《证券日报》，证监会指定信息披露的网站有"上海证券交易所""深圳证券交易所""巨潮资讯网"。此外，2009年9月20日，中国证监会批复"巨潮资讯网""中证网""中国证券网""证券时报网""中国资本证券网"5家网站为创业板信息披露指定网站。

二、上市公司信息披露的分类

(一)按照信息披露时间划分

按照信息披露时间，上市公司信息披露可以分为证券发行的信息披露和持续信息披露。

证券发行的信息披露，是指证券公开发行时对发行人、拟发行的证券以及与发行证券有关的信息进行披露。该类信息披露文件主要有招股说明书、募集说明书、上市公告书等。

持续信息披露，是指证券上市后在证券的流通和交易过程中发布的信息。该类信息披露文件主要有上市公司定期报告（包括年度报告、半年度报告、季度报告）和上市公司临时报告（即重大事件公告）。

本章将根据信息披露时间划分来说明上市公司信息披露的内容。

(二)按照信息披露意愿划分

根据信息披露内容是否是上市公司自己的主观意愿，上市公司信息披露可以分为强制性信息披露和自愿性信息披露。

强制性信息披露是指由相关法律、法规和章程明确规定的上市公司必须披露信息的一种基本信息披露制度。

自愿性信息披露是指除强制性披露的信息之外，上市公司基于公司形象、投资者关系、回避诉讼风险等动机主动披露的信息。如管理者对公司长期战略及竞争优势的评价、环境保护和社区责任、公司实际运作数据、前瞻性预测信息、公司治理效果等，管理人员自主性是自愿性信息披露制度的最大特点。

我国主要采用强制性信息披露的方式。

三、上市公司信息披露的内容

上市公司信息披露文件主要包括招股说明书、募集说明书、上市公告书、定期报告和临时报告等。依据《上市公司信息披露管理办法》，上市公司信息披露相关规定是对上市公司信息披露的最低要求，凡是对投资者作出投资决策有重大影响的信息，均应当予以披露。

(一)招股说明书

发行人首次公开发行股票并上市的信息主要通过招股说明书进行披露。发行人编制招股说明书应当按照中国证监会颁布的《公开发行证券的公司信息披露内容与格式准则第1号——招股说明书》(2006年修订)规定的格式编制，具体应载明以下事项：

1. 封面、书脊、扉页、目录、释义；

2. 概览；
3. 本次发行概况；
4. 风险因素；
5. 发行人基本情况；
6. 业务和技术；
7. 同业竞争与关联交易；
8. 董事、监事、高级管理人员与核心技术人员；
9. 公司治理；
10. 财务会计信息；
11. 管理层讨论与分析；
12. 业务发展目标；
13. 募集资金运用；
14. 股利分配政策；
15. 其他重要事项；
16. 董事、监事、高级管理人员及有关中介机构声明；
17. 备查文件。

发行人为向社会公众提供当次发行的简要情况，应按准则编制并披露招股说明书摘要，招股说明书摘要无须包括招股说明书全文各部分的主要内容，但必须忠实于招股说明书全文，不得出现与全文相矛盾之处；应尽量采用图表或其他较为直观的方式准确披露发行人的情况，做到简明扼要、通俗易懂。招股说明书摘要应载明的事项有：

1. 重大事项提示；
2. 本次发行概况；
3. 发行人基本情况；
4. 募集资金运用；
5. 风险因素和其他重要事项；
6. 本次发行各方当事人和发行时间安排；
7. 备查文件。

招股说明书引用的经审计的最近一期财务会计资料在财务报告截止日后6个月内有效；特别情况可由发行人申请适当延长，但至多不超过1个月。招股说明书的有效期为6个月，自中国证监会下发核准通知前招股说明书最后一次签署之日计算。

发行人在招股说明书有效期报送申请文件后，在招股说明书披露前发生与申报稿不一致或应予补充披露的事项，发行人应视情况及时修改招股说明书及其摘要并提供补充说明材料。发行人公开股票的申请经中国证监会核准后，如发行人认为还有必要对招股说明书及其摘要进行修改的，应书面说明情况，并经中国证监会同意后相应修改招股说明书及其摘要。

根据《上市公司信息披露管理办法》，发行人申请首次公开发行股票的，中国证监会受理申请文件后，发行审核委员会审核前，发行人应当将招股说明书申报稿在中国证监会网站预先披露。预先披露的招股说明书申报稿不是发行人发行股票的正式文件，不能含有价格信息，发行人不得据此发行股票。

发行人的董事、监事、高级管理人员，应当对招股说明书签署书面确认意见，保证所披露的信息真实、准确、完整。招股说明书应当加盖发行人公章。

(二)募集说明书

申请发行公司债券的公司,应按《公开发行证券的公司信息披露内容与格式准则第23号——公开发行公司债券募集说明书》(2015年修订)的要求编制公司债券募集说明书及其摘要,作为向中国证监会申请发行公司债券的必备文件,并按规定披露。发行人编制《募集说明书》,应当载明以下事项:

1. 封面、书脊、扉页、目录、释义;
2. 发行概况;
3. 风险因素;
4. 发行人及本期债券的资信状况;
5. 增信机制、偿债计划及其他保障措施;
6. 发行人基本情况;
7. 财务会计信息;
8. 募集资金运用;
9. 债券持有人会议;
10. 债券受托管理人;
11. 发行人、中介机构及相关人员声明;
12. 备查文件。

需要注意的是,与2007年发布的公开发行公司债券募集说明书相比,本次修订的主要内容包括以下三个方面:

一是与公司债券发行主体扩大到所有公司制法人相衔接,修改了只适用于上市公司的相关表述;增加了公司治理情况的披露要求;同时要求募集说明书引用的财务报告按《企业会计准则》编制。

二是与《公司债券发行与交易管理办法》具体条文相对接,修改了"保荐人"相关表述;增加了商业保险、债券回售条款等增信及偿债保障机制,债券受托管理人在履行受托管理职责时可能存在的利益冲突情形及风险防范、解决机制,发行可交换债券、债券定价流程和配售规则,募集资金专项账户等的披露要求;修改了债券受托管理人职责及债券持有人会议规则等方面的披露要求。

三是以投资者需求为导向,结合市场实践情况,简化了发行人历史沿革的披露要求;增加了发行人业务、财务会计信息、担保人情况的披露要求;调整了部分章节的前后顺序等。

(三)上市公告书

申请证券上市交易,应当按照证券交易所的规定编制上市公告书,并经证券交易所审核同意后公告。由于创业板与主板的股票上市要求有很大差别,中国证监会于2007年授权上海证券交易所和深圳证券交易所指定有关上市公告书的内容与格式。上海证券交易所与深圳证券交易所均于2013年12月对《股票上市公告书内容与格式指引》进行了修订,根据上海证券交易所发布的指引要求,上市公告书应载明以下事项:

1. 重要声明与提示;
2. 股票上市情况;
3. 发行人、股东和实际控制人情况;
4. 股票发行情况;
5. 财务会计情况;

6. 其他重要事项；

7. 上市保荐机构及其意见。

发行人的董事、监事、高级管理人员，应当对上市公告书签署书面确认意见，保证所披露的信息真实、准确、完整。上市公告书应当加盖发行人公章。

此外，招股说明书、上市公告书引用保荐人、证券服务机构的专业意见或者报告的，相关内容应当与保荐人、证券服务机构出具的文件内容一致，确保引用保荐人、证券服务机构的意见不会产生误导。

(四)定期报告

定期报告和临时报告是证券上市后在流通中持续信息披露的主要形式。上市公司应当披露的定期报告包括年度报告、半年度报告和季度报告。

年度报告应当在每个会计年度结束之日起4个月内，半年度报告应当在每个会计年度的上半年结束之日起2个月内，季度报告应当在每个会计年度第3个月、第9个月结束后的1个月内编制完成并披露。其中，第一季度报告的披露时间不得早于上一年度年度报告的披露时间。

1. 年度报告

根据《公司法》《证券法》的规定，在中华人民共和国境内公开发行股票并在证券交易所主板(含中小企业板)上市的股份有限公司，应当按照《公开发行证券的公司信息披露内容与格式准则第2号——年度报告的内容与格式》(2014年修订)的要求编制和披露年度报告。上市公司的年度报告正文应当载明以下内容：

(1)重要提示、目录和释义；

(2)公司简介；

(3)会计数据和财务指标摘要；

(4)董事会报告；

(5)重要事项；

(6)股份变动及股东情况；

(7)优先股相关情况；

(8)董事、监事、高级管理人员和员工情况；

(9)公司治理；

(10)内部控制；

(11)财务报告；

(12)备查文件目录。

年度报告中的财务会计报告应当经具有证券、期货相关业务资格的会计师事务所审计，审计报告应当由该所两名注册会计师签字。如果年度财务报告被会计师事务所出具带有强调事项段或其他事项段的无保留意见、保留意见、否定意见或无法表示意见的审计报告，公司董事会和监事会应当就所涉及事项作出说明。

2. 半年度报告

根据《公司法》《证券法》的规定，在中华人民共和国境内公开发行股票并在证券交易所主板(含中小企业板)上市的股份有限公司，应当按照《公开发行证券的公司信息披露内容与格式准则第3号——半年度报告的内容与格式》(2014年修订)的要求编制和披露半年度报告。上市公司的半年度报告正文应当载明以下内容：

(1)重要提示、目录和释义；

(2)公司简介；

(3)会计数据和财务指标摘要；

(4)董事会报告；

(5)重要事项；

(6)股份变动及股东情况；

(7)优先股相关情况；

(8)董事、监事、高级管理人员情况；

(9)财务报告；

(10)备查文件目录。

半年度报告的报告期是指年初至半年度期末的期间。公司半年度报告中的财务报告可以不经审计，但中国证监会和证券交易所另有规定的除外。如果半年度财务报告已经审计，应当披露审计意见类型；若被出具带有强调事项段或其他事项段的无保留意见、保留意见、否定意见或无法表示意见的审计报告，公司董事会和监事会应当就所涉及事项作出说明。

3. 季度报告

根据《公司法》《证券法》的规定，在中华人民共和国境内公开发行股票并在证券交易所主板(含中小企业板)上市的股份有限公司，应当按照《公开发行证券的公司信息披露编报规则第13号——季度报告内容与格式特别规定》(2014年修订)的要求编制和披露季度报告。上市公司的季度报告正文应当载明以下内容：

(1)重要提示；

(2)主要财务数据及股东变化；

(3)重要事项。

季度报告的报告期是指季度初至季度末3个月期间。公司季度报告中的财务报表可以不经审计，但中国证监会和证券交易所另有规定的除外。季度报告中的财务报表已经审计的，公司应当披露审计意见类型；若被注册会计师出具非标准审计报告，公司还应当披露审计报告正文。

(五)临时报告

临时报告是指上市公司按有关法律、法规及规则规定，在发生重大事项时需向投资者和社会公众披露的信息，是上市公司持续信息披露义务的重要组成部分。定期报告有信息公开滞后的缺陷，不能及时满足公司信息公开的最新性与迅速性的需要。尤其在公司发生对证券投资判断有影响的特别事项时，定期报告难以适应证券市场变动，不利于投资判断。

根据我国《证券法》第67条、《上市公司信息披露管理办法》的规定，凡发生可能对上市公司证券及其衍生品种交易价格产生较大影响的重大事件，投资者尚未得知时，上市公司应当立即将有关该重大事件的情况向国务院证券监督管理机构和证券交易所报送临时报告，并予公告，说明事件的起因、目前的状态和可能产生的影响。

根据中国证监会发布的《上市公司信息披露管理办法》，重大事件包括以下情况：

(1)公司的经营方针和经营范围的重大变化；

(2)公司的重大投资行为和重大的购置财产的决定；

(3)公司订立重要合同，可能对公司的资产、负债、权益和经营成果产生重要影响；

(4)公司发生重大债务和未能清偿到期重大债务的违约情况，或者发生大额赔偿责任；

(5)公司发生重大亏损或者重大损失;

(6)公司生产经营的外部条件发生重大变化;

(7)公司的董事、$\frac{1}{3}$以上监事或者经理发生变动,董事长或者经理无法履行职责;

(8)持有公司5%以上股份的股东或者实际控制人,其持有股份或者控制公司的情况发生较大变化;

(9)公司减资、合并、分立、解散及申请破产的决定,或者依法进入破产程序、被责令关闭;

(10)涉及公司的重大诉讼、仲裁,股东大会、董事会决议被依法撤销或者宣告无效;

(11)公司涉嫌违法、违规被有权机关调查,或者受到刑事处罚、重大行政处罚;公司董事、监事、高级管理人员涉嫌违法、违纪被有权机关调查或者采取强制措施;

(12)新公布的法律、法规、规章、行业政策可能对公司产生重大影响;

(13)董事会就发行新股或者其他再融资方案、股权激励方案形成相关决议;

(14)法院裁决禁止控股股东转让其所持股份,任一股东所持公司5%以上股份被质押、冻结、司法拍卖、托管、设定信托或者被依法限制表决权;

(15)主要资产被查封、扣押、冻结或者被抵押、质押;

(16)主要或者全部业务陷入停顿;

(17)对外提供重大担保;

(18)获得大额政府补贴等可能对公司资产、负债、权益或者经营成果产生重大影响的额外收益;

(19)变更会计政策、会计估计;

(20)因前期已披露的信息存在差错、未按规定披露或者虚假记载,被有关机关责令改正或者经董事会决定进行更正;

(21)中国证监会规定的其他情形。

上市公司应当在最先发生的以下任一时点,及时履行重大事件的信息披露义务:(1)董事会或者监事会就该重大事件形成决议时;(2)有关各方就该重大事件签署意向书或者协议时;(3)董事、监事或者高级管理人员知悉该重大事件发生并报告时。若在时点之前出现下列情形之一的,上市公司应当及时披露相关事项的现状、可能影响事件进展的风险因素:(1)该重大事件难以保密;(2)该重大事件已经泄露或者市场出现传闻;(3)公司证券及其衍生品种出现异常交易情况。

上市公司披露重大事件后,已披露的重大事件出现可能对上市公司证券及其衍生品种交易价格产生较大影响的进展或者变化的,应当及时披露进展或者变化情况、可能产生的影响。

上市公司控股子公司发生上述重大事件,可能对上市公司证券及其衍生品种交易价格产生较大影响的,上市公司应当履行信息披露义务。上市公司参股公司发生可能对上市公司证券及其衍生品种交易价格产生较大影响的事件的,上市公司应当履行信息披露义务。

除重大事件外,涉及上市公司的收购、合并、分立、发行股份、回购股份等行为导致上市公司股本总额、股东、实际控制人等发生重大变化的,信息披露义务人应当依法履行报告、公告义务,披露权益变动情况。

此外,上市公司应当关注本公司证券及其衍生品种的异常交易情况及媒体关于本公司的报道。证券及其衍生品种发生异常交易或者在媒体中出现的消息可能对公司证券及其衍生品种的交易产生重大影响时,上市公司应当及时向相关各方了解真实情况,必要时应当以书面方式问询。公司证券及其衍生品种交易被中国证监会或者证券交易所认定为异常交易的，上市公司应当及时了解造成证券及其衍生品种交易异常波动的影响因素，并及时披露。

知识链接

为规范上市公司和相关信息披露义务人的信息披露行为，根据《公司法》《证券法》和《上海证券交易所股票上市规则》(2012 年修订)等相关法律、行政法规、部门规章，上海证券交易所于 2015 年 1 月修订了《上市公司日常信息披露工作备忘录——第一号　临时公告格式指引》，要求上市公司和相关信息披露义务人应按照该备忘录附件给定的公告格式指引编制临时报告。

本次修订上述公告格式指引，主要是考虑到实践中上市公司信息披露出现了一系列值得关注的问题。例如，不少公司异常波动公告千篇一律，或是含糊其词；还有些公司在签订战略框架协议、变更证券简称、提议“高送转”方案的过程中，公告披露的内容涉嫌制造热点，吸引市场眼球，但往往对其影响夸大其辞，对风险提示一带而过。

第二节　分部报告的信息披露

随着市场经济的不断发展，企业通过自身的内涵式发展或兼并收购，其经营规模不断扩大，跨行业、跨地区经营逐渐普遍。信息使用者对跨行业、跨地区集团公司财务信息的需求，导致了合并财务报表的产生和规范。但合并财务报表未能反映出集团对各个经营分部的依赖程度，不利于信息使用者对集团整体风险与报酬进行更精确的预测。于是，作为对合并财务报表解释与补充的分部报告就应运而生了。

一、分部报告的定义

分部报告是指在企业的财务会计报告中，按照确定的企业内部组成部分提供的有关各组成部分的收入、资产和负债等信息的报告。换言之，就是将企业按照其组成部分或分部进行分解，在这一分部的基础上报告每个分部的财务信息。

二、经营分部的认定与合并

财政部 2009 年颁布的《企业会计准则解释第 3 号》规定：“企业应当以内部组织结构、管理要求、内部报告制度为依据确定经营分部，以经营分部为基础确定报告分部。”

1. 经营分部的认定

经营分部，是指企业内同时满足下列条件的组成部分：(1)该组成部分能够在日常活动中产生收入、发生费用；(2)企业管理层能够定期评价该组成部分的经营成果，以决定向其配置资源、评价其业绩；(3)企业能够取得该组成部分的财务状况、经营成果和现金流量等有关会计信息。

2. 经营分部的合并

企业存在相似经济特征的两个或多个经营分部，同时满足《企业会计准则第 35 号——分部报告》第五条"业务分部"相关规定的，可以合并为一个经营分部。

业务分部，是指企业内可区分的、能够提供单项或一组相关产品或劳务的组成部分。该组成部分承担了不同于其他组成部分的风险和报酬。

企业在确定业务分部时，应当结合企业内部管理要求，并考虑下列因素：

(1)各单项产品或劳务的性质，包括产品或劳务的规格、型号、最终用途等；

(2)生产过程的性质，包括采用劳动密集或资本密集方式组织生产、使用相同或相似设备和原材料、采用委托生产或加工方式等；

(3)产品或劳务的客户类型，包括大宗客户、零散客户等；

(4)销售产品或提供劳务的方式，包括批发、零售、自产自销、委托销售、承包等；

(5)生产产品或提供劳务受法律、行政法规的影响，包括经营范围或交易定价限制等。

知识链接

财政部 2009 年颁布的《企业会计准则解释第 3 号》对《企业会计准则第 35 号——分部报告》进行了修改和补充。例如，原确定企业应当区分"业务分部"和"地区分部"，以及按照"主要报告形式""次要报告形式"披露分部信息的规定不再执行。

业务分部，是指企业内可区分的、能够提供单项或一组相关产品或劳务的组成部分。该组成部分承担了不同于其他组成部分的风险和报酬。

地区分部，是指企业内可区分的、能够在一个特定的经济环境内提供产品或劳务的组成部分。该组成部分承担了不同于在其他经济环境内提供的产品或劳务的组成部分的风险和报酬。

三、报告分部的确定

(一)10%的重要性标准

企业应当以"经营分部"为基础确定报告分部。经营分部的大部分收入是对外交易收入，且满足下列条件之一的，应当将其确定为报告分部：

1. 该分部的分部收入占所有分部收入合计的 10%或者以上。

分部收入，是指可归属于分部的对外交易收入和对其他分部交易收入，通常为营业收入。但不包括以下项目：

(1)利息收入和股利收入。包括债券投资、对外贷款、预付或借给其他分部款项而确认的利息收入，采用成本法核算的长期股权投资取得的股利收入(投资收益)等；但分部的日常活动是金融性质的除外。

(2)采用权益法核算的长期股权投资在被投资单位实现的净利润中应享有的份额，以及处置投资产生的净收益；但分部的日常活动是金融性质的除外。

(3)营业外收入。如处置固定资产、无形资产等产生的净收益。

以上各项目发生在非金融性质的分部，则与该分部的日常经营收入无关，故在计算分部收入时不应考虑在内。

【例 8－1】 假定万通家电公司有以下四个独立可识别的经营分部：彩电销售分部、空调冰箱分部、IT 销售分部、手机销售分部，其中手机销售分部为公司新进入领域，处于发展期。各经营分部 2017 年的财务信息资料如表 8－1 所示。

表 8—1 万通家电公司经营分部财务信息 单位:万元

项　目	彩电销售分部	空调冰箱分部	IT销售分部	手机销售分部	合　计
一、营业收入	18 000	16 000	4 000	5 000	43 000
其中:对外交易收入	18 000	16 000	2 500	5 000	41 500
分部间交易收入			1 500		1 500
二、营业费用	13 500	12 800	3 500	6 050	35 850
其中:对外交易	13 500	12 800	3 500	4 550	34 350
分部间交易				1 500	1 500
三、营业利润(亏损)	4 500	3 200	500	−1 050	7 150
四、销售毛利率	25%	20%	12.5%	−21%	
五、资产总额	54 000	42 000	12 000	21 000	129 000

首先,四个分部的对外交易收入均超过其分部收入的50%,满足大部分收入为对外交易收入的条件。

其次,所有分部收入之和为43 000万元,因此,判断标准为所有分部收入合计额的10%,即4 300万元。根据收入判断标准,彩电销售分部、空调冰箱分部和手机销售分部应作为报告分部在报表附注中进行披露,而IT销售分部不纳入报告分部。具体判断过程如表8—2所示。

表 8—2 报告分部的判定:10%收入标准 单位:万元

分　部	分部收入		判断标准	是否确认为报告分部
彩电销售分部	18 000	≥	4 300	是
空调冰箱分部	16 000	≥	4 300	是
IT销售分部	4 000	≤	4 300	否
手机销售分部	5 000	≥	4 300	是

2. 该分部的分部利润(亏损)的绝对额,占所有盈利分部利润合计额或者所有亏损分部亏损合计额的绝对额两者中较大者的10%或者以上。

分部利润(亏损),是指分部收入减去分部费用后的余额。

分部费用,是指可归属于分部的对外交易费用和对其他分部交易费用。通常包括营业成本、税金及附加、销售费用等。但不包括以下项目:

(1)利息费用。如发行债券、向其他分部借款的利息费用等,但分部的日常活动是金融性质的除外。

(2)采用权益法核算的长期股权投资在被投资单位发生的净损失中应承担的份额,以及处置投资发生的净损失;但分部的日常活动是金融性质的除外。

(3)营业外支出。如处置固定资产、无形资产等发生的净损失。

(4)与企业整体相关的管理费用和其他费用。企业为所属分部支付的、与分部经营活动相关的、能直接归属于或按合理的基础分配给该分部的费用,属于分部费用。

(5)所得税费用。

【例 8—2】　沿用【例 8—1】的资料，首先，计算出盈利分部的利润合计额为 8 200 万元，亏损分部亏损合计额的绝对额为 1 050 万元；再取两者之间较大的 8 200 万元进行利润(亏损)标准判断，判断值为 8 200×10%=820(万元)。根据利润判断标准，彩电销售分部、空调冰箱分部和手机销售分部应作为报告分部在报表附注中进行披露，而 IT 销售分部不纳入报告分部。具体判断过程如表 8—3 所示。

表 8—3　　报告分部的判定:10%利润标准　　单位:万元

分　部	利润绝对额	亏损绝对额		判断标准	是否确认为报告分部
彩电销售分部	4 500		≥	820	是
空调冰箱分部	3 200		≥	820	是
IT 销售分部	500		≤	820	否
手机销售分部		1 050	≥	820	是

3. 该分部的分部资产占所有分部资产合计额的 10%或者以上。

分部资产，是指分部经营活动使用的可归属于该分部的资产。一是在分部的经营中使用，可直接归属于该分部；二是能够以合理的基础分配给该分部。例如，递延所得税资产是服务于整个企业的资产，因此不属于分部资产。

【例 8—3】　沿用【例 8—1】的资料，万通家电资产总额 129 000 万元，根据资产判断标准，判断值为 129 000×10%=12 900(万元)，彩电销售分部、空调冰箱分部和手机销售分部应作为报告分部在报表附注中进行披露，而 IT 销售分部不纳入报告分部。具体判断标准如表 8—4所示。

表 8—4　　报告分部的判定:10%资产标准　　单位:万元

分　部	分部资产		判断标准	是否确认为报告分部
彩电销售分部	54 000	≥	12 900	是
空调冰箱分部	42 000	≥	12 900	是
IT 销售分部	12 000	≤	12 900	否
手机销售分部	21 000	≥	12 900	是

(二)低于 10%标准的选择

经营分部未满足上述 10%标准的，可以按照以下规定确定为报告分部：

1. 不考虑该分部的规模，直接将其指定为报告分部。

2. 不将该分部直接指定为报告分部的，可将该分部与一个或一个以上类似的、未满足 3 个 10%标准的其他分部合并为一个报告分部。

3. 不将该分部指定为报告分部且不与其他分部合并的，应当在披露分部信息时，将其作为其他项目单独披露。

(三)确定为报告分部的特定条件

1. 若报告分部的对外交易收入合计额占合并总收入或企业总收入的比重未达到 75%，应当将其他分部确定为报告分部(即使它们不符合 10%标准)，直到该比重达到 75%。

2. 企业的内部管理按照垂直一体化经营的不同层次来划分的，即使其大部分收入不通过对外交易取得,仍可将垂直一体化经营的不同层次确定为独立的报告业务分部。

知识链接

垂直一体化经营,是指企业(或企业集团)内部不同车间(或不同企业)生产的产品往往成为下一车间(或企业)的原材料或半成品,下一车间对其继续加工生产,然后对外销售。

3. 对于上期确定为报告分部的,企业本期认为其依然重要,即使本期未满足10%标准,仍应将其确定为本期的报告分部。

此外,《企业会计准则解释第3号》还规定,企业报告分部的数量通常不应超过10个。报告分部的数量超过10个需要合并的,应当以经营分部的合并条件为基础,对相关的报告分部予以合并。

【例8—4】 沿用【例8—1】的资料,对于落选分部,还需要兼顾其他补充标准。除了因管理层目的直接指定、因垂直一体化经营按经营层次划分,提供可比信息以外,还有75%的定量标准,容易检验出万通家电公司三个报告分部的合计对外交易收入占公司合并总收入的比重超过75%,且报告分部的数量不超过10个,因此,彩电销售分部、空调冰箱分部和手机销售分部均应作为报告分部,而IT销售分部在收入、利润、资产三项判断中均未符合10%重要性标准,所以不作为报告分部,在分部报告中列为“其他”进行报告。

四、分部信息披露的重要性

企业提供分部报告的主要目的是帮助会计信息使用者评估不同因素对企业的影响,以便更好地理解企业以往的经营业绩,并对未来的发展趋势作出合理的预测和判断。具体而言,企业披露分部信息的作用主要表现在以下几个方面:

1. 更好地理解企业以往的业绩

投资者可以通过纵向比较、横向比较了解一家企业的发展情况,然而,即使是同行业,也很难找到业务相似的两家企业,对于多元化经营的企业更是如此。分部数据的提供可以帮助信息使用者将各分部业绩与其他多元化经营公司相似分部,或与非多元化经营公司相关业绩进行比较,如此,可以更好地理解企业以往的业绩。

2. 更好地评估企业的风险和收益

充分披露分部信息,信息使用者可以将公司特定分部信息与外部信息相结合,有助于评估公司未来前景。例如,公司某经营分部销售情况,可以与有关特定行业发展前途的情况结合起来,以助于更加准确地预测未来的销售情况;类似地,某经营分部在公司经营中相对重要性的情况,可以与有关特定国家经营风险和发展前景的信息相结合。

3. 从整体上对企业作出更有根据的判断

股东作为企业的所有者,是众多信息使用者中最重要的一部分,他们关心的是整个公司的经营业绩和前景,而不是单个分部。正因如此,有人误解分部报告对于股东没有相关性或有用性。但一个公司是由多个部分构成的,只有充分了解各个部分,才能了解整个公司。不同部分、不同行业的盈利能力、成长机会等各不相同,信息使用者只有通过对分部信息的分析,了解各个经营分部在整个公司中的重要性,才能从整体上把握一个公司未来的前景,帮助投资者作出有根据的判断。

五、分部信息披露的具体规定

根据《企业会计准则解释第 3 号》的规定，企业在确定报告分部后，应当按照确定的报告分部，在财务报表附注中披露以下信息：

1. 确定报告分部考虑的因素、报告分部的产品和劳务的类型；

2. 每一报告分部的利润(亏损)总额相关信息，包括利润(亏损)总额组成项目及计量的相关会计政策信息；

3. 每一报告分部的资产总额、负债总额相关信息，包括资产总额组成项目的信息，以及有关资产、负债计量的相关会计政策。

分部资产披露的金额应当按照扣除相关累计折旧或摊销额以及累计减值准备后的金额确定。披露分部资产总额时，当期发生的在建工程成本总额、购置的固定资产和无形资产的成本总额，应当单独披露。

分部负债，是指分部经营活动形成的可归属于该分部的负债，不包括递延所得税负债。

除上述已经作为报告分部信息组成部分披露的以外，企业还应当披露下列信息：

1. 每一产品和劳务或每一类似产品和劳务组合的对外交易收入；

2. 企业取得的来自于本国的对外交易收入总额以及位于本国的非流动资产(不包括金融资产、独立账户资产、递延所得税资产，下同)总额，企业从其他国家取得的对外交易收入总额以及位于其国家的非流动资产总额；

3. 企业对主要客户的依赖程度。

六、分部报告披露与合并报表的关系

企业披露的分部信息，应当与合并财务报表或企业财务报表中的总额信息相衔接。

报告分部收入总额应当与企业收入总额相衔接，报告分部利润(亏损)应当与企业利润(亏损)总额相衔接，报告分部资产总额应当与企业资产总额相衔接，报告分部负债总额应当与企业负债总额相衔接。

【例 8—5】 贵州百灵 2014 年年报中的分部报告相关信息披露如下：

财务报表附注(十四)其他重要事项

……

分部信息

(1)报告分部的确定依据与会计政策

公司以内部组织结构、管理要求、内部报告制度等为依据确定经营分部。公司的经营分部是指同时满足下列条件的组成部分：

①该组成部分能够在日常活动中产生收入、发生费用；

②管理层能够定期评价该组成部分的经营成果，以决定向其配置资源、评价其业绩；

③能够通过分析取得该组成部分的财务状况、经营成果和现金流量等有关会计信息。

本公司以行业分布为基础确定报告分部，与各分部共同使用的资产、负债按照规模比例在不同的分部之间分配。

(2)报告分部的财务信息

见表 8—5。

表 8—5 **贵州百灵各报告分部利润(亏损)、资产及负债信息** 单位:元

项　目	工　业	商　业	其　他	分部间抵销	合　计
主营业务收入	1 610 387 879.33	88 897 394.94	7 450 416.42	132 063 528.39	1 574 672 162.30
主营业务成本	661 817 781.87	81 534 675.03	4 955 331.43	132 126 522.09	616 181 266.24
资产总额	4 170 053 550.15	367 096 306.99	25 985 826.62	997 954 204.08	3 565 181 479.68
负债总额	1 446 201 284.81	244 707 709.24	21 279 602.89	494 914 404.49	1 217 274 192.45

在该分部信息披露中,应注意以下几点:

①贵州百灵分部报告(表 8—5)中的"其他",是指不满足报告分部的分部及总部相关财务信息;"分部间抵销",是由于各分部之间存在业务往来而产生的相关财务信息。

②贵州百灵分部报告(表 8—5)中的主营业务收入合计数与合并利润表的"营业总收入"直接对应;而分部报告中主营业务成本合计数与合并利润表中的"营业成本"无明显对应关系,这是因为合并利润表中的营业成本包含了其他业务成本 21 323.15 元,详见表 8—8。

③贵州百灵分部报告(表 8—5)中的资产、负债合计数与合并资产负债表的"资产总计、负债合计"直接对应。

为便于对照,将 2014 年贵州百灵合并资产负债表简表、合并利润表简表列示如下(略去 2013 年比较财务信息):

表 8—6 **贵州百灵合并资产负债表简表**

(2014 年 12 月 31 日) 单位:元

资　产	期末余额	负债和所有者权益	期末余额
流动资产合计	2 636 513 065.58	负债合计	1 217 274 192.45
非流动资产合计	928 668 414.10	所有者权益合计	2 347 907 287.23
资产总计	3 565 181 479.68	负债和所有者权益总计	3 565 181 479.68

表 8—7 **贵州百灵合并利润表简表**

(2014 年度) 单位:元

项　目	2014 年度
一、营业总收入	1 574 672 162.30
其中:营业收入	1 574 672 162.30
二、营业总成本	1 212 088 568.89
其中:营业成本	616 202 589.39
税金及附加	22 455 819.79
销售费用	392 508 527.80
管理费用	132 997 633.66
财务费用	35 483 036.12
资产减值损失	12 440 962.13
加:公允价值变动收益	
投资收益	8 945 457.07
三、营业利润	371 529 050.48

表 8－8　贵州百灵营业收入和营业成本明细*

（2014 年度）　单位：元

项　目	本期发生额	
	收　入	成　本
主营业务	1 574 672 162.30	616 181 266.24
其他业务	—	21 323.15
合　计	1 574 672 162.30	616 202 589.39

注：* 财务信息源自于贵州百灵 2014 年度报告附注。

【例 8－6】 金宇火腿 2014 年年报中的分部报告相关信息披露如下：

财务报表附注（十六）其他重要事项

……

分部信息

1. 报告分部的确定依据与会计政策

（1）报告分部的确定依据与会计政策。

公司以内部组织结构、管理要求、内部报告制度等为依据确定经营分部。公司的经营分部是指同时满足下列条件的组成部分：

①该组成部分能够在日常活动中产生收入、发生费用；

②管理层能够定期评价该组成部分的经营成果，以决定向其配置资源、评价其业绩；

③能够通过分析取得该组成部分的财务状况、经营成果和现金流量等有关会计信息。

（2）报告分部的财务信息。

（3）公司无报告分部的，或者不能披露各报告分部的资产总额和负债总额的，应说明原因。

2. 不能披露各报告分部信息的原因

公司的业务比较单一，主要为生产和销售火腿、火腿制品及冻品原料等。管理层将此业务视为一个整体实施管理、评估经营成果。因此，本财务报表不呈报分部信息。

第三节　中期财务报告的信息披露

随着经济发展和市场竞争日趋激烈，企业日常经营活动的波动和外部经营环境的变化程度不断加强，财务报告信息使用者对公司财务信息的及时性和相关性提出了更高的要求。因此，在年度财务报告的基础上，产生了中期财务报告，并且财政部颁布了《企业会计准则第 32 号——中期财务报告》，对其编制内容及编制过程中应当遵行的确认与计量原则进行了规范。

一、中期财务报告的概念

中期财务报告，是指以中期为基础编制的财务报告。“中期”，是指短于一个完整的会计年度（自公历 1 月 1 日起至 12 月 31 日止）的报告期间，它可以是一个月、一个季度或者半年，也可以是其他短于一个会计年度的期间，如 1 月 1 日至 9 月 30 日的期间等。因此，中期财务报告包括月度财务报告（月报）、季度财务报告（季报）、半年度财务报告（半年报），也包括年初至本中期末的财务报告。

知识链接

中期财务报告不仅能够满足信息使用者及时性和相关性要求，同时也是根据某些特定要求提供的必要信息。例如，一家非上市公司，因已向银行借款，可能应按月或按季向贷款银行报送财务报表。但是，中期财务报告更多的是与上市公司有关。

二、中期财务报告的内容

(一)基本内容

中期财务报告至少应当包括资产负债表、利润表、现金流量表和附注。其中：

1. 资产负债表、利润表、现金流量表和附注是中期财务报告至少应当编制的法定内容，对其他财务报表或相关信息，如所有者权益(或股东权益)变动表等，企业可以根据需要自行决定。

2. 中期资产负债表、利润表和现金流量表的格式和内容，应当与上年度财务报表相一致。但如果当年新施行的会计准则对财务报表格式和内容做了修改的，中期财务报表应当按照修改后的报表格式和内容编制，与此同时，在中期财务报告中提供的上年度比较财务报表的格式和内容也应当做相应的调整。

3. 中期财务报告中的附注相对于年度财务报告中的附注而言，是适当简化的。中期财务报表附注的编制应当遵循重要性原则：如果某项信息没有在中期财务报告附注中披露，会影响到投资者等信息使用者对企业财务状况、经营成果和现金流量判断的正确性，那么就认为这一信息是重要的。但企业至少应当在中期财务报告附注中披露中期财务报告准则规定的信息。

(二)比较财务报表的编制要求

为了提高财务报表信息的可比性、相关性和有用性，企业在中期末除了编制中期末资产负债表、中期利润表和现金流量表之外，还应当提供前期比较财务报表。《企业会计准则第32号——中期财务报告》规定，中期财务报告应当按照下列规定提供比较财务报表：

1. 本中期末的资产负债表和上年度末的资产负债表。

2. 本中期末的利润表、年初至本中期末的利润表以及上年度可比期间的利润表。

其中，上年度可比期间的利润表包括：上年度可比中期的利润表和上年度年初至上年可比中期末的利润表。

3. 年初至本期末的现金流量表和上年度年初至上年可比本期末的现金流量表。

以2017年第三季度报告为例，有关财务报表是否提供情况列示如表8—9所示。

表8—9　　中期财务报表及比较财务报表提供情况

报表类别	本年度 中期财务报表时间(或期间)	上年度 比较财务报表时间(或期间)
资产负债表	2017年9月30日	2016年12月31日
利润表*(本中期)	2017年7月1日～9月30日	2016年7月1日～9月30日
利润表(年初至本中期末)	2017年1月1日～9月30日	2016年1月1日～9月30日
现金流量表	2017年1月1日～9月30日	2016年1月1日～9月30日

注：* 在第一季度财务报告中，“本中期”与“年初至本中期末”的期间是相同的，所以，在第一季度财务报告中只需要提供一张利润表，同时，上年度的比较财务报表也只需要提供一张利润表。

(三)中期合并财务报表和母公司财务报表的编制要求

1. 本中期末与上年度末均存在子公司。

如果上年度编制合并财务报表的,其中期财务报告也应当编制合并财务报表。而且合并财务报表的合并范围、合并原则、编制方法和合并财务报表的内容与格式等,也应当与上年度合并财务报表相一致。但当年新企业会计准则有新规定的除外。

如果上年度财务报告除了合并财务报表,还包括母公司财务报表的,中期财务报告也应当包括母公司财务报表。

2. 上年度财务报告包括了合并财务报表,但报告中期内处置了所有应当纳入合并范围的子公司的,中期财务报告只需要提供母公司财务报表,但上年度比较财务报表仍应当包含合并财务报表,上年度可比中期没有子公司的除外。

例如,假定甲公司2016年第一季度末没有子公司,在第二季度拥有了一家绝对控股的子公司,到2017年第一季度时又处置了该控股子公司。

则在2017年第一季度报中,只需要提供母公司报表。但编制比较资产负债表时,仍需提供合并财务报表和母公司报表;编制比较利润表和比较现金流量表时,则不必提供合并财务报表。

在2017年半年报中,只需要提供母公司报表。但编制比较资产负债表、比较利润表和比较现金流量表时,都需要编制合并财务报表和母公司报表。

(四)中期财务报告附注的编制要求和内容

1. 附注的编制要求

(1)中期财务报告中的附注应当以年初至本中期末为基础编制,披露自上年度资产负债表日之后发生的,有助于理解企业财务状况、经营成果和现金流量变化情况的重要交易或者事项。

例如,某公司第一季度发生一项重大对外投资,则不仅一季报需要披露,在二季报和三季报中,在“以年初至本中期末为基础”的原则下,需要再次披露。

(2)对于理解本中期财务状况、经营成果和现金流量有关的重要交易或者事项,也应当在附注中做相应披露。

例如,三季度发生的某一事项,对理解年初到三季度末的企业状况可能是不重要的,但是如果对理解第三季度的企业状况重要,则应当在三季报中予以披露。

2. 附注的内容

中期财务报告中的附注至少应包括下列信息:

(1)中期财务报告采用的会计政策与上年度财务报告相一致的声明。会计政策发生变更的,应当说明会计政策变更的性质、内容、原因及其影响数;无法进行追溯调整的,应当说明原因。

(2)会计估计变更的内容、原因及其影响数;影响数不能确定的,应当说明原因。

(3)前期差错的性质及其更正金额;无法进行追溯重述的,应当说明原因。

(4)企业经营的季节性或者周期性特征。

(5)存在控制关系的关联方发生变化的情况;关联方之间发生交易的,应当披露关联方关系的性质、交易类型和交易要素。

(6)合并财务报表的合并范围发生变化的情况。

(7)对性质特别或者金额异常的财务报表项目的说明。

(8)证券发行、回购和偿还情况。

(9)向所有者分配利润的情况，包括在中期内实施的利润分配和已提出或者已经批准但尚未实施的利润分配情况。

(10)根据《企业会计准则第 35 号——分部报告》规定应当披露分部报告信息的，应当披露主要报告形式的分部收入与分部利润(亏损)。

(11)中期资产负债表日至中期财务报告批准报出日之间发生的非调整事项。

(12)上年度资产负债表日以后发生的或有负债和或有资产的变化情况。

(13)企业结构变化情况，包括企业合并，对被投资单位具有重大影响、共同控制或者控制关系的长期股权投资的购买或者处置，终止经营等。

(14)其他重大交易或者事项，包括重大的长期资产转让及其出售情况、重大的固定资产和无形资产取得情况、重大的研究和开发支出、重大的资产减值损失情况等。

企业在提供上述第(5)和第(10)有关关联方交易、分部收入与分部利润(亏损)信息时，应当同时提供本中期(或者本中期末)和本年度年初至本中期末的数据，以及上年度可比本中期(或者可比期末)和可比年初至本中期末的比较数据。

三、中期财务报告的确认与计量

1. 中期财务报告确认与计量的基本原则

(1)中期会计要素的确认和计量应当与年度报告一致。

企业在中期根据所发生的交易或者事项，对资产、负债、所有者权益(股东权益)、收入、费用和利润等各会计要素进行确认和计量时，应当符合相应会计要素的定义以及确认和计量，不能因为财务报告期间的缩短而改变。

(2)中期会计计量应当以年初至本中期末为基础。

在编制中期财务报告时，中期会计计量应当以年初至本中期末为基础，财务报告的频率不应当影响年度结果的计量。也就是说，无论中期是月度、季度还是半年度，中期会计计量的结果应当与年度报告计量结果一致。换言之，会计计量的期间基础不能是本中期，而应当是年初至本中期末。

知识链接

例如，准则规定：借款费用资本化的判断中，固定资产的购建活动发生非正常中断且中断时间连续超过 3 个月的，应该暂停借款费用资本化。

乙公司在 3 月 1 日固定资产的购建活动非正常中断，预计 2 个月内可以解决，则在一季报中，借款费用可以继续资本化计入资产成本。但是，实际该公司直到同年 6 月 15 日才重新恢复固定资产购建活动，那么，企业在编制第二季报时，不能依据本中期(4 月 1 日～6 月 30 日)以内非正常中断只有 2 个半月，而将借款费用继续资本化。

正确的做法是以年初至第二季度末作为二季报计量基础，由于非正常中断时间连续超过 3 个月，因此，企业在进行第二季报编制时，应当暂停借款费用资本化，将其计入当期损益。并且，对于 3 月的借款费用也应当费用化，即调减 3 月末在建工程成本，调增 3 月财务费用。这样所体现的正是中期会计计量结果与年度计量结果一致的原则，即“财务报告的频率不应当影响年度结果的计量”的原则。

(3)中期采用的会计政策应当与年度报告一致，会计政策、会计估计变更应符合规定。

企业在中期不得随意变更会计政策，如果上年度资产负债表日之后发生了会计政策变更，且变更后的会计政策将在年度财务报告中采用的，中期财务报告应当采用变更后的会计政策。

对于会计估计变更，在同一会计年度内，以前中期财务报告项目在以后中期发生了会计估计变更的，以后中期财务报告应当反映该会计估计变更后的金额，但对以前中期财务报告项目金额不做调整。

2. 季节性、周期性或者偶然性取得收入的确认与计量

企业取得季节性、周期性或者偶然性收入，应当在发生时予以确认和计量，不应在中期财务报告中预计或者递延，但会计年度末允许预计或者递延的除外。

3. 会计年度中不均匀发生费用的确认与计量

企业在会计年度中不均匀发生的费用，应当在发生时予以确认和计量，不应在中期财务报告中预提或者待摊，但会计年度末允许预提或者待摊的除外。例如，员工培训费等，往往集中在会计年度的个别中期内。对于这些会计年度中不均匀发生的费用，企业应当在发生时予以确认和计量，不应当在中期财务报告中予以预提或者待摊，会计年度末允许的除外。

知识链接

会计界对中期财务报告依据的理论问题，有两种不同的看法，即独立论和整体论。

独立论，是将每一个中期报告期间视为一个基本会计期间，因而每一个中期经营成果的确定，采用与会计年度期间相同的方法。在这种理论下，每一个中期期末的递延、应计及估计，应按与年度报告相同的原理、判断及估计来确定。该理论的优点是，其所反映的企业业绩资料具有可靠性，不容易被操控；缺点是容易导致中期收入与费用的不合理匹配，影响对企业业绩的正确评价和预测，影响会计信息使用者对年度结果的预测。

整体论，又称一体论，是将每一个中期报告期间视为整个会计年度的一部分。在这种理论下，每一个中期期末的递延、应计及估计，均受到其对年度经营成果所做判断的影响。因此，若某一事件影响整个年度，则要根据估计的时间、销售量、生产量或其他基础，在各个中期报告期之间分配。该理论的优点是，使收入和费用得到合理匹配，提高中期报告的有用性；缺点是这种中期收益的平滑化，容易导致对收益的操纵，影响信息的可靠性。

我国现行准则侧重于"独立论"，明确规定"企业在编制中期财务报告时应当采用与年度财务报告相一致的会计政策"。除此以外，英国、加拿大、国际会计准则委员会主要采用"独立论"。美国等少数国家或地区采用"整体论"。

本章小结

上市公司信息披露是证券市场健康发展的重要保证，也是投资者做出合理投资决策的基本依据。上市公司信息披露按照披露时间和披露者的意愿进行不同分类，本章以信息披露时间为划分依据来说明上市公司信息披露的内容，主要包括定期报告(年度报告、半年度报告、季

度报告)和上市公司临时报告(即重大事件公告)。

分部报告是指在企业的财务会计报告中,按照确定的企业内部组成部分提供的有关各组成部分的收入、资产和负债等信息的报告。本节内容主要涉及报告分部的确定及分部报告信息披露的具体内容。根据《企业会计准则解释第3号》的规定,企业应当以内部组织结构、管理要求、内部报告制度为依据确定经营分部,以经营分部为基础确定报告分部。经营分部按照10%重要性标准及特定条件确定报告分部。分部信息的披露须包含规定的信息内容,这些信息能够帮助使用者更好地理解企业以往的业绩,更好地评估企业的风险和收益,从整体上对企业做出更有根据的判断。

中期财务报告,是指以中期为基础编制的财务报告。中期财务报告的内容包括本中期基本财务报表、比较财务报表、合并财务报表及附注,在披露附注时重要性的确定标准是兼顾"年初至本中期末"和"本中期"。中期财务报告会计要素的确认与计量、采用的会计政策等都应与年度报告一致,中期会计计量应当以年初至本中期末为基础。

第二篇

其他特殊业务会计

第九章
公允价值会计

本章学习目标

通过本章的学习，要求了解公允价值会计的产生背景，了解公允价值计量的优、缺点，熟悉公允价值的三种估值技术，掌握公允价值的含义及其相关假设，掌握以公允价值计量且其变动计入当期损益的金融资产、投资性房地产以及非货币性资产交换的会计处理过程。

第一节 公允价值会计概述

一、公允价值会计的产生及发展

2008 年国际金融危机爆发后，公允价值计量受到全世界关注。为应对国际金融危机，20 国集团和金融稳定理事会提出建立一套全球统一的高质量会计准则。其中，公允价值计量准则就是与国际金融危机密切相关的重要准则之一。为响应 20 国集团和金融稳定理事会提出的倡议，国际会计准则理事会加快了对公允价值计量准则项目的研究和制定工作，并于 2011 年 5 月 12 日发布了《国际财务报告准则第 13 号——公允价值计量》，重新定义了公允价值，制定了统一的公允价值计量框架，规范了公允价值的披露要求。同时，《国际财务报告准则第 13 号——公允价值计量》为其他国家或地区应用公允价值计量提供了有益参考。

随着我国市场经济体系建设的不断完善和企业会计准则体系在国内的广泛应用，公允价值计量在我国经济运行发展中所起的作用越来越重要。1998 年和 1999 年，我国在财政部颁布的“债务重组”“非货币性交易”“投资”等业务中首次引入公允价值的概念。但是随后因应用公允价值而导致企业利润操纵事件的频频发生，致使 2001 年财政部废止了公允价值在上述准则中的应用。2006 年 2 月，财政部发布新会计准则体系，提出在坚持历史成本的基础上适度谨慎地引入了公允价值。目前，我国企业会计准则体系中关于公允价值计量的相关会计处理的规定分散于《企业会计准则第 3 号——投资性房地产》《企业会计准则第 5 号——生物资产》《企业会计准则第 8 号——资产减值》《企业会计准则第 10 号——企业年金基金》《企业会计准则第 16 号——政府补助》《企业会计准则第 20 号——企业合并》《企业会计准则第 22 号——金融工具确认和计量》多项会计准则中。为了更加有效、统一地应用公允价值计量，实务界、监管部门等在会计准则执行过程中提出建议，有必要根据我国现有市场特征对公允价值计量制定相关的会计处理规定，并提供详尽的操作性指导。

课堂思考

公允价值计量在投资性房地产的会计处理中是如何应用的？

知识链接

生物资产，是指有生命的动物和植物。生物资产分为消耗性生物资产、生产性生物资产和公益性生物资产。消耗性生物资产，是指为出售而持有的，或在将来收获为农产品的生物资产，包括生长中的农田作物、蔬菜、用材林以及存栏待售的牲畜等。生产性生物资产，是指为产出农产品、提供劳务或出租等目的而持有的生物资产，包括经济林、薪炭林、产畜和役畜等。公益性生物资产，是指以防护、环境保护为主要目的的生物资产，包括防风固沙林、水土保持林和水源涵养林等。

为了适应社会主义市场经济发展需要，规范企业公允价值计量和披露，提高会计信息质量，根据《企业会计准则——基本准则》，财政部于 2014 年 1 月 26 日正式发布修订后的《企业会计准则第 39 号——公允价值计量》，并要求自 2014 年 7 月 1 日起在所有执行企业会计准则的企业范围内施行，鼓励在境外上市的企业提前执行。该准则共十三章、五十三条，规范了公允价值的定义，明确了公允价值计量的方法和级次，并对公允价值计量相关信息的披露做出具体规定。

二、公允价值会计产生的必然性

(一)适应金融创新的需要

主要以合约形式出现的金融衍生工具因不具有实物形态和货币形态，而且交易和事项大多并未实际发生，在历史成本计量方式下，只能等到合约真正履行或取消时，才可以对其进行会计处理，那么，企业在该金融衍生工具上的损益，实际上揭示的是一个累积数字。公允价值会计计量能很好地解决这个问题，其价值的确定并不取决于业务是否发生，只要双方一致同意，就可形成一个公允价值(脱手价格)。因此，公允价值能计量、反映金融衍生工具产生的权利和义务，同时将金融衍生工具的到期累积风险分散到其合约的存续期间，也符合稳健性原则。

(二)使会计收益更加真实、全面

传统的会计收益是指来自于交易期间已实现的收入和相配比的费用之间的差额。经济学的收益概念除包括会计收益外，还包括非交易和未实现的资产价值变动形成的利益或损失，较之会计收益在内容上更加真实和全面。而公允价值会计计量恰恰就是既要计量资产和负债在资产负债表中的公允价值，又要计量公允价值变动造成的利益和损失。这样可以弥补会计收益的不足而向经济收益看齐，更加准确地披露企业获得的现金流量，更确切地反映企业的经营能力、偿债能力及所承担的财务风险，更合理地反映企业的财务状况以及企业的真实收益，可以全面评价企业管理当局的经营业绩。

(三)有利于企业的资本保全

企业对生产过程中耗费的生产能力必须回购，以维持简单再生产和扩大再生产。如果采用历史成本计量，计量得出的金额在物价上涨的经济环境中，将购不回原来相应规模的生产能力。采用公允价值会计计量时，不管何时耗费的生产能力，一律按现行市价或未来现金流量现值计量，计量得出的金额即使在物价上涨的环境下也可以购回原来相应规模的生产能力，企业实物资本得到维护。

（四）更加符合配比原则的要求

对于非货币性资产而言，其计量的一个主要目标在于计算本期的企业收益。现行企业计算收益时，收入是按现行市价计量，而成本、费用则按历史成本计量，收益包括劳动者创造的纯利润和由经济因素影响形成的价格差。现行的利润分配制度对这两者不加区分，从而出现收益超分配、虚利实分的现象。采用公允价值会计计量，这种问题就可得到很好地解决。在公允价值计量下，收益是现时收入与按公允价值计算的成本费用配比的结果，因而更能体现配比原则。

（五）提高信息的决策有用性

由上述优点很容易看出，按公允价值计量提供的会计信息较之按历史成本计量提供的会计信息，更具有高度相关性，从而提高信息决策的有用性。按公允价值计量能为企业管理人员、债权人、投资者等信息使用者提供更为相关的会计信息，避免因历史成本无法反映未实现利得或损失而做出错误判断，从而为他们的经营、决策提供更有力的支持。

从广义上说，金融工具和其他许多资产均存在于活跃和不活跃的市场。网络的发展使得市场数据可以在更短的时间内获得，同时信息取得成本下降；与此同时，得益于统计模型的进步，公允价值估值也变得更加容易。这些进步致使投资者和其他数据使用者对发展公允价值会计提出了更高的需求。然而，由于实施公允价值存在的困难以及使用公允价值导致的净利润的波动性，公允价值的推行受到了管理层的严重阻碍。因此，问题的关键不在于会计计量应该单一地使用历史成本还是公允价值，而是在于如何通过混合的计量模型来确定资产、负债和权益的价值。

课堂思考

为什么使用公允价值计量会导致净利润的波动性？

第二节　公允价值的含义及其相关假设

随着经济业务的不断发展和创新，以及财务报表使用者对财务信息相关性、及时性需求的日益增强，公允价值在真实反映交易实质、及时提供价值信息、揭示相关风险等方面显现出重要的作用，因而在财务报告中得到了广泛的应用。我国在企业会计准则体系建设中也越来越重视公允价值的应用。

一、公允价值含义

2014 年 1 月 26 日正式发布、2014 年 7 月 1 日起施行的《企业会计准则第 39 号——公允价值计量》中，对公允价值的定义等进行了修改和完善，进一步规范了我国企业会计准则公允价值的计量和披露，并保持我国企业会计准则与国际财务报告准则的持续趋同。

公允价值，是指市场参与者在计量日发生的有序交易中，出售一项资产所能收到或者转移一项负债所需支付的价格，即“脱手价格”(exit price)。在计量日，企业无论是否能够观察到相关资产或负债的交易价格或者其他市场信息，其公允价值计量的目标应当保持一致，即估计市场参与者在计量日的有序交易中出售一项资产或者转移一项负债的价格。

课堂思考

交易价格是否等同于“脱手价格”？

知识链接

资产或负债的“脱手价格”体现了持有资产或承担负债的市场参与者在计量日，对该资产或负债相关的未来现金流入和流出的预期。

二、公允价值计量的相关假设

公允价值及公允价值计量以相关假设为前提。企业应当从市场参与者的角度计量相关资产或负债的公允价值，而不应考虑企业自身持有资产、清偿负债或以其他方式履行负债的意图和能力。企业以公允价值计量相关资产或负债，应当假定计量日出售资产或者转移负债的有序交易发生在主要市场(或者不存在主要市场情况下的最有利市场)中。并且，在当前情况下适用并且有足够可利用数据和其他信息支持的估值技术，如市场法、收益法和成本法等。企业应当优先使用相同资产或负债在活跃市场的公开报价(第一层次输入值)，最后再使用不可观察输入值(第三层次输入值)。

(一)“脱手价格”假设

公允价值是出售一项资产所能收到或者转移一项负债所需支付的价格。在此定义中，资产要“出售”、负债要“转移”，实际上意味着公允价值是指资产或负债的“脱手价格”，而非“进入价格”(entry price)。

1.“脱手价格”与“进入价格”的区别

理论上，“脱手价格”与“进入价格”是两个不同的价格。由于传统会计比较重视“进入价格”，而对“脱手价格”相对陌生。在企业取得资产或者承担负债的交易中，交易价格是取得该项资产所支付或者承担该项负债所收到的价格，这个价格在理论上被称为“进入价格”。换言之，“进入价格”是指在一项交易中为取得资产而支付或为承担负债而收取的价格。例如，企业支付300万元购入一台生产用设备，那么，该资产的交易价格(即“进入价格”)为300万元；企业取得银行借款500万元，那么，该负债的交易价格(即“进入价格”)为500万元。相反，“脱手价格”是出售该项资产所能收到或者转移该项负债所需支付的价格。例如，企业出售一项资产，售价为300万元，那么，该资产的“脱手价格”(即公允价值)为300万元；如果甲公司(债务人)欠乙公司(债权人)500万元，假定丙公司同意承担甲公司的此项债务，为此甲公司需要向丙公司支付510万元，则该负债的“脱手价格”(公允价值)为510万元。

2. 使用“脱手价格”计量公允价值

国际会计准则理事会(IASB)认为，资产或者负债的“脱手价格”体现了持有资产或承担负债的市场参与者在计量日对该资产或负债相关的未来现金流入和流出的预期。企业通过资产的使用或出售获得资产产生的现金流入，即使企业打算通过资产的使用而非出售来获得资产产生的现金流入，“脱手价格”仍能够通过向将以相同方式使用资产的市场参与者出售该资产，体现从该资产的使用获得现金流量的预期。这是因为，作为买方的市场参与者只会支付其预期将从资产的使用（或出售）获得的利益。因此，不论企业是打算使用还是出售资产，“脱手价格”都是资产公允价值的合适定义。类似地，负债将因企业在一定期间履行义务或者将义务转移给另一方时导致现金（或其他经济资源）的流出。因此，国际会计准则理事会认为，不论企业是打算履行义务，还是将义务转移给将履行义务的另一方，“脱手价格”总是负债公允价值的合适定义。

3. 资产和负债的初始计量价格

资产和负债的初始计量价格均假定按照交易价格（计入价格）入账，除非其他相关会计准则要求或者允许企业以公允价值对相关资产或负债进行初始计量。在按公允价值进行初始计量时，由于交易价格一般等于其公允价值，一般不会产生差额。但是，在特殊情况下（例如，交易是不公允的情况），如果交易价格与公允价值不相等，企业应当将相关利得或损失计入当期损益，但其他相关会计准则另有规定的除外。例如，如果企业取得一项资产支付100万元，其公允价值为105万元，若会计准则要求按照公允价值计量该资产，那么在初始计量时应当确认利得（营业外收入）5万元；反之，如果公允价值为99万元，那么在初始计量时应当确认损失（营业外支出）1万元。

知识链接

企业未必以取得资产时所支付的价格出售资产，同样地，也未必以承担负债时所收取的价格转移该负债。虽然企业取得资产或负债的“进入价格”不一定等于该资产或负债的“脱手价格”，但是大多数情况下，相关资产或负债的“进入价格”等于其“脱手价格”。

课堂思考

怎样的特殊情况下的交易是不公允的？

4.“出售”资产和“转移”负债的假定

企业并不需要真的出售资产或转移负债，“出售”资产或“转移”负债仅仅是一项假定。企业以公允价值计量资产，应当假定资产被出售后由市场参与者按最佳用途继续使用；企业以公允价值计量负债，应当假定在计量日将该负债转移给其他市场参与者，而且该负债在转移后继续存在，并由作为受让方的市场参与者履行义务。

（二）市场参与者假设

公允价值不是特定企业的公允价值，而是站在市场参与者的角度确定的公允价值。也就是说，公允价值是基于市场的计量，不是基于特定企业的计量。在计量公允价值时，企业应当使用市场参与者在当前市场条件下对资产和负债进行定价时所使用的所有假设（包括对相关风险的假设）。因此，在计量公允价值时，企业持有资产、偿还或以其他方式履行负债的意图并不相关。

【例9－1】　甲公司是一家日化企业，取得了竞争对手乙公司100%股权，并对乙公司进行吸收合并。甲公司决定不再使用乙公司的商标，所有产品统一使用甲公司的商标。乙公司商标声誉良好，对其他企业而言具有价值，能够产生经济利益。甲公司以公允价值计量该商标时，不能因为乙公司自身放弃使用该商标，就将其公允价值确定为零，而是应当基于将该商标出售给熟悉情况、有意愿且有能力进行交易的其他市场参与者的价格，确定其公允价值。

市场参与者必须是相关资产或负债的主要市场（或最有利市场）中的市场参与者，而且必须同时具备以下三个特征：

1. 相互独立

市场参与者应当是相互独立的，不属于关联方关系。但是，如果有证据证明关联方之间的交易是按照市场条款达成的，那么，关联方交易价格也可以视为公允价值计量的输入值。例如，甲公司是乙公司的母公司。2017 年 12 月 31 日，甲公司与乙公司签订股份转让协议，以每股 5 元的协议价格受让乙公司持有的某上市公司 300 万股普通股股票，并作为交易性金融资产持有。12 月 31 日，该上市公司普通股股票的公开市场报价（收盘价）为每股 4.56 元。由于甲公司与乙公司之间存在控制与被控制的关系，其签订的股份转让协议价格明显高于公开市场报价，因此，甲、乙公司的交易不能作为市场参与者之间的交易，该交易价格也不能作为计量相关资产公允价值的基础。但是，如果甲、乙公司达成的股份转让协议的价格为每股 4.56 元，与公开市场报价相等时，甲、乙公司之间的交易可视为市场参与者之间的交易，其交易价格能够作为计量相关资产公允价值的基础。

2. 信息充分

市场参与者应当熟悉情况，能够根据可取得的信息对相关资产或负债以及交易具有合理认知。作为理性的市场参与者，如果有意进行资产或负债的交易，他将付出包括通常和常规性的尽职调查在内的努力，以熟悉资产或负债的有关情况，并且将相关的风险纳入计量。

3. 有能力且自愿交易

市场参与者应有能力参与交易且有意图参与交易。市场参与者是理解公允价值计量的一个关键假设，因为公允价值计量要求从市场参与者的角度出发，考虑市场参与者对资产的最佳使用，考虑市场参与者估值时使用的所有假设。因此，企业确定公允价值时，绝不能局限于企业自身资产、负债的现状来估值，而必须放眼市场环境，切实从市场参与者的角度来考虑问题。

（三）最佳用途假设

计量非金融资产的公允价值，应当考虑市场参与者将该资产用于最佳用途产生经济利益的能力，或者将该资产出售给能够用于最佳用途的其他市场参与者产生经济利益的能力。

所谓最佳用途，是指市场参与者实现一项非金融资产或其所属的资产和负债组合的价值最大化时该非金融资产的用途。最佳用途是评估行业在非金融资产（例如，房地产等）评估中使用的估值概念，也称为“最高最佳使用”。

【例 9—2】 A 公司收购 B 公司，B 公司有三块相邻的土地，都可以建造房屋建筑物，是作为企业合并的一部分。该三块土地可以单独出售，每块售价为 500 万元。该三块土地可以整体打包出售。由于该区域的停车资源非常稀缺，带有停车场的楼盘的售价要比没有停车场的楼盘高很多。如果在这三块土地中，两边的两块土地建造房屋建筑物，中间的土地建造一个停车场，则三块土地的整体售价会更高，可以卖到 2 000 万元。试确定三块土地的公允价值。

［分析］ 这三块土地的最佳用途是把其整体建造成一个带有停车场的楼群。因此，这三块土地的公允价值为 2 000 万元。

知识链接

资产组是指企业可以认定的最小资产组合，其产生的现金流入应当基本上独立于其他资产或者资产组。资产组应当由创造现金流入的相关资产组成。比如，由多台设备构成的一条生产线可以视为一个资产组。

确定非金融资产的最佳用途时，应注意以下几方面的问题：

1. 企业确定非金融资产的最佳用途，应当考虑法律上是否允许、实务上是否可能以及财务上是否可行等因素。

企业判断非金融资产的用途在法律上是否允许，应当考虑市场参与者在对该资产定价时考虑的资产使用在法律上的限制。例如，如果政府禁止在生态保护区内进行房地产开发和经营，则该保护区内的土地的最佳用途不可以是工业或者商业用途的开发。企业判断非金融资产的用途在实物上是否可能，应当考虑市场参与者在对该资产定价时考虑的资产实物特征。例如，一栋建筑物是否能够作为仓库使用。企业判断非金融资产的用途在财务上是否可行，应当考虑在法律上允许且实务上可能的情况下，使用该资产能否产生足够的收益或现金流量，从而在补偿使资产用于该用途所发生的成本后，仍然能够满足市场参与者所要求的投资回报。

2. 企业应当从市场参与者的角度确定非金融资产的最佳用途。也就是说，企业应当从市场参与者的角度判断该资产的最佳用途是单独使用、与其他资产组合使用还是与其他资产和负债组合使用。

3. 企业对非金融资产的现行用途通常可以视为最佳用途，除非市场因素或者其他因素表明，市场参与者按照其他用途使用该资产可以实现价值最大化。

【例 9—3】 2016 年 12 月 1 日，甲公司在非同一控制下的吸收合并中取得一块土地的使用权。该土地在合并前被作为工业用地，一直用于出租。甲公司取得该土地使用权后，仍将其用于出租。甲公司以公允价值计量其拥有的投资性房地产。

2017 年 3 月 31 日，邻近的一块土地被开发用于建造住宅，作为高层公寓大楼的住宅用地使用。由于本地区的区域规划自 2017 年 1 月 1 日以来已经做出调整，甲公司确定，在履行相关手续后，可将该土地的用途从工业用地变为住宅用地，因为市场参与者在对该土地进行定价时，将考虑该土地可作为住宅用地进行开发的可能性，该土地的最佳用途将通过比较以下两项确定：

(1)该土地仍用于工业用途（即该土地与厂房结合使用）的价值。

(2)该土地作为用于建造住宅的空置土地的价值，同时应考虑为将该土地变为空置土地而必须发生的拆除厂房成本及其他成本。

该土地的最佳用途应根据上述两个价值的较高者确定。假定该土地现用于工业用途的价值是 700 万元，而用于建造住宅时其价值是 1 000 万元，同时，必须发生的拆除厂房成本及其他成本为 200 万元。因此，该土地使用权的公允价值应当为 800 万元（1 000－200＝800 万元＞700 万元）。

(四)计量日假设

由公允价值定义可知，公允价值计量中的所谓“公允价值”，是指“计量日”的公允价值，不是交易日的公允价值，更不是未来某个时点的公允价值。因此，公允价值是指“现行价值”，不是历史成本或者重置成本。

课堂思考

何为历史成本和重置成本?

当然,公允价值计量目标不同,“计量日”也会有所差异。一般地,会计准则要求资产或负债按公允价值进行初始计量的,计量日就是初始确认日;会计准则要求资产或负债按公允价值进行后续计量的,计量日一般是资产负债表日。

(五)有序交易假设

企业以公允价值计量相关资产或负债,应当假定市场参与者在计量日出售资产或者转移负债的交易,是在当前市场条件下的“有序交易”。

所谓有序交易,是指在计量日前一段时期内相关资产或负债具有惯常市场活动的交易。清算等被迫交易不属于有序交易。因此,尽管公允价值属于“脱手价格”,但并不是“清算价格”。

知识链接

资产出售方为满足法律或者监管规定而被要求出售资产,即被迫出售。

清算价格一般是指企业由于破产和其他原因,被要求在一定期限内将特定资产快速变现的价格,一般适用于企业破产、抵押、停业清理等情况下的资产价格计量。显然,清算价格是指以企业非持续经营为前提,而公允价值却是以资产被市场参与者持续使用、负债依然存在但被其他市场参与者履行为前提。如果某市场具有以下特征,一般表明市场交易即为非有序交易:市场信息披露不足、销售给单一市场参与者、卖方财务困难、卖方被迫交易或者成交价格偏离市场价格。

(六)主要市场假设

企业以公允价值计量相关资产或者负债,应当假定出售资产或转移负债的有序市场交易在相关资产或负债的主要市场进行。不存在主要市场的,企业应当假定该交易在相关资产或负债的最有利市场进行。

1. 主要市场

主要市场,是指相关资产或负债交易量最大和交易活跃程度最高的市场。判断一个市场是不是主要市场,主要是考虑交易量和交易活跃程度两个因素。通常情况下,企业正常进行资产出售或者负债转移的市场可以视为主要市场(或最有利市场)。如果出现以下情况,一般视为市场不活跃:近期较少的交易发生、报价并没有反映市场最新的信息、买卖价差显著增加、市场新产品减少或消失或较少的公开信息。

2. 最有利市场

最有利市场,是指在考虑交易费用和运输费用后,能够以最高金额出售相关资产或者以最低金额转移相关负债的市场。显然,判断最有利市场的主要标准是价值最大化。需要注意的是,在使用最有利市场的情况下,确定公允价值时,不应考虑交易费用,但应考虑运输费用。因为“交易”行为并非资产或负债本身的特征,而地理位置却是资产(特别是非金融资产)的重要特征。

知识链接

交易费用不包括运输费用。相关资产所在的位置是该资产的特征，发生运输费用能够使该资产从当前位置转移到主要市场（或最有利市场）的，企业应当根据该项运输费用调整主要市场（或最有利市场）的价格。

【例 9—4】 假定甲公司制造并销售 A 产品，而 A 产品存在两个市场：(1)出口市场。甲产品在出口市场上的售价比较高，但出口数量受到政府出口管制的限制，国内每个制造生产商每年需要向政府申请出口配额。(2)国内市场。A 产品在国内市场的售价比较低，但销售数量不受政府管制。甲公司制定的销售策略为：尽可能地获取出口配额，扩大出口销售，剩下的（大部分）销往国内市场。

试分析甲公司的主要市场是国内市场还是国外市场以及原因。

[分析] 对于甲公司而言，出口市场显然是最有利市场，原因是出口市场对甲公司而言，使其获取的毛利更高。但是，甲公司的 A 产品主要销往国内市场，国内市场是其主要市场。因此，甲公司应当以国内市场的价格来确定 A 产品的公允价值。

【例 9—5】 2017 年 12 月 31 日，A 公司在非同一控制下的企业合并业务中获得一批存货（100 吨某原材料）。在合并日，A 公司应当以公允价值计量这批存货。根据市场交易情况，该原材料在甲城市和乙城市有两个活跃的交易市场。A 公司能够进入这两个市场，并能够取得该存货在这两个市场的交易数据，如表 9—1 所示。

表 9—1　　2017 年 12 月 31 日该原材料的市场交易数据

市　场	销售价格(万元/吨)	历史成交量(万吨)	交易费用(万元)	运输费用(万元)
甲城市	26	980	300	20
乙城市	28	20	320	40

试分析该批存货的公允价值如何确定。

[分析] A 公司根据市场交易数据能够确定甲城市的市场拥有最大交易量，交易活跃程度最高，判定甲城市的市场为该原材料的主要市场。因此，A 公司应当以甲城市的市场价格为基础估计这批存货的公允价值。

A 公司在估计这批存货的公允价值时，应当使用在主要市场中出售该原材料将收到的价格，并考虑运输费用，但不考虑交易费用。因此，这批存货的公允价值计量应使用甲城市的市场中的价格（2 600 万元），减去运输费用（20 万元），从而这批存货的公允价值为 2 580 万元。

【例 9—6】 承上例，如果 A 公司无法获得这批存货在甲城市和乙城市的历史交易量，如何确定该批存货的公允价值？

[分析] 如果 A 公司无法获得这批存货在甲城市和乙城市的历史交易量，则 A 公司应当在考虑交易费用和运输费用后将能够获得经济利益最大化的市场确定为最有利市场，即在该市场中出售这批存货收到的净额最高。

由于市场参与者在乙城市的市场中出售该存货能够收到的净额为 2 440 万元（2 800－320－40），高于在甲城市的市场出售该存货能够收到的净额 2 280 万元（2 600－300－20），因此，在 A 公司无法确定主要市场的情况下，乙城市的市场为最有利市场，A 公司应当以乙城市的市场价格为基础估计这批存货的公允价值。

A公司估计这批存货的公允价值时，应当使用最有利市场的价格，并考虑运输费用，但不考虑交易费用，即乙城市的市场价格(2 800万元)减去运输费用(40万元)，从而这批存货的公允价值为2 760万元。

(七)市场法和观察输入值优先假设

企业以公允价值计量相关资产或负债，使用的估值技术主要包括市场法、收益法和成本法。而且，在应用估值技术时，应当优先使用相关可观察输入值，只有在相关可观察输入值无法取得或取得不切实可行的情况下，才可以使用不可观察输入值。上述规定意味着，企业在公允价值估值时，应优先采用市场法，在采用市场法不切实可行的情况下，再依次采用收益法和成本法；在采用各种估值技术时，应优先采用可观察输入值，其次再采用不可观察输入值。因为进行公允价值估值时，总是假定市场数据更为客观，认为市场数据更能准确地反映市场参与者进行交易时考虑的各种因素。

【例9—7】 2017年10月31日(合并日)，A公司在非同一控制下的企业合并中获得一台可辨认的机器。按照《企业会计准则第20号——企业合并》的要求，A公司需要估计该资产在2017年10月31日的公允价值。被合并方最初通过外购取得该机器，并对该机器进行了小范围的特定配置，以适用于自身经营。A公司自取得该机器后将其用于生产经营。A公司发现，该资产将在为使用安装或配置后通过与其他资产结合使用为市场参与者提供最大价值，并且没有证据表明该机器的当前用途不是最佳用途。因此，该机器的最佳用途是与其他资产相结合的当前用途。

假定A公司可获得应用市场法和成本法的充分数据。考虑到A公司无法通过该机器取得单独可辨认收入作为未来现金流量的可靠估计，并且A公司无法获得类似二手机器的租赁费率(即资产剩余服务寿命内的租赁付款额)用于预测该机器的未来收入，因此，A公司未使用收益法。

试分析该机器的公允价值。

[分析] A公司关于市场法和成本法的应用如下：

(1)A公司应用市场法时，将采用类似机器的报价，并对该配置后的机器与类似机器之间的差异进行调整。该计量反映了机器按其当前状况(二手机器)及(为使用安装或配置)地点出售将收到的价格。采用该方法所得到的该机器在2017年10月31日公允价值的范围为50万元至60万元。

(2)A公司应用成本法时，需要估计当前建造具有类似用途并且经过配置后的替代机器所需的金额。A公司应当考虑机器的现状、机器运行所处的环境，包括实体性损耗(实体磨损)、功能性损耗(技术改进)、经济性贬值(如类似机器市场需求的下降)以及安装成本。A公司采用成本法确定该机器在2017年10月31日的公允价值范围为50万元至65万元。

综上所述，对于A公司而言，市场法得出的公允价值范围内的最高值最能代表机器的公允价值，并因此赋予采用市场法得出的结果更多的权重。这一决定是基于输入值的相对主观性作出的，并考虑了该机器与类似机器之间的可比程度。特别是与成本法所使用的输入值相比，市场法所使用的输入值(类似机器的报价)仅需做出较少的主观调整，加之市场法得出的公允价值范围与成本法得出的公允价值范围重叠，但范围更窄，该范围内不存在任何(该机器与类似机器之间)已知的无法合理解释的差额。据此，A公司确定的该机器的公允价值为60万元。

第三节　估值技术

一、估值技术

估值技术通常包括市场法、收益法和成本法。企业应当根据实际情况从市场法、收益法和成本法中选择一种或多种估值技术，用于估计相关资产或负债的公允价值。对于企业而言，除在活跃市场上存在相同资产或负债的公开报价外，并没有相关准则规定其应当选用何种估值技术。相关资产或负债存在活跃市场公开报价的，企业应当优先使用该报价确定该资产或负债的公允价值。

(一)市场法

市场法是利用相同或类似的资产、负债或资产和负债组合的价格以及其他相关市场交易信息进行估值的技术。企业采用市场法估计相关资产或负债公允价值的，可利用相同或类似资产、负债或资产和负债的组合(例如，一项业务)的价格与其他相关市场交易信息进行估值。

企业在采用市场法时，应当以市场参与者在相同或类似资产出售中能够收到或者转移相同或类似负债需要支付的公开报价为基础。企业在市场价格或其他相关市场交易信息基础上，应当根据该资产或负债的特征(例如，当前状况、地理位置、出售和使用的限制等)，对相同或类似资产或负债的市场价格进行调整，以确定该资产或负债的公允价值。

【例 9－8】 2017 年 7 月 1 日，A 公司购买 B 上市公司 100 万股普通股股票，共支付 500 万元，假定不考虑相关税费。A 公司将对 B 公司的投资作为交易性金融资产持有。2017 年 12 月 31 日，B 上市公司普通股股票的收盘价为每股 4.8 元。

［分析］ A 公司在编制 2017 年度财务报表时，采用市场法确定其持有的对 B 上市公司投资的公允价值。根据 B 上市公司普通股股票于 2017 年 12 月 31 日的收盘价，A 公司对 B 上市公司投资的公允价值为 480 万元(4.8×100)

企业在采用市场法时，除直接使用相同或类似资产或负债的公开报价外，还可能使用市场乘数法等估值方法。市场乘数法是一种使用可比企业市场指数估计公允价值的方法，包括上市公司比较法、交易案例比较法等。企业采用上市公司比较法时，可使用的市场乘数包括市盈率、市净率和企业价值/税息折旧及摊销前利润乘数等。企业应当进行职业判断，考虑与计量相关的定性和定量因素，选择恰当的市场乘数。

(二)收益法

收益法是企业将未来金额转换成单一现值的估值技术。企业采用收益法时，应当反映市场参与者在计量日对未来现金流量或者收入费用等金额的预期。企业采用的收益法包括现金流量折现法、多期超额收益折现法、期权定价模型等估值方法。

知识链接

(1)现金流量折现法是企业在收益法中最常用的估值方法，包括传统法(即折现率调整法)和期望现金流量法。

(2)期权定价模型。企业可以使用布莱克—斯科尔斯模型、二叉树模型、蒙特尔洛模拟法等期权定价模拟估计期权的公允价值。其中,布莱克—斯科尔斯定价模型可以用于认股权证和具有转换特征的金融工具的简单估值。

【例 9—9】 2016 年 12 月 31 日,甲商业银行从全国银行间债券市场购入乙公司发行的中期票据,将其作为可供出售金融资产持有。该票据的信用评级为 AAA,期限为 7 年,自 2016 年 12 月 31 日起至 2023 年 12 月 31 日止。票面价值为 100 元,票面利率为 5%。假定起息日为 2016 年 12 月 31 日,以后每年的付息日均为 12 月 31 日,且乙公司长期信用评级为 AAA。2017 年 12 月 31 日,甲商业银行能够从中央国债登记结算有限责任公司公布的相关收益率曲线确定相同信用评级,相同期限债券的市场回报率为 6%。

试采用现金流量折现法确定 2017 年 12 月 31 日,甲商业银行对乙公司中期票据投资的公允价值。

[分析] 2017 年 12 月 31 日,甲商业银行可根据该中期票据约定的合同现金流量(利息和本金),运用市场回报率进行折现,得到对乙公司中期票据投资的公允价值为 1 001 万元,如表 9—2 所示。

表 9—2 **公允价值计算表** 金额单位:万元

年 份	2017	2018	2019	2020	2021	2022	2023	合 计
现金流量	50	50	50	50	50	50	1 050	
折现率(6%)	1	0.943 4	0.890 0	0.839 6	0.792 1	0.747 3	0.705 0	
现值	50	47.2	44.5	42	39.6	37.4	740.3	1 001

(三)成本法

成本法,是反映当前要求重置相关资产服务能力所需金额的估值技术,通常是指现行重置成本法。在成本法下,企业应当根据折旧贬值情况,对市场参与者获得或购建具有相同服务能力的替代资产的成本进行调整。折旧贬值包括实体性损耗、功能性贬值和经济性贬值。企业主要使用现行重置成本法估计与其他资产或其他资产和负债一起使用的有形资产的公允价值。

【例 9—10】 A 公司于 2015 年 1 月 1 日购买了一台数控设备,其原始成本为 400 万元,预计使用寿命为 20 年。2017 年,该数控设备生产的产品有替代产品上市,导致 A 公司产品市场份额骤降 30%。2017 年 12 月 31 日,A 公司决定对该数控设备进行减值测试,根据该数控设备的公允价值减去处置费用后的净额与预计未来现金流量现值较高者确定可收回金额。根据可获得的市场信息,A 公司决定采用重置成本法估计该数控设备的公允价值。

A 公司在估计公允价值时,因无法获得该数控设备的市场交易数据,也无法获得其各项成本费用数据,故采用以设备历史成本为基础,根据同类设备的价格上涨指数来确定公允价值的物价指数法。假设自 2015 年至 2017 年,此类数控设备的价格指数按年分别为上涨 5%、2% 和 5%。此外,在考虑实体性贬值、功能性贬值和经济性贬值后,在购买日该数控设备的成新率为 60%。

试确定 2016 年 12 月 31 日该数控设备的公允价值。

[分析] 根据重置成本法,A 公司估计该数控设备的公允价值为:

$400\times1.05\times1.02\times1.05\times60\%=270$(万元)

二、输入值

企业以公允价值计量相关资产或负债，应当考虑市场参与者在对相关资产或负债进行定价时所使用的假设，包括有关风险的假设（例如，所用特定估值技术的内在风险等）。市场参与者使用的假设即为输入值，可分为可观察输入值和不可观察输入值。

企业使用估值技术时，应当优先使用可观察输入值，仅当相关可观察输入值无法取得或取得不切实可行时，才能使用不可观察输入值。

三、公允价值层次

为提高公允价值计量和相关披露的一致性和可比性，企业应当将估值技术所使用的输入值划分为三个层次，并最优先使用活跃市场上相同资产或负债未经调整的报价（第一层次输入值），最后使用不可观察输入值（第三层次输入值）。

（一）第一层次输入值

第一层次输入值是企业在计量日能够取得的相同资产或负债在活跃市场上未经调整的报价。活跃市场，是指相关资产或负债交易量及交易频率足以持续提供定价信息的市场。

在活跃市场上，交易对象具有同质性，可随时找到自愿交易的买方和卖方，并且市场价格信息是公开的。当交易量和交易活动显著下降、可获得的价格因时间或市场参与者不同存在显著差异、可获得的价格并非当前价格时，当前市场可能不是活跃市场。在活跃市场中，企业应当能够易于且可定期从交易所、交易商、经纪人、行业集团、定价机构或监管机构等获得相关资产或负债的报价。企业从活跃市场获得的这些报价，应当能够代表在公平交易基础上实际并经常发生的市场交易。异常的市场报价不应作为第一层次输入值（例如，债券交易中出现的频繁对敲交易形成的市场价格）。

（二）第二层次输入值

第二层次输入值是除第一层次输入值外相关资产或负债直接或间接可观察的输入值。对于具有特定期限（如合同期限）的相关资产或负债，第二层次输入值必须在其几乎整个期限内是可观察的。第二层次输入值包括：活跃市场中类似资产或负债的报价，非活跃市场中相同或类似资产或负债的报价，除报价以外的其他可观察输入值（包括在正常报价间隔期间可观察的利率和收益率曲线等），市场验证的输入值等。市场验证的输入值，是指通过相关性分析或其他手段，主要来源于可观察市场数据的输入值或者经过可观察市场数据验证的输入值。

企业以公允价值计量相关资产或负债的，类似资产或负债在活跃市场和非活跃市场的报价为该资产或负债的公允价值计量提供了依据，但企业需要对该报价进行调整。企业在确定哪些资产或负债与相关资产或负债类似时，需要进行判断。

（三）第三层次输入值

第三层次输入值是相关资产或负债的不可观察输入值。第三层次输入值包括不能直接观察和无法由可观察市场数据验证的利率、股票波动率、企业合并中承担的弃置义务的未来现金流量、企业使用自身数据做出的财务预测等。

企业只有在相关资产或负债几乎很少存在市场交易活动，导致相关可观察输入值无法取得或取得不切实可行的情况下，才能使用第三层次输入值，即不可观察输入值。但企业计量公允价值的目标仍应当保持不变，即从持有资产或承担负债的市场参与者角度确定资产或负债在计量日有序交易中的“脱手价格”。因此，企业使用不可观察输入值仍应当反映市场参与者给资产或负债定价时使用的假设，包括有关风险的假设（例如，特定估值技术及其输入值的固有风险的假设等）。

第四节　公允价值计量的运用

一、初始确认时的公允价值

在对相关资产或者负债进行初始确认时，只有在其他相关准则要求以公允价值确认的情况下，才需要参照《企业会计准则第 39 号——公允价值计量》。但目前绝大多数准则均规定直接采用交易价格入账。主要原因在于如果采用公允价值计量，就会在付出价款即交易价格与取得相关资产或负债的公允价值之间出现差额，即首日损益，而大多数企业并不愿意在交易当日就确认损益。因此，当相关资产或负债的交易价格与初始确认时的公允价值不相等时，如果其他相关准则提供了关于首日损益的指南，就参照相关准则的规定来决定是否确认首日损益；如果其他相关准则并未对首日损益做出具体指南规定，则参照《企业会计准则第 39 号——公允价值》直接确认首日损益。

二、运用于非金融资产

对于非金融资产公允价值的确认，在满足实务上可能、法律上允许以及财务上可行这些条件的前提下，一般取最佳用途情况下，主要参与者给该项资产或负债所赋予的价值作为其公允价值进行确认。如出售一块土地，能将其使用的最好即达到最佳用途的人会购买且会给出最高的报价，因此会形成交易以及交易价格，该交易价格便可作为该项资产的公允价值入账。再如，拥有一块土地的使用权，公司决定在该土地上建造仓库用于存放商品，但由于经营产品不好造成亏损，对该块土地的使用并未达到最佳用途。而其他投资者也许会考虑将该仓库用于出租，当出租的收益大于成本时可给公司带来盈利，从而达到该土地的最佳用途。如果按公司自用的效果来评估，该土地只估值为 100 万元，而市场参与者认为按其他投资者的使用效果来看，该土地价值为 500 万元，此时，应取 500 万元即最佳用途情况下市场参与者赋予的价值作为该项土地资产的公允价值。

三、运用于负债和企业自身权益工具

在对负债和企业自身权益工具的公允价值进行确认时，首先看是否存在转移负债可观察的市场价格。但由于各企业信用风险不同，即使负债方计划转移负债，相关债权人一般不予同意，因此，资本市场上负债转移的情况很少见。当观察不到相关负债转移价格时，可将该项负债相对应的资产如某债券所对应的债券资产市场上的报价做参照来计量该项负债的公允价值。在某些特殊情况下，如对应资产类似但不完全相同、出售受到限制、计量单元不同导致对应资产的特征不适用于相关负债，则需要对观察到的报价进行调整后用于相关负债的公允价值计量。如果既不存在可观察的市场价格，也不存在可参照的对应资产，则企业可以站在负债的承担方如债券的发行方的角度，采用估值技术对相关负债的公允价值进行确认，具体运用估值技术和计量原值（图 9—1），这一方法同样适用于企业自身权益工具。

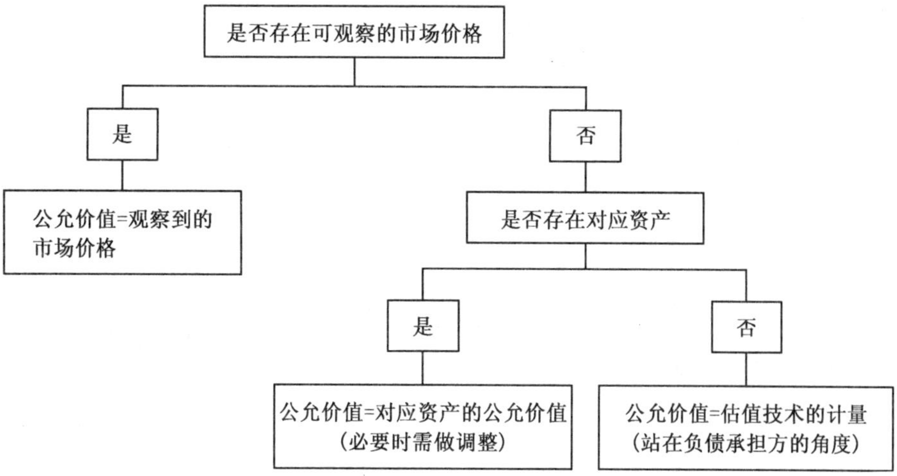

图 9—1　估值技术具体运用和计量原则

同时，对负债的公允价值进行计量时，还需要考虑发行人信用风险的问题。由于发行人信用风险变化所导致的负债公允价值变动部分不能计入当期损益，应当计入其他综合收益。如某债券市价下跌，如果在这个时候转移负债，负债方需要付出的代价就会相对小，同时产生收益。但是如前所述，由于债权人一般不会同意债务人转移负债，负债低价转移的可能性不大，则该项收益不太可能实现。因此，准则不再允许将该项收益计入当期损益，而是规定将其计入其他综合收益，从而不再对当期利润产生影响。

此外，对于具有随时要求偿还特征的金融负债如活期存款，准则要求其公允价值不能低于债权人随时要求偿还的应付金额。这一规定主要适用于金融机构，旨在保护广大储户的利益，确保储户可随时支取的存款金额不会受到公允价值计量以及波动所造成的影响。

四、运用于金融工具

准则中指出，对于金融工具的公允价值计量，可以计量日市场参与者在市场上进行有序交易时，出售资产或转移负债的价值为参照值来计量金融资产和金融负债的公允价值。该规定沿袭了 IAS39《国际会计准则第 39 号——金融工具：确认和计量》的规定，即可以金融资产的投标价即卖出价和金融负债的出标价即买入价为依据，取投标价与出标价之间最能反映公允价值的价格来计量相关金融工具组合的公允价值。企业可以考虑采用市场参与者在实务中使用的投标价与出标价之间的中间价或采用其他定价惯例来计量相关金融资产或负债。对此，准则并未做出任何限制。

第五节　公允价值会计释例

随着公允价值计量属性逐渐被重视和关注，公允价值会计也日益成为会计领域研究的热点，下面我们简单举例说明公允价值会计在金融资产、投资性房地产以及非货币性资产交换等会计处理中的应用。

一、以公允价值计量且其变动计入当期损益的金融资产

(一)以公允价值计量且其变动计入当期损益的金融资产概述

以公允价值计量且其变动计入当期损益的金融资产，可以进一步分为交易性金融资产和指定为以公允价值计量且其变动计入当期损益的金融资产。同时，某项金融资产划分为以公允价值计量且其变动计入当期损益的金融资产后，不能再重分类为其他类别的金融资产；其他类别的金融资产也不能再重分类为以公允价值计量且其变动计入当期损益的金融资产。

1. 交易性金融资产

交易性金融资产是指企业以短期获利为目的而持有的金融资产，主要包括从二级市场购入的股票、债券、基金等。满足下列条件之一的金融资产，应当划分为交易性金融资产：

(1)取得该金融资产的目的主要是为了近期内出售。例如，企业以赚取差价为目的，从二级市场买入的股票、债券、基金等。

(2)属于进行集中管理的可辨认金融工具组合的一部分，且有客观证据表明企业近期采用短期获利方式对该组合进行管理。在这种情况下，即使组合中有某个组成项目持有的期限稍长，也不受影响。

(3)属于衍生工具。但是，被指定为有效套期工具的衍生工具以及属于财务担保合同的衍生工具等除外。也就是说，衍生工具如果没有被指定为有效套期工具和财务担保，那么，企业持有这类衍生工具的目的就是为了短期获利，在会计核算上就应当划分为交易性金融资产。

2. 指定以公允价值计量且其变动计入当期损益的金融资产

企业将某项金融资产指定为以公允价值计量且其变动计入当期损益的金融资产，通常是指该金融资产不满足确认为交易性金融资产条件时，企业仍可在符合某些特定条件的情况下将其按公允价值计量，并将其公允价值变动计入当期损益。

课堂思考

需要满足哪些特定条件，才可以在初始确认时指定为以公允价值计量且其变动计入当期损益的金融资产？

(二)以公允价值计量且其变动计入当期损益的金融资产的会计处理

以公允价值计量且其变动计入当期损益的金融资产初始确认时，应按公允价值计量相关交易费用，直接计入当期损益。企业取得以公允价值计量且其变动计入当期损益的金融资产所支付的价款中，包含已宣告但尚未发放的现金股利或已到付息期但尚未领取的债券利息的，应当单独确认为应收项目。在持有期间取得的利息或现金股利，应确认为投资收益。

知识链接

交易费用是指可直接归属于购买、发行或处置金融工具新增的外部费用。所谓新增的外部费用，是指企业不购买、发行或处置金融工具就不会发生的费用。交易费用包括支付给代理机构、咨询公司、券商等的手续费和佣金及其他必要支出，不包括债券溢价、折价、融资费用、内部管理成本及其他与交易不直接相关的费用。企业为购买金融工具所发生的差旅费等，不属于此处所讲的交易费用。

资产负债表日，企业应将以公允价值计量且其变动计入当期损益的金融资产或金融负债的公允价值变动计入当期损益；处置该金融资产或金融负债时，其公允价值与初始入账金额之间的差额应确认为投资收益，同时调整公允价值变动损益。

【例 9—11】 2017 年 5 月 10 日，甲公司支付价款 1 380 000 元从二级市场购入乙公司发行的股票 100 000 股，每股价格 13.80 元(含已宣告尚未发放的现金股利 0.80 元)，另支付交易费用 1 000 元。甲公司将持有的乙公司股权划分为交易性金融资产，且持有乙公司股权后对其无重大影响。

甲公司的其他相关资料如下：

(1)5 月 21 日，收到乙公司发放的现金股利；

(2)6 月 30 日，乙公司股票价格涨到每股 16 元；

(3)8 月 13 日，将持有的乙公司股票全部售出，每股售价 18 元。

假定不考虑其他因素，甲公司的账务处理如下：

(1)5 月 10 日，购入乙公司股票时：

借：交易性金融资产——成本	1 300 000	
应收股利	80 000	
投资收益	1 000	
贷：银行存款		1 381 000

(2)5 月 21 日，收到乙公司发放的现金股利时：

借：银行存款	80 000	
贷：应收股利		80 000

(3)6 月 30 日，确认股票价格变动时：

借：交易性金融资产——公允价值变动	300 000	
贷：公允价值变动损益		300 000

(4)8 月 13 日，乙公司股票全部售出时：

借：银行存款	1 800 000	
公允价值变动损益	300 000	
贷：交易性金融资产——成本		1 300 000
——公允价值变动		300 000
投资收益		500 000

二、投资性房地产的后续计量

投资性房地产的后续计量，通常应当采用成本模式，只有在满足特定条件的情况下才可以采用公允价值模式。但是，同一企业只能采用一种模式对所有投资性房地产进行后续计量，不得同时采用两种计量模式。

(一)采用成本模式进行后续计量的投资性房地产

采用成本模式进行后续计量的投资性房地产，应当按照《企业会计准则第 4 号——固定资产》或《企业会计准则第 6 号——无形资产》的有关规定，按期(月)计提折旧或摊销，借记“其他业务成本”等科目，贷记“投资性房地产累计折旧(摊销)”科目。取得租金收入时，借记“银行存款”等科目，贷记“其他业务收入”等科目。

(二)采用公允价值模式进行后续计量的投资性房地产

企业存在确凿证据表明其投资性房地产的公允价值能够持续可靠取得的,可以对投资性房地产采用公允价值模式进行后续计量。企业选择公允价值计量模式,就应当对其所有投资性房地产采用公允价值模式进行后续计量,不得对一部分投资性房地产采用成本模式进行后续计量,对另一部分投资性房地产采用公允价值模式进行后续计量。在极少数情况下,采用公允价值对投资性房地产进行后续计量的企业,有证据表明,当企业首次取得某项非在建性房地产公允价值不能持续可靠取得的,应当对该投资性房地产采用成本模式计量直至处置,并假设无残值。采用公允价值模式对投资性房地产进行后续计量的企业,对于在建投资性房地产(包括企业首次取得的在建投资性房地产),如果其公允价值无法可靠确定但预期该房地产完工后的公允价值能够持续可靠取得的,应当以成本计量该在建投资性房地产,其公允价值能够可靠计量时或其完工后(两者孰早),再以公允价值计量。但是,采用成本模式对投资性房地产进行后续计量的企业,即使有证据表明,企业首次取得某项投资性房地产时,该投资性房地产的公允价值能够持续可靠取得,该企业仍应对该项投资性房地产采用成本模式进行后续计量。

采用公允价值模式计量的投资性房地产,应当同时满足下列条件:(1)投资性房地产所在地有活跃的房地产交易市场。(2)企业能够从活跃的房地产交易市场上取得同类或类似房地产的市场价格及其他相关信息,从而对投资性房地产的公允价值做出合理的估计。

知识链接

所在地,通常指投资性房地产所在的城市。对于大中型城市,应当为投资性房地产所在的城区。

投资性房地产的公允价值是指市场参与者在计量日发生的有序交易中,出售一项资产所能收到或者转移一项负债所需支付的价格。确定投资性房地产的公允价值时,应当参照活跃市场上同类或类似房地产的现行市场价格(市场公开报价);无法取得同类或类似房地产现行市场价格的,应当参照活跃市场上同类或类似房地产的最近交易价格,并考虑交易情况、交易日期、所在区域等因素,从而对投资性房地产的公允价值做出合理的估计;也可以基于预计未来获得的租金收益和相关现金流量的现值计量。"同类或类似"的房地产,对建筑物而言,是指所处地理位置和地理环境相同、性质相同、结构类型相同或相近、新旧程度相同或相近、可使用状况相同或相近的建筑物;对土地使用权而言,是指同一位置区域、所处地理环境相同或相近、可使用状况相同或相近的土地。

投资性房地产采用公允价值模式进行后续计量的,不计提折旧或摊销,应当以资产负债表日的公允价值计量。资产负债表日,投资性房地产的公允价值高于其账面余额的差额,借记"投资性房地产——公允价值变动"科目,贷记"公允价值变动损益"科目;公允价值低于其账面余额的差额,做相反的会计分录。

【例 9-12】 甲公司为从事房地产经营开发的企业,2017 年 8 月 1 日,甲公司与乙公司签订租赁协议,约定将甲公司当日开发完成的一栋精装修的写字楼自当日起经营租赁给乙公司使用,租赁期为 10 年。该写字楼的造价为 8 000 万元。2017 年 12 月 31 日,该写字楼的公允价值为 8 200 万元。假设甲公司采用公允价值计量模式。

甲公司的账务处理如下:

(1)2017 年 10 月 1 日,甲公司开发完成写字楼并出租:

借：投资性房地产——成本　　80 000 000

　贷：开发成本　　80 000 000

(2)2017 年 12 月 31 日，按照公允价值调整其账面价值，公允价值与原账面价值之间的差额计入当期损益：

借：投资性房地产——公允价值变动　　2 000 000

　贷：公允价值变动损益　　2 000 000

三、非货币性资产交换以公允价值计量的会计处理

非货币性资产交换具有商业实质且公允价值能够可靠计量的，应当以换出资产的公允价值和应支付的相关税费作为换入资产的成本，除非有确凿证据表明换入资产的公允价值比换出资产的公允价值更加可靠。

在以公允价值计量的情况下，不论是否涉及补价，只要换出资产的公允价值与其账面价值不相同，就一定会涉及损益的确认，因为非货币性资产交换损益通常是换出资产公允价值与换出资产账面价值的差额，通过非货币性资产交换予以实现。

非货币性资产交换的会计处理，视换出资产的类别不同而有所区别：

(1)换出资产为存货的，应当视同销售处理，根据《企业会计准则第 14 号——收入》的规定，按照公允价值确认销售收入，同时结转销售成本，相当于按照公允价值确认的收入和按账面价值结转的成本之间的差额，即换出资产公允价值和换出资产账面价值的差额，在利润表中作为营业利润的构成部分予以列示。

(2)换出资产为固定资产、无形资产的，换出资产公允价值和换出资产账面价值的差额，计入营业外收入或营业外支出。

(3)换出资产为长期股权投资的，换出资产公允价值和换出资产账面价值的差额，计入投资收益。

换入资产与换出资产涉及相关税费的，如换出存货视同销售计算的销项税额，换入资产作为存货应当确认的可抵扣增值税进项税额，以及换出固定资产、无形资产视同转让应缴纳的营业税等，按照相关税收规定计算确定。

(一)不涉及补价的情况

【例 9—13】 2017 年 9 月，甲公司以生产经营过程中使用的一台设备交换乙公司生产的一批打印机，换入的打印机作为固定资产管理。甲、乙公司均为增值税一般纳税人，适用的增值税税率为 17%。设备的账面原价为 300 万元，在交换日的累计折旧为 90 万元，公允价值为 180 万元。打印机的账面价值为 220 万元，在交换日的市场价格为 180 万元，计税价格等于市场价格。乙公司换入甲公司的设备是生产打印机过程中需要使用的设备。

假设甲公司此前没有为该项设备计提资产减值，整个交易过程中，除支付运杂费 30 000 元外，没有发生其他相关税费。假设乙公司此前也没有为库存打印机计提存货跌价准备，其在整个交易过程中没有发生除增值税以外的其他税费。

[分析] 整个资产交换过程没有涉及收付货币性资产，因此，该项交换属于非货币性资产交换。本例是以存货交换固定资产，对甲公司来讲，换入的打印机是经营过程中必须使用的资产；对乙公司来讲，换入的设备是生产打印机过程中必须使用的机器。两项资产交换后，对换入企业的特定价值显著不同，两项资产的交换具有商业实质。同时，两项资产的公允价值都能够可靠地计量，符合以公允价值计量的两个条件，因此，甲公司和乙公司均应当以换出资产的

公允价值为基础，确定换入资产的成本，并确认产生的损益。

(1)甲公司的账务处理如下：

甲公司换入资产的增值税进项税额＝1 800 000×17%＝306 000(元)

换出设备的增值税销项税额＝1 800 000×17%＝306 000(元)

借：固定资产清理	2 100 000	
累计折旧	900 000	
贷：固定资产——设备		3 000 000
借：固定资产清理	30 000	
贷：银行存款		30 000
借：固定资产——打印机	1 800 000	
应交税费——应交增值税(进项税额)	306 000	
营业外支出	330 000	
贷：固定资产清理		2 130 000
应交税费——应交增值税(销项税额)		306 000

(2)乙公司的账务处理如下：

根据增值税的有关规定，企业以库存商品换入其他资产，视同销售行为发生，应计算增值税销项税额，缴纳增值税。

换出打印机的增值税销项税额＝1 800 000×17%＝306 000(元)

换入设备的增值税进项税额＝1 800 000×17%＝306 000(元)

借：固定资产——设备	1 800 000	
应交税费——应交增值税(进项税额)	306 000	
贷：主营业务收入		1 800 000
应交税费——应交增值税(销项税额)		306 000
借：主营业务成本	2 200 000	
贷：库存商品——打印机		2 200 000

(二)涉及补价的情况

在以公允价值确定换入资产成本的情况下，发生补价的，支付补价方和收到补价方应当区分以下情况处理：

(1)支付补价方。应当以换出资产的公允价值加上支付的补价(即换入资产的公允价值)和应支付的相关税费，作为换入资产的成本；换入资产成本与换出资产账面价值加支付的补价、应支付的相关税费之和的差额，应当计入当期损益。

(2)收到补价方。应当以换入资产的公允价值(或换出资产的公允价值减去补价)和应支付的相关税费，作为换入资产的成本；换入资产成本加收到的补价之和与换出资产账面价值加应支付的相关税费之和的差额，应当计入当期损益。

在涉及补价的情况下，对于支付补价方而言，作为补价的货币性资产构成换入资产所放弃对价的一部分；对于收到补价方而言，作为补价的货币性资产构成换入资产的一部分。

【例 9－14】 A公司与B公司经协商，A公司以拥有的用于经营出租目的的一幢公寓楼与B公司持有的交易目的的股票投资交换。A公司的公寓楼符合投资性房地产的定义，但公司未采用公允价值模式计量。在交换日，该幢公寓楼的账面原价为 4 500 万元，已计提折旧 750 万元，未计提减值准备，在交换日的公允价值和计税价格均为 4 000 万元。B公司持有的交易目的的股票投资账面价值为3 000万元，B公司对该股票投资采用公允价值模式计量，在交换日的公允价值为3 875万元，B公司另支付了225万元给A公司。B公司换入公寓楼后仍然继续用于经营出租目的，并拟采用公允价值计量模式，A公司换入股票投资后也仍然用于交易目的。A公司和B公司均为增值税一般纳税人，建筑物适用的增值税税率均为11%。转让公寓楼的增值税尚未支付，假定除增值税外，该项交易过程中不涉及其他相关税费。

［分析］ 该项资产交换涉及收付货币性资产，即补价225万元。

对A公司而言，收到补价225万元÷换出资产的公允价值4 000万元（换入股票投资公允价值3 875万元＋收到的补价225万元）＝5.6%＜25%，属于非货币性资产交换。

对B公司而言，支付的补价225万元÷换入资产的公允价值4 000万元＝5.6%＜25%，属于非货币性资产交换。

本例属于以投资性房地产换入以公允价值计量且其变动计入当期损益的金融资产。对A公司而言，换入交易目的的股票投资使得企业可以在希望变现时取得现金流量，但是风险程度要比租金稍大，用于经营出租目的的公寓楼，可以获得稳定、均衡的租金流，但是不能满足企业急需大量现金的需要。因此，交易性股票投资带来的未来现金流量在时间、风险方面与用于出租的公寓楼带来的租金流有显著区别，因而可判断两项资产的交换具有商业实质。同时，股票投资和公寓楼的公允价值均能够可靠地计量，因此，A、B公司均应当以公允价值为基础确定换入资产的成本，并确认产生的损益。

A公司的账务处理如下：

借：其他业务成本	37 500 000	
投资性房地产累计折旧	7 500 000	
贷：投资性房地产		45 000 000
借：交易性金融资产	37 750 000	
银行存款	6 650 000	
贷：其他业务收入		40 000 000
应交税费——应交增值税（销项税额）		4 400 000

B公司的账务处理如下：

借：投资性房地产	40 000 000	
应交税费——应交增值税（进项税额）	4 400 000	
贷：交易性金融资产		30 000 000
银行存款		6 650 000
投资收益		7 750 000

本章小结

公允价值会计是为应对国际金融危机，20国集团和金融稳定理事会提出建立一套全球统一的高质量会计准则。其中，公允价值计量准则就是与国际金融危机密切相关的重要准则之一。公允价值，是指市场参与者在计量日发生的有序交易中，出售一项资产所能收到或者转移一项负债所需支付的价格，即“脱手价格”。在计量日，企业无论是否能够观察到相关资产或负债的交易价格或者其他市场信息，其公允价值计量的目标应当保持一致，即估计市场参与者在计量日的有序交易中出售一项资产或者转移一项负债的价格。

公允价值及公允价值计量以相关假设为前提。有以下几种相关假设:“脱手价格”假设,市场参与者假设,最佳用途假设,计量日假设,有序交易假设,主要市场假设,市场法和观察输入值优先假设。

企业以公允价值计量相关资产或负债,使用的估值技术主要包括市场法、收益法和成本法。企业应当根据实际情况从市场法、收益法和成本法中选择一种或多种估值技术,用于估计相关资产或负债的公允价值。输入值可分为可观察输入值和不可观察输入值,企业以公允价值计量相关资产或负债,应当考虑市场参与者在对相关资产或负债进行定价时所使用的假设,包括有关风险的假设(例如,所用特定估值技术的内在风险等)。市场参与者使用的假设即为输入值。为提高公允价值计量和相关披露的一致性和可比性,企业应当将估值技术所使用的输入值划分为三个层次,并最优先使用活跃市场上相同资产或负债未经调整的报价(第一层次输入值),最后使用不可观察输入值(第三层次输入值)。

第十章 租赁会计

本章学习目标

通过本章的学习，熟悉租赁基本分类及其确认条件；掌握承租人、出租人角度的经营租赁会计处理；掌握承租人、出租人角度的融资租赁会计处理；掌握售后租回的会计处理；掌握租赁业务在财务报告中的列报内容。

第一节　租赁概述

一、租赁的定义和相关概念

（一）租赁概述

1. 租赁的定义

租赁，是指在约定的期间内，出租人将资产使用权让与承租人，以获取租金的协议。租赁业务的标的物通常为固定资产。

租赁是企业融资的一种特殊方法，通过租赁，即使企业暂时没有能力购置生产所需要设备的资金，也能取得固定资产以组织生产，并以生产产品获取的收入来支付租金。

2. 租赁的特点

租赁作为一种常用的企业间经济活动，具有以下特征：

（1）转移的是使用权，而不是所有权

协议双方在租赁期间转移的是资产的使用权，而不是资产的所有权，由此区别于另外两种转移：一是资产的所有权由一方转移到另一方，如资产的买卖合同。二是服务性合同，如劳务合同、运输合同、保管合同、仓储合同等。在服务性合同中，无需将某一资产的使用权从合同的一方转移给另一方，合同一方通过资产的使用为合同另一方提供其所需的服务。

（2）资产使用权的转移是有偿的

转移是有偿的，即资产使用权的转移以租金的支付为条件，从而区别于无偿提供资产使用权的借用合同。

租赁的上述特征决定了租赁资产必须是使用权和所有权可分离的，能够将使用权单独转出和收回，因此，用于租赁的资产通常是机器、房屋建筑等可供企业长期使用的固定资产，而电影、专利权、版权等许可使用协议，一般不属于租赁的范围。

(3)形式上是“融物”，实质上是“融资”

对于融资租赁来说，承租人向出租人租赁固定资产，形式上是实物使用权的让渡，是“融物”；实质上是资金使用权的让渡，是“融资”，也就是实质上是一种资金借贷关系。出租人向承租人贷出长期资金，承租人向出租人借入长期资金。

3. 租赁的优越性

企业要取得机器设备、房屋建筑等固定资产，有购置、租赁两种主要方式。相对于购置，租赁有其自身的优越性。租赁的优越性表现在以下几个方面：

(1)企业在缺乏经济可能性的情况下，通过租赁可以取得固定资产的使用权，开始组织生产

无论是经营租赁还是融资租赁，都是花费比较少的资金，就可以取得固定资产的使用权，备齐组织生产所必需的资源，这样可使企业在不具备经济可能性的情况下，取得足够的资源，具备组织生产的可能性，使社会资源的配置增加新的手段，配置更为合理。

(2)使机器设备等固定资产使用趋向于社会化，提高设备的利用率

在企业购置的情况下，固定资产的使用权和所有权均归属于一个企业，如果这个企业对该设备的使用并不充分，这一设备就不可避免地经常处于闲置状况，导致资源的浪费。而在经营租赁情况下，设备的所有权和使用权相分离，企业只在需要的时候租入某设备使用，不需要时就将设备归还租赁公司，租赁公司可以将该设备租给另一个需要的企业使用。这样，一项资源的使用就社会化了，可以有效提高单项资源的利用效率。即使在融资租赁的情况下，一项设备的使用权虽然较长一段时间内相对固定地属于一个企业，但如果租赁到期，而原承租人已不需要该设备，或该设备技术已相对落后，就有权选择不“留购”。这时出租人可以收回设备，再以相对低廉的价格租赁或出售给其他需要的企业，使设备可以继续使用。这样可使整个社会资源的利用效率得以提升。

(3)减少企业组织产品生产的初始投资，降低投资风险

如果部分设备或全部设备都采用租赁方式，企业组织某种产品生产的初始投资可大大减少，同时可大大降低企业投资的风险。有些企业使用设备的单价很高，企业需要巨大的初始投资，才能形成组织生产的基本规模，这样，企业迈出第一步就很困难。通过租赁方式，企业就能很容易地解决初始投资的问题。例如，民用航空公司购置飞机非常昂贵，企业又必须具有一定数量的飞机，才能形成一定的航线能力。如果这些飞机都由企业全额购置，将需要非常巨大的初始投资。所以，航空公司一般采用融资租赁方式购置飞机，按 20 年的年限进行融资租赁，甚至采用经营租赁方式形成航线能力。这样，企业就可以大大减少初始投资，同时降低投资的风险。

(4)适应技术发展，增加企业使用新技术的灵活性

现在技术发展速度很快，企业购置设备，经常面临设备技术落后淘汰的风险。如果采用租赁方式，企业只花费较少的钱向租赁公司租入设备使用，在设备技术落后时，企业可将设备归还租赁公司，再租入技术先进的设备使用。这样，企业就具有很好的灵活性，能够适应技术的发展，始终跟上社会技术发展的步伐。

(5)提高企业对设备管理的效率

在经营租赁的情况下，企业对租入设备只使用、不维修，这样企业对设备的管理就明显简化。企业不必配置设备修理部门和维修人员，使企业结构简化、人员精简。这样可以集中资

源，发挥企业的核心优势，增加企业的市场竞争力。

(6)享受财务杠杆效益，可以避税

融资租赁的实质是融资，所以可以形成财务杠杆，享受杠杆效益。同时，融资租赁的租金可以在税前列支，对企业形成避税效应。企业如以融资租赁方式租入设备，还能有效规避通货膨胀。

(7)提高社会资金利用效率

从事融资租赁的企业很多是银行。银行从社会吸纳小额资金，聚集成大资金，用于进行租赁活动，支撑起一些规模很大的企业，使小钱办了大事，有效地提高了社会资金利用效率。

4. 租赁方式的分类

(1)经营租赁

经营租赁是最原始的租赁方式，是由从事租赁的企业购入设备，出租给承租人使用，由承租人向出租人支付租金。经营租赁的设备，其所有权归出租企业，维修一般也由出租企业承担，承租人只是租赁使用和支付租金。

(2)销售型租赁

销售型租赁是具有销售性质的租赁，是设备的制造商或经销商作为出租人，将其制造或经销的设备以收取租金的方式提供给承租人使用。在这种情况下，出租人获取的收益除了融资收益(以租金的形式表示)，还包括产销差价或进销差价，表现为租赁开始日租赁资产的公允价值或最低租赁付款额的现值大于资产的成本或账面价值。销售型租赁与商品的分期付款有某些相似的地方，区别在于销售型租赁商品的所有权没有转移，而分期付款商品的所有权已经转移。

(3)直接融资租赁

直接融资租赁是一种最典型的融资租赁，是出租人购入设备，以融资租赁方式出租给承租人。直接融资租赁在形式上与销售型租赁有相似之处，区别在于在直接融资租赁中，出租人赚取的主要是融资收益，在租赁开始日，租赁资产的公允价值应该等于该资产的成本或账面价值。从事金融业务的出租人提供的通常是直接融资租赁。

(4)杠杆租赁

杠杆租赁是指出租人以自筹方式加信贷方式筹措资金，购入设备对外出租，所进行的租赁。在这种租赁中，出租人通常只需要自筹20%～40%的资金，即可获得租赁资产名义上的所有权用于出租，其余投资由银行等金融机构提供不可追索的贷款来补充，出租人需以第一抵押权、租赁合同和收益租金的受让权作为借款担保。如果出租人借款成本低、租金收益高，则可享受杠杆效益。这一租赁涉及三方关系人，即出租人、长期资金提供人、承租人。这类租赁的出租人大多为专业租赁公司，租赁的方式可以是经营租赁，也可以是融资租赁。

(5)售后租回

售后租回是一种特殊的租赁方式，是设备的所有者先将自己拥有的设备卖给某一个企业(通常为租赁公司)，形成一次买卖交易，然后再将该设备租回，形成一次租赁交易。在前一次交易中，交易双方的角色是卖方和买方；在后一次交易中，交易双方的角色是承租人和出租人。即在两次交易中，设备的卖方同时是设备的承租人，而设备的买方同时是设备的出租人。两次交易是密切联系的，在进行买卖交易时，双方已确定要进行后面的租赁交易。实际上，承租人只是利用这种连续的交易，在不影响对租赁资产的占有、使用、收益的前提下，将一次性的投入转化为未来分次的投入，可以既保证生产的正常进行，又有效缓解资金压力。售后租回也可以分为经营租赁和融资租赁两种方式。

(6)转租赁

转租赁是指租赁中间人先向设备的所有者租入设备，再将该设备出租给需要使用该设备的一方。实际上连续发生两次租赁，在这两次租赁中，中间人同时扮演两个角色。在前一次租赁中，设备的所有者是出租人，中间人是承租人；在后一次租赁中，中间人是设备的出租人，实际使用设备的企业是设备的承租人。这类租赁业务的中间人通常是专业租赁公司，它们从租入、租出资产之间的租金差额获取转租的收益。转租赁业务说明专业租赁公司可以用两种方式进行经营：一是购入设备进行租赁，谋取收益；二是通过转租赁业务，谋取收益。

(二)与租赁相关的概念

1. 租赁开始日与租赁期开始日

一项固定资产租赁业务的双方关系人，称为出租人和承租人。出租人是以协议方式租出固定资产的企业，承租人是以协议方式租入固定资产的企业。

(1)租赁开始日

租赁开始日，是指租赁协议日与租赁各方就主要租赁条款作出承诺日中的较早者。在租赁开始日，承租人和出租人应当将租赁认定为融资租赁或经营租赁。

(2)租赁期开始日

租赁期开始日，是指承租人有权行使其使用租赁资产权利的日期，表明租赁行为的开始。在租赁期开始日，承租人应当对租入资产、最低租赁付款额和未确认融资费用进行初始确认；出租人应当对应收融资租赁款、未担保余值和未实现融资收益进行初始确认。

2. 租赁期

租赁期，是指租赁合同规定的不可撤销的租赁期间。租赁合同签订后一般不可撤销，但下列情况除外：

(1)经出租人同意。

(2)承租人与原出租人就同一资产或同类资产签订了新的租赁合同。

(3)承租人支付一笔足够大的额外款项。

(4)发生某些很少会出现的或有事项。

承租人有权选择续租该资产，并且在租赁开始日就可以合理确定承租人将会行使这种选择权，不论是否再支付租金，续租期也包括在租赁期之内。

3. 资产余值

我国会计准则规定，资产余值是指在租赁开始日估计的租赁期届满时租赁资产的公允价值。资产余值由担保余值和未担保余值两部分内容组成。

(1)担保余值

担保余值，就承租人而言，是指由承租人或与其有关的第三方担保的资产余值；就出租人而言，是指就承租人而言的担保余值加上独立于承租人和出租人的第三方担保的资产余值。

(2)未担保余值

未担保余值，是指租赁资产余值中扣除就出租人而言的担保余值以后的资产余值。

知识链接

就出租人而言，如果租赁资产余值中包含未担保余值，表明这部分余值的风险和报酬并没有转移，其风险应由出租人承担。因此，未担保余值不能作为应收租赁款的一部分。

下图中，承租人担保余值＝40＋30＝70（万元），出租人担保余值＝70＋20＝90（万元），未担保余值＝100－90＝10（万元）。

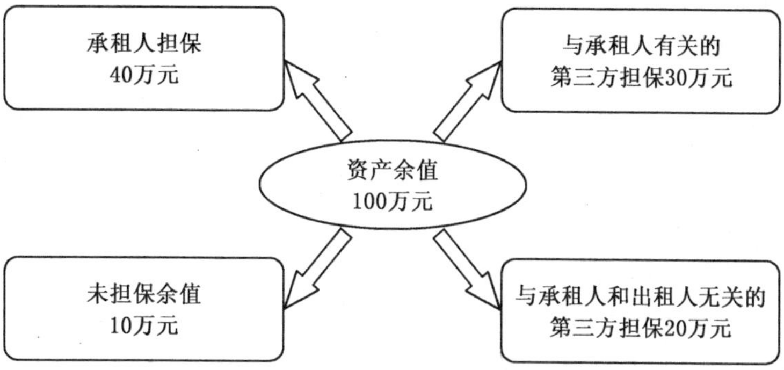

4. 最低租赁付款额

最低租赁付款额，是指在租赁期内，承租人应支付或可能被要求支付的款项（不包括或有租金和履约成本），加上由承租人或与其有关的第三方担保的资产余值。

承租人有购买租赁资产选择权，所订立的购买价款预计将远低于行使选择权时租赁资产的公允价值，因而在租赁开始日就可以合理确定承租人将会行使这种选择权的，购买价款应当计入最低租赁付款额。

5. 或有租金

或有租金，是指金额不固定、以时间长短以外的其他因素（如销售量、使用量、物价指数等）为依据计算的租金。出租人和承租人在租赁合同中可能对租赁资产的使用量、租赁资产生产产品的销售量有约定，而且规定如果承租人对租赁资产的使用量和使用租赁资产生产产品的销售量超过合同约定的数量，承租人必须追加一定数量的租金，这就是或有租金。另外，因为承租人支付的租金是按现金的绝对数量确定的，如发生比较严重的通货膨胀，出租人收到现金租金的购买力下降，就会发生损失，所以，出租人和承租人在合同中还可能有约定：当物价指数超过某一水平时，承租人必须追加一定数量的租金，这是另一种情况下的或有租金。

6. 履约成本

履约成本，是指租赁期内为租赁资产支付的各种使用费用，如技术咨询和服务费、人员培训费、维修费、保险费等。

7. 最低租赁收款额

最低租赁收款额，是指最低租赁付款额加上独立于承租人和出租人的第三方对出租人担保的资产余值。

8. 租赁内含利率

租赁内含利率，是指在租赁开始日，使最低租赁收款额的现值与未担保余值的现值之和等于租赁资产公允价值与出租人的初始直接费用之和的折现率。

承租人在计算最低租赁付款额的现值时，能够取得出租人租赁内含利率的，应当采用租赁内含利率作为折现率；否则，应当采用租赁合同规定的利率作为折现率。承租人无法取得出租人的租赁内含利率且租赁合同没有规定利率的，应当采用同期银行贷款利率作为折现率。

二、租赁的基本分类

从会计角度看，租赁有融资租赁和经营租赁两种基本分类，一项租赁活动的承租人和出租人应当在租赁开始日将租赁分为融资租赁和经营租赁。

(一)融资租赁

1. 融资租赁的定义

融资租赁，是指实质上转移了与资产所有权有关的全部风险和报酬的租赁。其所有权最终可能转移，也可能不转移。

2. 判断融资租赁的条件

符合下列一项或数项标准的，应当认定为融资租赁：

(1)在租赁期届满时，租赁资产的所有权转移给承租人。这里所称"在租赁期届满时，租赁资产的所有权转移给承租人"，通常是指在租赁合同中已经约定，或者在租赁开始日根据相关条件作出合理判断，租赁期届满时出租人能够将资产的所有权转移给承租人。

(2)承租人有购买租赁资产的选择权，所订立的购买价款预计将远低于行使选择权时租赁资产的公允价值，因此，在租赁开始日就可以合理确定承租人将会行使这种选择权。

(3)即使资产的所有权不转移，但租赁期占租赁资产使用寿命的大部分。这里的"大部分"，通常掌握在租赁期占租赁资产使用寿命的75%以上(含75%)。

(4)承租人在租赁开始日的最低租赁付款额现值，几乎相当于租赁开始日的租赁资产公允价值；出租人在租赁开始日的最低租赁收款额现值，几乎相当于租赁开始日的租赁资产公允价值。这里的"几乎相当于"，通常掌握在90%以上(含90%)。

(5)租赁资产性质特殊，如果不做较大改造，只有承租人才能使用。

(二)经营租赁

经营租赁是指除融资租赁以外的其他租赁。我国会计准则规定：经营租赁资产的所有权不转移，租赁期届满后，承租人有退租或续租的选择权，而不存在优惠购买选择权。在经营租赁情况下，租赁资产的实体暂时转移，而与租赁资产所有权有关的风险和报酬不转移。对出租人来说，经营租赁资产应在表内反映；而对承租人来说，经营租赁资产只在表外账户进行登记。

(三)融资租赁与经营租赁的基本区别

融资租赁与经营租赁的相同点在于两种方式的所有权都没有转移，承租人取得的都只是设备的使用权。两种租赁方式的基本区别在于以下方面：

(1)融资租赁中租赁资产虽然所有权没有转移，但实际上与所有权有关的风险和报酬已经转移到承租人一方；而经营租赁的租赁资产只是实体转移，而与所有权有关的风险和报酬仍然停留在出租人一方。

(2)融资租赁的承租人拥有租赁期满设备的留购选择权，而经营租赁固定资产承租人一般不拥有租赁期满的留购选择权。

(3)融资租赁固定资产由承租人提取折旧，由承租人负责维修；经营租赁固定资产由出租人提取折旧，由出租人负责维修。

(4)融资租赁的固定资产列入承租人企业的固定资产目录，作为承租人企业的固定资产管理；而经营租赁的固定资产不列入承租人企业的固定资产目录，不作为承租人企业的固定资产管理。

课堂思考

探讨租赁存在的必要性。如何区别经营租赁和融资租赁？

第二节　经营租赁

一、承租人对经营租赁业务的会计处理

经营租赁在风险和报酬的转移方面与融资租赁截然不同，所以，其会计核算也有很大差别。

（一）经营租赁承租人核算内容

1. 租赁资产的转移

经营租赁下租赁资产的转移与融资租赁不同，经营租赁资产只是实体暂时转移，与所有权相关的风险和报酬没有转移，因此，对租赁资产的转移，承租人不必进行会计处理，不需要在表内反映。但为了反映和监督租赁资产的使用，承租人应设置“经营租赁资产备查簿”对经营租赁资产的实物转移进行登记，详细列示租入资产的日期、品名、数量、租入时的质量、出租人、使用部门、承租期、归还日期以及经办人员等有关具体情况。

2. 租金的支付

对于经营租赁的租金，承租人应当在租赁期内各个期间按照直线法计入相关资产成本或当期损益；其他方法更为系统合理的，也可以采用其他方法。这里所说的“其他方法”，如租赁资产的工作量容易计算，而且租赁资产的使用很不均衡，则按租赁资产的工作量比例分摊租金更为合理，这时就应按租赁资产的工作量比例分摊计算租金。

3. 初始直接费用的处理

初始直接费用，是指在租赁谈判和签订租赁合同的过程中发生的可直接归属于租赁项目的费用，如印花税、佣金、律师费、差旅费、谈判费等。在经营租赁方式下，承租人发生的初始直接费用，应当计入当期损益。

4. 或有租金的处理

或有租金应当在实际发生时，计入当期损益。

5. 经营租入资产改良支出的处理

在经营租赁下，承租人有可能对租入资产进行改良，对于经营租入资产的改良支出，发生时应作为长期待摊费用，并在租赁期限与租赁资产尚可使用年限两者孰短的期限内分期平均摊销，计入当期损益。

6. 出租人提供激励措施的处理

某些情况下，出租人可能对经营租赁提供激励措施，如免租期、承担承租人某些费用等。在出租人提供免租期的情况下，应将租金总额在整个租赁期内，而不是在租赁期扣除免租期后的期间内按直线法或其他合理的方法进行分摊，免租期内应确认租金费用；在出租人承担了承租人的某些费用的情况下，应将该费用从租金总额中扣除，并将租金余额在租赁期内进行分摊。

(二)经营租赁承租人核算举例

【例10—1】 2015年1月1日,甲公司向乙公司租入全新办公设备一台,租期为3年。办公用房原账面价值800 000元,预计使用年限20年。租赁合同规定,租赁开始日甲公司一次性向乙公司预付租金34 000元,第一年末支付租金30 000元,第二年末支付租金30 000元,第三年末支付租金5 000元。租赁期满后,预付租金不退回。乙公司收回办公用房使用权。

[分析] 在该项租赁业务中,办公设备是临时的使用权转移,承租人没有实际拥有该房屋与所有权有关的风险和报酬,双方签订的租赁合同也不符合融资租赁的判断条件,所以应该将这项租赁业务按经营租赁进行会计处理。

承租人确认各期租金时,不能按实际支付的租金额确认,应按直线法在租赁期内平均分摊租金总额。每年应分摊的租金为:

(34 000+30 000+30 000+5 000)÷3=33 000(元)

会计分录如下:

2015年1月1日:

借:长期待摊费用	34 000	
贷:银行存款		34 000

2015年12月31日:

借:管理费用	33 000	
贷:银行存款		30 000
长期待摊费用		3 000

2016年12月31日:

借:管理费用	33 000	
贷:银行存款		30 000
长期待摊费用		3 000

2017年12月31日:

借:管理费用	33 000	
贷:银行存款		5 000
长期待摊费用		28 000

二、出租人对经营租赁业务的会计处理

(一)经营租赁出租人核算内容

在经营租赁下,出租人仍拥有出租资产的所有权,对出租资产应同企业其他自有资产一样进行核算。

1. 经营租赁资产的处理

与融资租赁不同,在经营租赁中,出租人对租赁资产实质上仍然处于控制之中,所以出租人应当按资产的性质,将用作经营租赁的资产包括在本企业资产负债表中的相关项目内。

2. 租金的处理

对于经营租赁的租金,出租人应当在租赁期内各个期间按照直线法确认为当期损益;其他方法更为系统合理的(如租赁资产使用工作量),也可以采用其他方法(即按租赁资产使用工作量的比例确认损益)。经营租赁的出租人,可能是租赁公司,也可能是兼营租赁业务的其他企业,租赁公司的租金收入应记入“租赁收入”账户,其他企业的租金收入应记入“其他业务收入”

账户。

3. 初始直接费用的处理

经营租赁中发生的初始直接费用一般包括印花税、佣金、律师费、差旅费，以及租赁资产的维修费、人员培训费等。出租人发生的初始直接费用，应当在发生时，计入当期损益。

4. 经营租赁资产的折旧处理

对于经营租赁资产中的固定资产，应当采用出租人对企业类似资产的折旧政策计提折旧；对于其他经营租赁资产，应当采用系统合理的方法进行摊销（如按工作量法计提折旧）。

5. 或有租金的处理

经营租赁资产发生的或有租金，出租人应当在实际发生时计入当期损益。

6. 出租人提供激励措施的处理

某些情况下，出租人可能对经营租赁提供激励措施，如免租期、承担承租人某些费用等。在出租人提供免租期的情况下，应将租金总额在整个租赁期内，而不是在租赁期扣除免租期后的期间内按直线法或其他合理的方法进行分摊，免租期内应确认租赁收入；在出租人承担了承租人的某些费用的情况下，应将该费用从租金总额中扣除，并将租金余额在租赁期内进行分摊。

（二）经营租赁出租人核算举例

【例 10－2】　沿用【例 10－1】资料。

(1)资产出租时，由于实际控制权没有转移，所以出租人不必进行会计处理。

(2)收取租金的核算。

我国会计准则规定，出租人 B 公司在确认这项经营租赁的租金收入时，不能依据各期实际收到的金额确认为当期租赁收益，而应按直线法在租赁期内平均分摊，确认租赁收益。出租人每期分摊的租赁收益为：

(34 000＋30 000＋30 000＋5 000)÷3＝33 000(元)

会计分录如下：

2015 年 1 月 1 日：

借：银行存款	34 000	
贷：其他应收款		34 000

2015 年 12 月 31 日：

借：银行存款	30 000	
其他应收款	3 000	
贷：其他业务收入——经营租赁收入		33 000

2016 年 12 月 31 日：

借：银行存款	30 000	
其他应收款	3 000	
贷：其他业务收入——经营租赁收入		33 000

2017 年 12 月 31 日：

借：银行存款	5 000	
其他应收款	28 000	
贷：其他业务收入——经营租赁收入		33 000

(3)计提折旧的核算。

经营租赁出租办公房原值为800 000元，预计使用年限20年，按直线法计提折旧。每年应提取折旧如下：

800 000÷20=40 000(元)

每年末提取折旧的会计分录如下：

借：其他业务成本——经营租赁成本　　40 000

　　贷：累计折旧　　40 000

第三节　融资租赁

一、承租人对融资租赁业务的会计处理

(一)融资租赁承租人核算内容

1. 融资租赁承租人的初始确认

(1)租赁类型的确定

对于租赁业务的核算，首先应判断租赁的类型，只有符合第一节所述融资租赁相关判断标准的租赁，才能按融资租赁的核算方法进行会计处理。租赁的类型应当在租赁开始日予以确定，出租人和承租人对于同一项租赁，判断的类型应当一致。这里的“租赁期开始日”，是指承租人有权行使其使用租赁资产权利的开始日。

(2)租赁资产开始日确认资产与负债

在融资租赁中，租赁资产的所有权在法律上虽然没有转移，但与租赁资产所有权有关的全部风险和报酬实际上已从出租人转移到承租人，由承租人实际控制。根据“实质重于形式”的会计原则，应当将租赁资产从出租人账面转出，转入承租人的资产。

我国会计准则规定，在租赁期开始日，承租人应当将租赁开始日租赁资产公允价值与最低租赁付款额现值两者中较低者作为租入资产的入账价值，将最低租赁付款额作为长期应付款的入账价值，其差额作为未确认融资费用。

承租人在计算最低租赁付款额的现值时，如果知悉出租人的租赁内含利率，应当采用出租人的租赁内含利率作为折现率；否则，应当采用租赁合同规定的利率作为折现率。如果出租人的租赁内含利率和租赁合同规定的利率均无法知悉，应当采用同期银行贷款利率作为折现率。这里的“租赁内含利率”，是指在租赁开始日，使最低租赁收款额的现值与未担保余值的现值之和等于租赁资产公允价值与出租人的初始直接费用之和的折现率。

(3)初始直接费用的处理

初始直接费用是指承租人在租赁谈判和签订租赁合同过程中发生的，可归属于租赁项目的手续费、律师费、差旅费、印花税等初始直接费用，这些费用应当计入租入资产价值。

2. 租赁期间的核算

(1)租金支付

租赁期间的租金系逐期支付，相当于企业债务的分期偿付。随着租金的支付，承租人的债务和出租人的债权均逐步减少。租金包含债务本金和利息两个部分，即租入固定资产价值和融资费用两部分。在先付租金(即每期期初等额支付租金)的情况下，租赁期第一期支付的租金不含利息，只需减少长期应付款，不必确认当期融资费用。

(2)融资费用的分摊

伴随融资租赁租金的支付，承租人应在各期同时确认分摊融资费用。我国会计准则规定，承租人应当采用实际利率法计算确认当期的融资费用。

我国会计准则规定，承租人采用实际利率法分摊未确认融资费用时，应当根据租赁期开始日租赁资产入账价值和负债入账价值的基础不同，对未确认融资费用采用不同的分摊率：

①以出租人的租赁内含利率为折现率将最低租赁付款额折现，且以该现值作为租入资产入账价值的，应当将租赁内含利率作为未确认融资费用的分摊率。

②以合同规定利率为折现率将最低租赁付款额折现，且以该现值作为租入资产入账价值的，应当将合同规定利率作为未确认融资费用的分摊率。

③以银行同期贷款利率为折现率将最低租赁付款额折现，且以该现值作为租入资产入账价值的，应当将银行同期贷款利率作为未确认融资费用的分摊率。

④ 以租赁资产公允价值作为入账价值的，应当重新计算分摊率。该分摊率是使最低租赁付款额的现值与租赁资产公允价值相等的折现率。

存在优惠购买选择权时，在租赁期届满时，未确认融资费用应全部摊销完毕，租赁负债应当减少为优惠购买金额。在承租人或与其有关的第三方对租赁资产提供了担保或由于在租赁期届满时没有续租而支付违约金的情况下，在租赁期届满时，未确认融资费用应当全部摊销完毕，租赁负债还应减少至担保余额。

(3)融资租赁固定资产折旧的处理

与经营租赁固定资产不同，融资租赁固定资产由于实际控制权已转移到承租人一方，所以，承租人要将该租赁资产列入本企业的固定资产目录，按自有固定资产一样管理。我国会计准则规定，承租人应当采用与自有固定资产相一致的折旧政策计提租赁资产折旧。如果承租人或与其有关的第三方对租赁资产余值提供了担保，则应计折旧总额为租赁开始日固定资产的入账价值扣除担保余值后的余额；如果承租人或与其有关的第三方未对租赁资产余值提供担保，则应计折旧总额为租赁开始日固定资产的入账价值。

计提折旧的年限根据租赁期届满时企业能否取得租赁资产的所有权，可按两种方式确定：

①能够合理确定租赁期届满时取得租赁资产所有权的，应当在租赁资产使用寿命内计提折旧。

②无法合理确定租赁期届满时能够取得租赁资产所有权的，应当在租赁期与租赁资产使用寿命两者中较短的期间内计提折旧。

(4)或有租金和履约成本的处理

或有租金是指承租人和出租人在租赁合同中约定的可能发生、可能不发生的租金。或有租金通常由出租人按照销售百分比、资产使用量等具体因素，与承租人约定，当承租人使用租入固定资产超过约定范围时，向出租人支付。我国会计准则规定，融资租赁发生的或有租金，应当在实际发生时计入当期损益。

对于为了保证租入固定资产正常使用而发生的履约成本，可分成以下两种情况处理：

①受益期较长的固定资产改良支出、人员培训费等，可以在受益期间内递延和分摊。

②受益期较短的经常性支出，如固定资产修理费、保险费等，可直接计入当期损益。

(5)出租人提供激励措施的处理

出租人提供免租期的，承租人应将租金总额在不扣除免租期的整个租赁期内，按直线法或其他合理的方法进行分摊，免租期内应当确认租金费用及相应的负债。出租人承担了承租人某些费用的，承租人应将该费用从租金费用总额中扣除，按扣除后的租金费余额在租赁期内进行分摊。

3. 租赁期满的核算

融资租赁租赁期满，一般有承租人取得租赁资产的所有权（留购）、承租人退租（返还）、承租人优惠续租等情况。根据不同情况，承租人应进行不同核算。

（二）融资租赁承租人的账户设置

融资租赁承租人为核算融资租赁业务，应设置以下账户：

1. 固定资产——融资租入固定资产

该账户用来反映融资租入固定资产的入账价值。我国会计准则规定，在租赁期开始日，承租人应当将租赁资产公允价值与最低付款额现值两者中较低者作为租入资产的入账价值。

2. 未确认融资费用

该账户用来反映承租人未来应支付的融资费用。我国会计准则规定，在租赁期开始日，承租人应将租赁资产公允价值和最低付款额两者的差额，作为未确认融资费用。该账户应作为"长期应付款——应付融资租赁款"账户的备抵账户，期末，该账户余额应从"长期应付款——应付融资租赁款"账户余额中减去，以租赁负债净额列示于资产负债表中。

3. 长期应付款——应付融资租赁款

该账户用来反映承租人应支付的融资租赁租金。我国会计准则规定，在租赁期开始日，承租人应将最低租赁付款额作为长期应付款的入账价值。

（三）融资租赁承租人核算举例

【例 10－3】 假设 2015 年 12 月 20 日，甲公司与乙公司签订了一份租赁合同。合同主要条款如下：

（1）租赁标的物：塑钢机。

（2）起租日：2016 年 1 月 1 日。

（3）租赁期：2016 年 1 月 1 日至 2018 年 12 月 31 日，共 36 个月。

（4）租金支付：自租赁开始日每隔 6 个月于月末支付租金 200 000 元。

（5）该机器的保险、维护等费用均由甲公司负担，估计每年约 10 000 元。

（6）该机器在 2016 年 1 月 1 日的公允价值为 920 000 元。

（7）租赁合同规定的利率为 8%（6 个月利率）。

（8）该机器的估计使用年限为 8 年，已使用 3 年，期满无残值。承租人采用年限平均法计提折旧。

（9）租赁期届满时，甲公司享有优惠购买该机器的选择权，购买价为 500 元，估计该日租赁资产的公允价值为 60 000 元。

（10）2016 年和 2017 年两年，甲公司每年按该机器所生产的产品（塑钢窗户）的年销售收入的 6%，向乙公司支付经营分享收入。

甲公司的会计处理如下：

1. 租赁开始日的账务处理

第一步，判断租赁类型。

本例存在优惠购买选择权，优惠购买价 500 元远低于行使选择权日租赁政策的公允价值 60 000 元（500÷60 000＝0.83%＜5%），因此，2016 年 1 月 1 日就可以合理确定甲公司将行使选择权，这项租赁应当认定为融资租赁。

第二步，计算租赁开始日最低租赁付款额的现值，确定租赁资产的入账价值。

最低租赁付款额＝各期租金之和＋行使优惠购买选择权支付的金额

＝200 000×6＋500

＝1 200 500(元)

计算现值的过程如下：

每期租金 200 000 元的年金现值＝200 000×(P/A,8%,6)

优惠购买选择权行使价 500 元的复利现值＝500×(P/V,8%,6)

查表得知：

(P/A,8%,6)＝4.623

(P/V,8%,6)＝0.63

现值合计＝200 000×4.623＋500×0.63

＝924 915(元)＞920 000(元)

根据企业会计准则规定的孰低原则，租赁资产的入账价值应为其公允价值 920 000 元。

第三步，计算未确认融资费用。

未确认融资费用＝最低租赁付款额－租赁开始日租赁资产的入账价值

＝1 200 500－920 000

＝280 500(元)

第四步，编制会计分录。

2016 年 1 月 1 日：

借：固定资产——融资租入固定资产	920 000	
未确认融资费用	280 500	
贷：长期应付款——应付融资租赁款		1 200 500

2. 分摊未确认融资费用的会计处理

融资租赁的承租人必须在租赁期内逐期支付租金。融资租赁的租金既包括租赁资产的价值，也包括因融资租赁而承担的利息和费用。在支付租金的同时，分摊和确认融资费用。我国会计准则规定，未确认融资费用在租赁开始日确定，并必须按实际利率法在租赁期内分摊确认。

第一步，确定融资费用分摊率。

由于租赁资产的入账价值为公允价值，因此应重新计算入账费用分摊率。计算过程如下：

租赁开始日最低租赁付款额＝租赁开始日租赁资产的入账价值

可以得出：

200 000×(P/A,R,6)＋500×(P/A,R,6)＝920 000(元)

用插值法在多次测试的基础上，计算得到利率为 8.18%，即融资费用分摊率为 8.18%。

第二步，在租赁期内采用实际利率法分摊未确认融资费用。见表 10－1。

表 10－1　　未确认融资费用分摊计算表

(实际利率法)　　单位：元

日　期	租　金	确认的融资费用	应付本金减少额	应付本金余额
①	②	③＝期初⑤×8.18%	④＝②－③	期末⑤＝期初⑤－④
2016年1月1日				920 000

续表

日　期	租　金	确认的融资费用	应付本金减少额	应付本金余额
2016年6月30日	200 000	75 256	124 744	795 256
2016年12月31日	200 000	65 051.94	134 948.06	660 307.94
2017年6月30日	200 000	54 013.19	145 986.81	514 321.13
2017年12月31日	200 000	42 071.47	157 928.53	356 392.6
2018年6月30日	200 000	29 152.91	170 847.09	185 545.51
2018年12月31日	200 000	14 954.49	185 045.51	500
合　计	1 200 000	280 500	919 500	500

第三步，编制会计分录。

2016年6月30日，支付第一期租金时：

借：长期应付款——应付融资租赁款　200 000

　贷：银行存款　200 000

同时：

借：财务费用　75 256

　贷：未确认融资费用　75 256

2016年12月31日，支付第二期租金时：

借：长期应付款——应付融资租赁款　200 000

　贷：银行存款　200 000

同时：

借：财务费用　65 051.94

　贷：未确认融资费用　65 051.94

2017年6月30日，支付第三期租金时：

借：长期应付款——应付融资租赁款　200 000

　贷：银行存款　200 000

同时：

借：财务费用　54 013.19

　贷：未确认融资费用　54 013.19

2017年12月31日，支付第四期租金时：

借：长期应付款——应付融资租赁款　200 000

　贷：银行存款　200 000

同时：

借：财务费用　42 071.47

　贷：未确认融资费用　42 071.47

2018年6月30日，支付第五期租金时：

借：长期应付款——应付融资租赁款　200 000

　贷：银行存款　200 000

同时：

借:财务费用　　29 152.91
　　贷:未确认融资费用　　29 152.91

2018 年 12 月 31 日,支付第六期租金时:

借:长期应付款——应付融资租赁款　　200 000
　　贷:银行存款　　200 000

同时:

借:财务费用　　14 954.49
　　贷:未确认融资费用　　14 954.49

3. 租赁资产计提折旧

承租人融资租入一项固定资产后,应当对其计提折旧,折旧政策应与承租人自有固定资产的折旧政策一致。如果承租人或与其有关的第三方对租赁资产余值提供了担保,则应提折旧的固定资产总额为租赁开始日固定资产的入账价值扣除担保余值后的差额。如果承租人或与其有关的第三方对租赁资产余值没有提供担保,则应提折旧总额为租赁开始日固定资产的入账价值。

固定资产计提折旧的年限根据租赁期届满时企业能否取得租赁资产的所有权,可按两种方式确定:能够合理确定租赁期届满时取得租赁资产所有权的,应当在租赁资产使用寿命内计提折旧。无法合理确定租赁期届满时能够取得租赁资产所有权的,应当在租赁期与租赁资产使用寿命两者中较短的期间内计提折旧。举例如下:

【例 10—4】 丙公司 2015 年融资租赁租入一项固定资产,由生产车间使用。在租赁开始日无法确定租赁期满时能够取得固定资产的所有权。该固定资产在租赁开始日确认的原值为 380 000 元,与承租人有关的第三方对该固定资产提供担保余值 20 000 元,固定资产估计使用年限为 5 年,租赁期为 3 年,承租人应按其中较短者 3 年计提固定资产折旧。承租人按年数总和法对该固定资产计提折旧,折旧计算如表 10—2 所示。

表 10—2　　**固定资产折旧计算表**　　单位:元

日　期	固定资产原值	担保余值	折旧率	当年折旧费	固定资产净值
2015 年 1 月 1 日	380 000	20 000			360 000
2015 年 12 月 31 日			3/6	180 000	200 000
2016 年 12 月 31 日			2/6	120 000	80 000
2017 年 12 月 31 日			1/6	60 000	20 000
合　计	380 000	20 000	1	360 000	20 000

应编制会计分录如下:

2015 年计提折旧时:

借:制造费用　　180 000
　　贷:累计折旧　　180 000

2016 年计提折旧时:

借:制造费用　　120 000
　　贷:累计折旧　　120 000

2017 年计提折旧时:

借：制造费用　　　　　　　　　　　　　　　　60 000

　　贷：累计折旧　　　　　　　　　　　　　　　　60 000

4. 租赁相关费用支出

租赁相关费用通常有两种情况：

(1)承租人为融资租赁固定资产，在租赁谈判和签订租赁合同过程中发生的，可归属于租赁项目的手续费、律师费、差旅费、印花税等初始直接费用，这些费用应当计入租入资产价值。

(2)按照销售百分比、资产使用量等具体因素支付的或有租金、在固定资产使用中发生的修理费等，应当计入当期损益。

5. 租赁期满处理

(1)返还。

“返还”是指租赁期满，承租人不谋求取得租赁资产的所有权，而将融资租赁固定资产返还给出租人。在承租人返还融资租入固定资产时，应减少企业资产，同时结清债务。

【承例 10—4】 2017 年 12 月 31 日，公司将融资租赁租入固定资产返还租赁公司。在支付了三年租金后，承租人“长期应付款”账户余额剩下担保余值 20 000 元，在返还固定资产后，公司相关于该笔融资租赁的债务全部结清。会计分录如下：

借：长期应付款——应付融资租赁款　　　　　　20 000

　　累计折旧　　　　　　　　　　　　　　　　360 000

　　贷：固定资产——融资租入固定资产　　　　　　380 000

如果三年租赁期满固定资产已报废，公司应就其提供的担保余值向出租人支付相应款项。会计分录如下：

借：长期应付款——应付融资租赁款　　　　　　20 000

　　贷：银行存款　　　　　　　　　　　　　　　　20 000

(2)优惠续租。

如果该项租赁合同存在优惠续租选择的条款，承租人行使优惠续租选择权，则视同该项租赁一直存在进行会计核算；承租人没有选择行使优惠续租选择权，而且租赁合同中规定由此承租人必须向出租人支付违约金的，违约金应计入当期“营业外支出”账户。

(3)留购。

如果该项租赁合同存在承租人优惠留购选择权条款，承租人选择行权，则应当在融资租赁到期行权时，将固定资产重新分类，由“融资租入固定资产”明细账户转入“生产经营用固定资产”“非生产经营用固定资产”等明细账户。

【承例 10—3】 支付租赁资产的优惠购买价 500 元：

借：长期应付款——应付融资租赁款　　　　　　500

　　贷：银行存款　　　　　　　　　　　　　　　　500

将固定资产重新分类：

借：固定资产——生产经营用固定资产　　　　　920 000

　　贷：固定资产——融资租赁固定资产　　　　　　920 000

二、出租人对融资租赁业务的会计处理

(一)融资租赁出租人核算内容

1. 融资租赁中出租人的初始确认

在融资租赁中，伴随着租赁资产与所有权相关的风险和报酬的转移，出租人实际控制的资产减少，同时取得一项对承租人的债权。融资租赁出租人初始确认的核算包括以下内容：

(1)判断租赁的类型。在租赁期开始日，出租人必须先根据判断融资租赁的五个条件，判断本次租赁是融资租赁还是经营租赁。

(2)进行资产转移确认。在租赁期开始日，出租人应当将租赁开始日最低租赁收款额与初始直接费用之和作为应收融资租赁款的入账价值，同时记录未担保余值；将最低租赁收款额、初始直接费用及未担保余值之和与其现值之和的差额，确认为未实现融资收益。出租人在租赁期开始日按照上述规定转出租赁资产，租赁资产公允价值与其账面价值如有差额，应当计入当期损益。

(3)确认其他费用。在租赁期开始日，出租人应当同时记录未担保余值。

(4)确认未实现融资收益。在租赁期开始日，出租人应该将最低租赁收款额、初始直接费用及未担保余值之和与其现值之和的差额，确认为未实现融资收益。未实现融资收益应当在租赁期内各个期间进行分配。

2. 租金收取和融资收益的确认

对出租人来说，租赁期内租金的逐期收取相当于债权的分期收回和融资收益的逐期实现。出租人收取的租金既包括租赁资产的价值，也包括因提供融资租赁所取得的利息。按照我国会计准则规定，在租赁期开始日确定的未实现融资收益应当在租赁期内各个期间进行分配。出租人应当采用实际利率法计算确认当期的融资收入。出租人采用实际利率法分配未实现融资收益时，应当将租赁内含利率作为未实现融资收益的分配率。

3. 未担保余值的处理

我国会计准则规定，出租人至少应当于每年年度终了，对未担保余值进行复核。未担保余值复核后，应根据不同情况做下列处理：

(1)复核后，如未担保余值增加的，不做调整。

(2)有证据表明未担保余值已经减少的，应当重新计算租赁内含利率，将由此引起的租赁投资净额的减少，计入当期损益；以后各期，根据修正后的租赁投资净额和重新计算的租赁内含利率确认融资收入。租赁投资净额是融资租赁中最低租赁收款额及未担保余值之和与未实现融资收益之间的差额。

(3)已确认损失的未担保余值得以恢复的，应当在原已确认的损失金额内转回，并重新计算租赁内含利率；以后各期，根据修正后的租赁投资净额和重新计算的租赁内含利率确认融资收入。

4. 或有租金的处理

或有租金应当在实际发生时，计入当期损益。

(二)融资租赁出租人的账户设置

融资租赁出租人为核算融资租赁业务，应设置以下账户：

1. 应收融资租赁款

该账户用于反映出租人应收取的融资租赁租金。我国会计准则规定，在租赁期开始日，出租人应将最低租赁付款额作为应收融资租赁款的入账价值。

2. 融资租赁资产

该账户用于反映融资租出固定资产的入账价值。我国会计准则规定，在租赁期开始日，出租人应当将租赁资产公允价值与最低租赁付款额现值两者中较低者作为租出资产的入账价值。

3. 递延收益——未实现融资收益

该账户用于反映出租人未来应收取的融资收益。我国会计准则规定，在租赁期开始日，出租人应将租赁资产公允价值和最低租赁付款额两者的差额，作为未实现融资收益。

(三)融资租赁出租人核算举例

1. 出租人在租赁开始日的会计处理

【例 10－5】 资料同【例 10－3】，出租方的会计处理如下：

第一步，计算租赁内含利率。

最低租赁收款项＝租金×期数＋优惠购买价格

＝200 000×6＋500

＝1 200 500(元)

200 000×(P/A,8%,6)＋100×(P/A,8%,6)＝924 915(元)

根据这一等式，用插值法在多次测试的基础上，计算租赁内含利率为 8.18%。

第二步，计算租赁开始日最低租赁收款额及其现值和未实现融资收益。

本例中由于不存在担保余值，因此：

最低租赁收款额＝最低租赁付款额＝200 000×6＋500＝1 200 500(元)

最低租赁收款额现值＝924 915(元)

未实现融资收益＝(最低租赁收款额＋未担保余额)－(最低租赁收款额的现值＋未担保余值的现值)

＝1 200 500－924 915＝275 585(元)

第三步，编制会计分录。

2016 年 1 月 1 日：

借：应收融资租赁款　　1 200 500

　贷：融资租赁资产　　924 915

　　递延收益——未实现融资收益　　275 585

2. 租金收取和未实现融资收益的确认

【例 10－6】 续【例 10－3】，出租人对未实现融资收益的处理如下：

第一步，计算租赁期内各期应分配的未实现融资收益，见表 10－3。

表 10－3　**未实现融资收益分配表**

(实际利率法)

单位：元

日　期	租　金	确认的融资收入	投资净额减少额	投资净额余额
①	②	③＝⑤×8.18%	④＝②－③	⑤＝⑤－④
2016 年 1 月 1 日				924 915
2016 年 6 月 30 日	200 000	75 658.05	124 341.95	800 573.05
2016 年 12 月 31 日	200 000	65 486.88	134 513.12	666 059.93
2017 年 6 月 30 日	200 000	54 483.7	145 516.3	520 543.63
2017 年 12 月 31 日	200 000	42 580.47	157 419.53	363 124.1
2018 年 6 月 30 日	200 000	29 703.55	170 296.45	192 827.65
2018 年 12 月 31 日	200 000	7 672.35	192 327.65	500
合　计	1 200 000	200 100	699 900	100

第二步，编制会计分录。

2016 年 6 月 30 日，收到第一期租金时：

借：银行存款 200 000

贷：应收融资租赁款 200 000

同时：

借：递延收益——未实现融资收益 75 658.05

贷：主营业务收入——融资收入 75 658.05

2016 年 12 月 31 日，收到第二期租金时：

借：银行存款 200 000

贷：应收融资租赁款 200 000

同时：

借：递延收益——未实现融资收益 65 486.88

贷：主营业务收入——融资收入 65 486.88

2017 年 6 月 30 日，收到第三期租金时：

借：银行存款 200 000

贷：应收融资租赁款 200 000

同时：

借：递延收益——未实现融资收益 54 483.7

贷：主营业务收入——融资收入 54 483.7

2017 年 12 月 31 日，收到第四期租金时：

借：银行存款 200 000

贷：应收融资租赁款 200 000

同时：

借：递延收益——未实现融资收益 42 580.47

贷：主营业务收入——融资收入 42 580.47

2018 年 6 月 30 日，收到第五期租金时：

借：银行存款 200 000

贷：应收融资租赁款 200 000

同时：

借：递延收益——未实现融资收益 29 703.55

贷：主营业务收入——融资收入 29 703.55

2018 年 12 月 31 日，收到第六期租金时：

借：银行存款 200 000

贷：应收融资租赁款 200 000

同时：

借：递延收益——未实现融资收益 7 672.35

贷：主营业务收入——融资收入 7 672.35

3. 未担保余值的估价变动

我国会计准则规定，出租人应当至少于每年年度终了，对未担保余值进行复核。按谨慎原则，未担保余值增加的，不做调整；有证据表明未担保余值减少的，应当重新计算租赁的内含报酬率，将由此引起租赁投资净额的减少计入当期损益，以后各期根据修正后的租赁投资净额和重新计算的租赁内含报酬率确认融资收入。如以后年度已确认损失的未担保余值得以恢复，应当在原已确认的损失金额内转回，并再次重新计算租赁内含报酬率，以后各期根据修正后的租赁投资净额和重新计算的租赁内含报酬率确认融资收入。

4. 收取或有租金

我国会计准则规定，出租人收取或有租金，应当计入当期损益。

5. 租赁期满处理

融资租赁出租期满，根据承租人返还、优惠续租、留购等不同情况，出租人做不同的会计处理。

(1)承租人将租赁资产返还出租人。

承租人将租赁资产返还出租人，根据是否存在担保余值和未担保余值，可能有以下不同处理：

①存在担保余值，不存在未担保余值。

在这种情况下，出租人收到租赁资产时，应做会计处理如下：

借：融资租赁固定资产

　　贷：应收融资租赁款

②存在担保余值，同时存在未担保余值。

在这种情况下，出租人收到租赁资产时，应做会计处理如下：

借：融资租赁固定资产

　　贷：应收融资租赁款

　　　　未担保余值

③存在未担保余值，不存在担保余值。

在这种情况下，出租人收到租赁资产时，应做会计处理如下：

借：融资租赁固定资产

　　贷：未担保余值

④担保余值和未担保余值均不存在。

在这种情况下，出租人无须做账务处理，只需做相应的备查登记。

(2)优惠续租租赁资产。

承租人租赁到期后，选择优惠续租租赁资产，则出租人应视同该租赁业务一直存在，而作出相应会计处理。如在原租赁合同中，规定承租人放弃优惠租赁必须支付违约金的，则收取违约金时，出租人应做会计处理如下：

借：其他应收款

　　贷：营业外收入

同时，按返还的处理方式，进行收回租赁资产的会计处理。

(3)承租人留购租赁资产。

租赁期届满，承租人行使优惠购买选择权，留购融资租赁的固定资产，出租人应按收到的承租人支付的资产转让费，进行以下会计处理：

借：银行存款

　　贷：应收融资租赁款

第四节　售后租回

一、售后租回业务

售后租回是一种特殊的租赁方式，是设备的所有者先将自己拥有的设备卖给某一个企业（通常为租赁公司），形成一次买卖交易，然后再将该设备租回，形成一次租赁交易。在前一次交易中，交易双方的角色是卖方和买方；在后一次交易中，交易双方的角色是承租人和出租人。即在两次交易中，设备的卖方同时是设备的承租人，而设备的买方同时是设备的出租人。实际上，承租人只是利用这种连续的交易，在不影响对租赁资产的占有、使用、收益的前提下，将固定资产转变为流动资产，增强本企业资金的流动性，解决本企业资金不足的难题。

在售后租回中，资产出售和资产回租两项交易并非完全相互独立，而是密切联系，甚至可视为一项交易，所以，在会计核算中，也应遵循“实质重于形式”的原则，将两项交易联系起来进行会计处理。

我国会计准则规定，在租赁期开始日，承租人和出租人应当根据融资租赁和经营租赁划分的相关规定，将售后租回交易认定为融资租赁或经营租赁。

二、售后租回交易形成融资租赁

售后租回交易认定为融资租赁的，售价与资产账面价值之间的差额应当予以递延，并按照该项租赁资产的折旧进度进行分摊，作为折旧费用的调整。

【例 10－6】　假设 2017 年 1 月 1 日，A 公司将一台锻压设备按 100 万元的价格销售给 B 公司，该机器账面原价为 140 万元，已提折旧 50 万元。同时，双方又签订了一份融资租赁协议，A 公司将设备租回使用。假设该设备租回后尚可使用 5 年。不考虑其他税费的影响。

A 公司对售后租回交易中售价与资产账面价值的差额的会计处理如下：

(1)2017 年 1 月 1 日，结转出售的固定资产。

借：固定资产清理	900 000	
累计折旧	500 000	
贷：固定资产——锻压设备		1 400 000

(2)2017 年 1 月 1 日，向 B 公司出售设备。

借：银行存款	1 000 000	
贷：固定资产清理		900 000
递延收益——未实现售后租回损益		100 000

(3)2017 年 12 月 31 日，确认本年度应分摊的未实现售后租回损益。

借：递延收益——未实现售后租回损益	20 000	
贷：制造费用——折旧费		20 000

其他会计分录略。

三、售后租回交易形成经营租赁

售后租回交易认定为经营租赁的，售价与资产账面价值之间的差额应当予以递延，并在租赁期内按照与确认租金费用相一致的方法进行分摊，作为租金费用的调整。但是，有确凿证据表明售后租回交易是按照公允价值达成的，售价与资产账面价值之间的差额，应当计入当期损益。

【例 10—8】 2015 年 1 月 1 日，A 公司将一幢全新的办公用房以 650 000 元价格出售给 B 公司，该设备 2015 年 1 月 1 日的账面价值为 600 000 元，并立即签订一份租赁合同，确定对办公用房租赁 3 年。租赁开始日 A 公司一次性向 B 公司预付租金 34 000 元，第一年末支付租金 30 000 元，第二年末支付租金 30 000 元，第三年末支付租金 5 000 元。租赁期满后，预付租金不退回。B 公司拥有办公用房的所有权。

1. A 公司(卖方和承租人)的会计核算

(1)判断租赁性质。

该项租赁不符合融资租赁的条件，应作为售后租回的经营租赁核算。

(2)计算未实现售后租回损益。

未实现售后租回损益＝售价－资产账面价值

＝650 000－600 000

＝50 000(元)

未实现售后租回损益应在租赁期内按租金支付比例分摊，见表 10—4。

表 10—4 **未实现售后租回损益分摊表** 单位：元

日　期	售　价	固定资产账面价值	支付的租金	租金支付比例	摊销额	未实现售后租回收益
2015 年 1 月 1 日	650 000	600 000				50 000
2015 年 12 月 31 日			64 000	64.64%	32 320	17 680
2016 年 12 月 31 日			30 000	30.30%	15 150	2 530
2017 年 12 月 31 日			5 000	5.06%	2 530	0
合　计	650 000	600 000	99 000	100%	50 000	

(3)编制会计分录。

①2015 年 1 月 1 日，向 B 公司出售办公用房时：

借：银行存款　　650 000

　贷：固定资产清理　　600 000

　　未实现融资收益——售后租回(经营租赁)　　50 000

同时结转固定资产出售成本：

借：固定资产清理　　600 000

　贷：固定资产——办公用房　　600 000

②2015 年 12 月 31 日，确认本年应分摊的未实现售后租回收益时：

借：未实现融资收益——售后租回(经营租赁)　　32 320

　贷：管理费用——租赁费　　32 320

2015 年 1 月 1 日，预付租金时：

借：长期待摊费用　　34 000

　贷：银行存款　　34 000

2015年12月31日，分摊租金时：

借：管理费用　33 000

　　贷：银行存款　30 000

　　　　长期待摊费用　3 000

③2016年12月31日，支付租金时：

借：管理费用　33 000

　　贷：银行存款　30 000

　　　　长期待摊费用　3 000

确认本年应分摊的未实现售后租回收益时：

借：未实现融资收益——售后租回(经营租赁)　15 150

　　贷：管理费用——租赁费　15 150

④2017年12月31日，支付租金时：

借：管理费用　33 000

　　贷：银行存款　5 000

　　　　长期待摊费用　28 000

确认本年应分摊的未实现售后租回收益时：

借：未实现融资收益——售后租回(经营租赁)　2 530

　　贷：管理费用——租赁费　2 530

2. B公司(买方和出租人)的会计核算

(1)2015年1月1日，购入办公用房时：

借：固定资产——办公用房　650 000

　　贷：银行存款　650 000

(2)收取租金的核算。

①2015年1月1日，预收租金时：

借：银行存款　34 000

　　贷：其他应收款　34 000

②2015年12月31日，分摊租金时：

借：银行存款　30 000

　　其他应收款　3 000

　　贷：其他业务收入——经营租赁收入　33 000

③2016年12月31日，分摊租金时：

借：银行存款　30 000

　　其他应收款　3 000

　　贷：其他业务收入——经营租赁收入　33 000

④2017年12月31日，分摊租金时：

借：银行存款　5 000

　　其他应收款　28 000

　　贷：其他业务收入——经营租赁收入　33 000

(3)计提折旧的核算。

经营租赁出租办公房原值650 000元，预计使用年限25年，按直线法计提折旧，每年应提取折旧：

650 000÷25＝26 000(元)

每年末提取折旧的会计分录如下：

借：其他业务成本——经营租赁成本　　26 000

　贷：累计折旧　　26 000

第五节　租赁业务列报

一、融资租赁业务列报

(一)融资租赁承租人列报

1. 承租人应当在资产负债表中，将与融资租赁相关的长期应付款减去未确认融资费用的差额，分别"长期负债"和"一年内到期的长期负债"列示。

2. 承租人应当在附注中披露与融资租赁有关的下列信息：

(1)各类租入固定资产的期初和期末原价、累计折旧额。

(2)资产负债表日后连续3个会计年度每年将支付的最低租赁付款额，以及以后年度将支付的最低租赁付款额总额。

(3)未确认融资费用的余额，以及分摊未确认融资费用所采用的方法。

(二)融资租赁出租人列报

1. 出租人应当在资产负债表中，将应收融资租赁款减去未实现融资收益的差额，作为"长期债权"列示。

2. 出租人应当在附注中披露与融资租赁有关的下列信息：

(1)资产负债表日后连续3个会计年度每年将支付的不可撤销经营租赁的最低租赁付款额。

(2)以后年度将支付的不可撤销经营租赁的最低租赁付款额总额。

二、经营租赁业务列报

出租人对经营租赁，应当披露各类租出资产的账面价值。

三、售后租回业务列报

承租人和出租人应当披露各售后租回交易以及售后租回合同中的重要条款。

以渤海金控投资股份有限公司(股票代码000415)2015年度报告为例，简单说明租赁列报的情况。

渤海金控投资股份有限公司原名渤海租赁股份有限公司，其前身为新疆汇通(集团)股份有限公司，于1993年8月成立，营业期限为32年。该公司所发行人民币普通股A股已在深圳证券交易所上市。该公司总部位于新疆维吾尔自治区乌鲁木齐市黄河路93号汇通大厦。

在渤海金控投资股份有限公司2015年12月31日财务报表附注注释中，可以看到以下内容：

五、合并财务报表主要项目注释(续)

10. 长期应收款

	2015 年 12 月 31 日	2014 年 12 月 31 日
应收融资租赁款(注 1)	42 313 718	32 398 975
对第三方的贷款(注 2)	18 294	14 873
	42 332 012	32 413 848
减:一年内到期的应收融资租赁款(附注五、7)	11 161 430	7 456 139
减:应收融资租赁款坏账准备	171 783	100 482
	30 998 799	24 857 227

本集团采用的折现率区间为:5.50%～12.28%(2014 年:6.35%～11.95%)。

注 1:应收融资租赁款

	2015 年 12 月 31 日	2014 年 12 月 31 日
最低租赁收款额	50 638 921	41 409 605
减:未实现融资收益	9 016 590	9 559 976
加:未担保余值	691 387	549 346
应收融资租赁款	42 313 718	32 398 975

应收融资租赁款按到期日所做的期限分析如下:

	2015 年 12 月 31 日	2014 年 12 月 31 日
1 年以内	11 169 872	7 457 559
1～2 年	8 893 059	6 759 103
2～3 年	7 852 137	4 898 041
3 年以上	14 398 650	13 284 272
	42 313 718	32 398 975
减:长期应收款融资租赁坏账准备	171 783	100 482
减:一年内到期的应收融资租赁款净值	11 161 430	7 456 139
	30 980 505	24 842 354

注 2:该款项为借给第三方用于购买飞机形成的相关应收款项,采用实际利率法计算摊销金额。

长期应收款坏账准备全部是针对应收融资租赁款计提的,其变动如下:

	年初余额	本年计提	本年转回	转销	非同一控制下企业合并	外币报表折算差额	年末余额
2015 年	100 482	98 773	(16 412)	(29 468)	16 814	1 594	171 783
2014 年	25 497	82 413	(7 468)	—	—	40	100 482

于 2015 年 12 月 31 日,长期应收款余额前五名如下:

	金额	占长期应收款总额的比例(%)	计提坏账准备的期末余额
客户 1	4 374 000	14	—
客户 2	1 890 793	6	—
客户 3	1 600 190	5	—
客户 4	1 417 614	5	—
客户 5	661 619	2	—
	9 944 216	32	—

于2014年12月31日，长期应收款余额前五名如下：

	金额	占长期应收款总额的比例(%)	计提坏账准备的期末余额
客户1	4 626 125	19	—
客户2	1 980 190	8	—
客户3	1 574 287	6	—
客户4	812 192	3	—
客户5	604 212	2	—
	9 597 006	38	—

于2015年12月31日，本集团长期借款余额人民币11 932 656千元(2014年：人民币10 829 224千元)由应收融资租赁款余额人民币14 105 186千元(2014年：人民币16 684 177千元)质押取得，参见附注五、31。

在渤海金控投资股份有限公司2015年12月31日财务报表附注第十三项"其他重要事项"中可以看到以下内容：

十三、其他重要事项

3. 租赁

作为出租人：

融资租赁：

于2015年12月31日，未实现融资收益的余额为人民币9 016 590千元(2014年12月31日：人民币9 559 976千元)，采用实际利率法在租赁期内各个期间进行分摊。

根据与承租人签订的租赁合同，不可撤销租赁的最低租赁收款额如下：

剩余租赁期	2015年12月31日	2014年12月31日
1年以内(含1年)	13 247 192	9 498 623
1～2年以内(含2年)	10 686 627	8 429 959
2～3年以内(含3年)	9 137 584	6 095 167
3年以上	17 567 518	17 385 856
	50 638 921	41 409 605

经营租赁：

根据与承租人签订的租赁合同，不可撤销租赁的最低租赁收款额如下：

剩余租赁期	2015年12月31日	2014年12月31日
1年以内(含1年)	5 699 926	3 187 211
1～2年以内(含2年)	4 760 641	2 673 374
2～3年以内(含3年)	3 880 256	2 045 061
3年以上	16 035 353	6 267 442
	30 376 176	14 173 088

作为承租人：

重大经营租赁：

根据与出租人签订的租赁合同，不可撤销租赁的最低租赁付款额如下：

剩余租赁期	2015 年 12 月 31 日	2014 年 12 月 31 日
1 年以内(含 1 年)	33 367	29 243
1～2 年以内(含 2 年)	16 825	14 637
2～3 年以内(含 3 年)	13 765	6 076
3 年以上	37 744	10 144
	101 701	60 100

本章小结

本章在介绍租赁特点及相关概念的基础上，详细介绍了从承租人及出租人角度对经营租赁、融资租赁的会计处理以及售后租回特殊租赁业务的会计核算。本章简要介绍了租赁业务在财务报告中的列报内容。

第十一章 企业财务困境

本章学习目标

通过本章的学习，要求熟悉债务重组的方式，掌握债务重组的会计处理，熟悉破产会计的特点及基本理论，掌握破产清算的会计处理。

第一节 财务困境及其补救措施

财务困境又称财务危机，是企业无力支付或偿还到期债务或费用的一种经济现象，包括由于资金管理失败造成的技术意义上的无偿付能力，以及由于企业决策失误或者经营不善造成的无偿付能力。财务困境不仅会使企业面临破产的威胁，也会使企业的所有者、债权人和其他相关利益主体蒙受巨大的损失。

财务困境在很大程度上阻碍了企业的生存、发展和获利，增加了信用机构的风险，威胁着投资者的利益，甚至严重阻碍着整个国家的经济运行。随着经济的发展，我国企业在激烈竞争的市场环境中也必然面临财务困境的挑战。

我国企业财务困境形成的原因主要受宏观因素和微观因素的影响。宏观方面受到国家宏观经济环境及政策的影响、体制因素的影响、行业因素的影响；微观方面主要有投资决策失误、经营者自身经营能力有限、债务负担过重引发的财务杠杆负效应、资产的流动性差等导致的财务困境。在真正进入财务困境之前，企业往往会表现出一些征兆，如长期亏损或微利、现金流量严重不足、财务状况不断恶化等。

债务企业若无法从内部解决其财务困难问题，则可以通过与债权人直接协商而获得救济，即债务重组；也可以向人民法院提出自愿性破产申请，或者由债权人向人民法院提出强制性破产申请，即进入破产清算程序。本章讨论企业在发生财务困境时的债务重组和破产清算。

第二节 债务重组

一、债务重组的定义

在市场经济条件下，由于竞争激烈、环境变化等各种因素的影响，有些企业可能会出现一些暂时性或严重的财务困难，致使资金周转不灵，难以按期偿还债务。在这种情况下，作为债权人，一种方式是可以通过法律程序，要求债务人破产，以清偿债务；另一种方式，可以通过互相协商，以债务重组的方式，债权人作出某些让步，使债务人减轻负担，度过难关。

债务重组是指在债务人发生财务困难的情况下，债权人按照其与债务人达成的协议或者法院的裁定作出让步的事项。债务重组定义中的“债务人发生财务困难”，是指债务人出现资金周转困难或经营陷入困境，导致其无法或者没有能力按原定条件偿还债务；“债权人作出让步”，是指债权人同意发生财务困难的债务人现在或者将来以低于重组债务账面价值的金额或者价值偿还债务。“债权人作出让步”的情形主要包括：债权人减免债务人部分债务本金或者利息，降低债务人应付债务的利率等。债务人发生财务困难是债务重组的前提条件，而债权人作出让步是债务重组的必要条件。

知识链接

认定债务重组的条件有两个：一是债务人发生财务困难，二是债权人作出让步。如果债务人发生财务困难，而债权人没有作出让步，则不属于债务重组。例如，2017年3月31日，甲公司应收乙公司的一笔货款500万元到期，由于乙公司发生财务困难，该笔货款预计短期内无法收回。甲公司已为该项债权计提坏账准备100万元。当日，甲公司就该债权与乙公司进行协商。甲公司要求乙公司以现金100万元和公允价值为400万元的无形资产偿还，协商中甲公司并没有作出让步，则不属于债务重组。

二、债务重组的方式

债务重组主要有以下几种方式：

1. 以资产清偿债务，是指债务人转让其资产给债权人以清偿债务的债务重组方式。债务人通常用于偿债的资产主要有现金、存货、金融资产、固定资产、无形资产等。这里的“现金”，是指货币资金，即库存现金、银行存款和其他货币资金。在债务重组的情况下，以现金清偿债务，通常是指以低于债务的账面价值的现金清偿债务，如果以等量的现金偿还所欠债务，则不属于本章所指的债务重组。

2. 债务转为资本，是指债务人将债务转为资本，同时债权人将债权转为股权的债务重组方式。但债务人根据转换协议，将应付可转换公司债券转为资本的，则属于正常情况下的债务转资本，不能作为债务重组处理。债务转为资本时，对股份有限公司而言，是将债务转为股本；对其他企业而言，是将债务转为实收资本。债务转为资本的结果是，债务人因此而增加股本（或实收资本），债权人因此而增加股权。

3. 修改其他债务条件，是指修改不包括上述第1、第2种情形在内的债务条件进行债务重组的方式，如减少债务本金、降低利率、免去应付未付的利息等。

4. 以上三种方式的组合，是指采用以上三种方法共同清偿债务的债务重组形式。例如，以转让资产清偿某项债务的一部分，另一部分债务通过修改其他债务条件进行债务重组。主要包括以下可能的方式：

（1）债务的一部分以资产清偿，另一部分则转为资本；

（2）债务的一部分以资产清偿，另一部分则修改其他债务条件；

(3)债务的一部分转为资本,另一部分则修改其他债务条件;

(4)债务的一部分以资产清偿,一部分转为资本,另一部分则修改其他债务条件。

三、债务重组的会计处理

(一)以资产清偿债务

在债务重组中,企业以资产清偿债务的,通常包括以现金清偿债务和以非现金资产清偿债务等方式。

1. 以现金清偿债务

债务人以现金清偿债务的,债务人应当将重组债务的账面价值与支付的现金之间的差额确认为债务重组利得,作为营业外收入,计入当期损益,其中,相关重组债务应当在满足金融负债终止确认条件时予以终止确认。债务人以现金清偿债务的,债权人应当将重组债权的账面余额与收到的现金之间的差额确认为债务重组损失,作为营业外支出,计入当期损益,其中,相关重组债权应当在满足金融资产终止确认条件时予以终止确认。重组债权已经计提减值准备的,应当先将上述差额冲减已计提的减值准备,冲减后仍有损失的,计入营业外支出(债务重组损失);冲减后减值准备仍有余额的,应予转回并抵减当期资产减值损失。

2. 以非现金资产清偿某项债务

债务人以非现金资产清偿某项债务的,债务人应当将重组债务的账面价值与转让的非现金资产的公允价值之间的差额确认为债务重组利得,作为营业外收入,计入当期损益,其中,相关重组债务应当在满足金融负债终止确认条件时予以终止确认。转让的非现金资产的公允价值与其账面价值的差额作为转让资产损益,计入当期损益。债务人在转让非现金资产的过程中发生的一些税费,如资产评估费、运杂费等,直接计入转让资产损益。对于增值税应税项目,如果债权人不向债务人另行支付增值税,则债务重组利得应为转让非现金资产的公允价值和该非现金资产的增值税销项税额与重组债务账面价值的差额;如果债权人向债务人另行支付增值税,则债务重组利得应为转让非现金资产的公允价值与重组债务账面价值的差额。债务人以非现金资产清偿某项债务的,债权人应当对受让的非现金资产按其公允价值入账,重组债权的账面余额与受让的非现金资产的公允价值之间的差额,确认为债务重组损失,作为营业外支出,计入当期损益,其中,相关重组债权应当在满足金融资产终止确认条件时予以终止确认。重组债权已经计提减值准备的,应当先将上述差额冲减已计提的减值准备,冲减后仍有损失的,计入营业外支出(债务重组损失);冲减后减值准备仍有余额的,应予转回并抵减当期资产减值损失。对于增值税应税项目,如果债权人不向债务人另行支付增值税,则增值税进项税额可以作为冲减重组债权的账面余额处理;如果债权人向债务人另行支付增值税,则增值税进项税额不能作为冲减重组债权的账面余额处理。

债权人收到非现金资产时发生的有关运杂费等,应当计入相关资产的价值。

(1)以库存材料、商品产品抵偿债务。

债务人以库存材料、商品产品抵偿债务,应视同销售进行核算。企业可将该项业务分为两部分:一是将库存材料、商品产品出售给债权人,取得货款。出售库存材料、商品产品业务与企业正常的销售业务处理相同,其发生的损益计入当期损益。二是以取得的货币清偿债务。当然,在这项业务中,实际上并没有发生相应的货币流入与流出。

【例 11－1】 甲公司欠乙公司货款 400 000 元。由于甲公司财务发生困难，短期内不能支付已于 2016 年 6 月 1 日到期的货款。2016 年 8 月 1 日，经双方协商，乙公司同意甲公司以其生产的产品偿还债务。该产品的公允价值为 250 000 元，实际成本为 100 000 元。甲公司为增值税一般纳税人，适用的增值税税率为 17%。乙公司于 2016 年 9 月 1 日收到甲公司抵债的产品，并作为库存商品入库；乙公司对该应收账款计提了 60 000 元的坏账准备。

(1)甲公司的账务处理。

①计算债务重组利得。

应付账款的账面余额	400 000
减：所转让产品的公允价值	250 000
增值税销项税额(250 000×17%)	42 500
债务重组利得	107 500

②应编制会计分录如下：

借：应付账款　　400 000

　贷：主营业务收入　　250 000

　　应交税费——应交增值税(销项税额)　　42 500

　　营业外收入——债务重组利得　　107 500

借：主营业务成本　　100 000

　贷：库存商品　　100 000

本例中，甲公司销售产品取得的利润体现在营业利润中，债务重组利得作为营业外收入处理。

(2)乙公司的账务处理。

①计算债务重组损失。

应收账款账面余额	400 000
减：受让资产的公允价值	250 000
增值税进项税额	42 500
差额	107 500
减：已计提坏账准备	60 000
债务重组损失	47 500

②应编制会计分录如下：

借：库存商品　　250 000

　应交税费——应交增值税(进项税额)　　42 500

　坏账准备　　60 000

　营业外支出——债务重组损失　　47 500

　贷：应收账款　　400 000

(2)以固定资产抵偿债务。

债务人以固定资产抵偿债务，应将固定资产的公允价值与该项固定资产账面价值和清理费用的差额作为转让固定资产的损益处理。同时，将固定资产的公允价值与应付债务的账面价值的差额，作为债务重组利得，计入营业外收入。债权人收到的固定资产，应按公允价值计量。

(3)以股票、债券等金融资产抵偿债务。

债务人以股票、债券等金融资产清偿债务，应按相关金融资产的公允价值与其账面价值的差额，作为转让金融资产的利得或损失处理；相关金融资产的公允价值与重组债务的账面价值的差额，作为债务重组利得。债权人收到的相关金融资产，应按公允价值计量。

（二）债务转为资本

以债务转为资本方式进行债务重组的，债务人和债权人应分别以下情况处理：

1. 债务人为股份有限公司时，债务人应将债权人因放弃债权而享有股份的面值总额确认为股本，股份的公允价值总额与股本之间的差额确认为资本公积。重组债务的账面价值与股份的公允价值总额之间的差额确认为债务重组利得，计入当期损益。债务人为其他企业时，债务人应将债权人因放弃债权而享有的股权份额确认为实收资本，股权的公允价值与实收资本之间的差额确认为资本公积。重组债务的账面价值与股权的公允价值之间的差额作为债务重组利得，计入当期损益。

2. 债务人将债务转为资本，即债权人将债权转为股权。在这种方式下，债权人应将重组债权的账面余额与因放弃债权而享有的股权的公允价值之间的差额，先冲减已提取的减值准备，减值准备不足冲减的部分，或未提取减值准备的，将该差额确认为债务重组损失。同时，债权人应将因放弃债权而享有的股权按公允价值计量。发生的相关税费，分别按照长期股权投资或者金融工具确认和计量等准则的规定进行处理。

（三）修改其他债务条件

以修改其他债务条件进行债务重组的，债务人和债权人应分别以下情况处理：

1. 不附或有条件的债务重组

不附或有条件的债务重组，是指在债务重组中不存在或有应付（或应收）金额，该或有条件需要根据未来某种事项出现而发生的应付（或应收）金额，并且该未来事项的出现具有不确定性。不附或有条件的债务重组，债务人应将修改其他债务条件后债务的公允价值作为重组后债务的入账价值。重组债务的账面价值与重组后债务的入账价值之间的差额，计入当期损益。以修改其他债务条件进行债务重组，如修改后的债务条款不涉及或有应收金额，则债权人应当将修改其他债务条件后债权的公允价值作为重组后债权的账面价值。重组债权的账面余额与重组后债权账面价值之间的差额确认为债务重组损失，计入当期损益。如果债权人已对该项债权计提了减值准备，应当首先冲减已计提的减值准备，减值准备不足以冲减的部分，作为债务重组损失，计入营业外支出。

【例 11－2】 甲公司 2015 年 12 月 31 日应收乙公司票据的账面余额为 65 400 元，其中，5 400元为累计未付的利息，票面年利率为 4%。由于乙公司连年亏损，资金周转困难，不能偿付应于 2015 年 12 月 31 日前支付的应付票据。经双方协商，于 2016 年 1 月 5 日进行债务重组。甲公司同意将债务本金减至 50 000 元；免去债务人所欠的全部利息；将利率从 4%降低到 2%（等于实际利率），并将债务到期延至 2017 年 12 月 31 日，利息按年支付。该项债务重组协议自签订日起开始实施。甲、乙公司已将应收、应付票据转入应收、应付账款。甲公司已为该项应收账款计提了 5 000 元坏账准备。

(1)乙公司的账务处理。

①计算债务重组利得。

应付账款的账面余额	65 400
减：重组后债务公允价值	50 000
债务重组利得	15 400

②债务重组日的会计分录：

借：应付账款 65 400

  贷：应付账款——债务重组 50 000

    营业外收入——债务重组利得 15 400

③2016 年 12 月 31 日，支付利息时：

借：财务费用 1 000

  贷：银行存款(50 000×2%) 1 000

④2017 年 12 月 31 日，偿还本金和最后一年利息时：

借：应付账款——债务重组 50 000

  财务费用 1 000

  贷：银行存款 51 000

(2)甲公司的账务处理。

①计算债务重组损失。

应收账款账面余额	65 400
减：重组后债权公允价值	50 000
差额	15 400
减：已计提坏账准备	5 000
债务重组损失	10 400

②债务重组日的会计分录：

借：应收账款——债务重组 50 000

  营业外支出——债务重组损失 10 400

  坏账准备 5 000

  贷：应收账款 65 400

③2016 年 12 月 31 日，收到利息时：

借：银行存款 1 000

  贷：财务费用(50 000×2%) 1 000

④2017 年 12 月 31 日，收到本金和最后一年利息时：

借：银行存款 51 000

  贷：财务费用 1 000

    应收账款 50 000

2. 附或有条件的债务重组

附或有条件的债务重组，是指在债务重组协议中附或有应付条件的重组。或有应付金额，是指依未来某种事项出现而发生的支出。未来事项的出现具有不确定性。例如，债务重组协议规定："将××公司债务 1 000 000 元免除 200 000 元，剩余债务展期 2 年，并按 2%的年利率计收利息。如该公司一年后盈利，则自第二年起将按 5%的利率计收利息。"根据此项债务重组协议，债务人依未来是否盈利而发生的 24 000 元(800 000×3%)支出，即为或有应付金额。但债务人是否盈利，在债务重组时不能确定，即具有不确定性。

附或有条件的债务重组，对于债务人而言，以修改其他债务条件进行的债务重组，修改后的债务条款如涉及或有应付金额，且该或有应付金额符合或有事项中有关预计负债确认条件的，债务人应当将该或有应付金额确认为预计负债。重组债务的账面价值与重组后债务的入账价值和预计负债金额之和的差额，作为债务重组利得，计入营业外收入。需要说明的是，在附或有支出的债务重组方式下，债务人应当在每期末，按照或有事项确认和计量要求，确定其最佳估计数，期末所确定的最佳估计数与原预计数的差额，计入当期损益。

对债权人而言，以修改其他债务条件进行债务重组，修改后的债务条款中涉及或有应收金额的，不应当确认或有应收金额，不得将其计入重组后债权的账面价值。或有应收金额属于或有资产，或有资产不予确认。只有在或有应收金额实际发生时，才计入当期损益。

(四)以上三种方式的组合方式

以上三种方式的组合方式进行债务重组，主要有以下几种情况：

1. 以现金、非现金资产两种方式的组合清偿某项债务的，重组债务的账面价值与支付的现金、转让的非现金资产的公允价值的差额，作为债务重组利得。非现金资产的公允价值与其账面价值的差额，作为转让资产损益。

债权人重组债权的账面价值与收到的现金、受让的非现金资产的公允价值，以及已提减值准备的差额，作为债务重组损失。

2. 以现金、债务转为资本两种方式的组合清偿某项债务的，重组债务的账面价值与支付的现金、债权人因放弃债权而享有的股权的公允价值的差额，作为债务重组利得。股权的公允价值与股本(或实收资本)的差额，作为资本公积。

债权人重组债权的账面价值与收到的现金、因放弃债权而享有的公允价值，以及已提减值准备的差额，作为债务重组损失。

3. 以非现金资产、债务转为资本两种方式的组合清偿某项债务的，重组债务的账面价值与转让非现金资产的公允价值、债权人因放弃债权而享有股权的公允价值的差额，作为债务重组利得。非现金资产的公允价值与账面价值的差额，作为转让资产损益；股权的公允价值与股本(或实收资本)的差额，作为资本公积。

债权人重组债权的账面价值与受让的非现金资产的公允价值、因放弃债权而享有股权的公允价值，以及已提减值准备的差额，作为债权重组损失。

4. 以现金、非现金资产、债务转为资本三种方式的组合清偿某项债务的，重组债务的账面价值与支付的现金、转让的非现金资产的公允价值、债权人因放弃债权而享有股权的公允价值的差额，作为债务重组利得。非现金资产的公允价值与其账面价值的差额，作为转让资产损益；股权的公允价值与股本(或实收资本)的差额，作为资本公积。

债权人重组债权的账面价值与收到的现金、受让的非现金资产的公允价值、因放弃债权而享有股权的公允价值，以及已提减值准备的差额，作为债权重组损失。

5. 以资产、债务转为资本等方式清偿某项债务的一部分，并对该项债务的另一部分以修改其他债务条件进行债务重组。在这种方式下，债务人应先以支付的现金、转让的非现金资产的公允价值、债权人因放弃债权而享有股权的公允价值冲减重组债务的账面价值，余额与重组后债务的公允价值进行比较，据此计算债务重组利得。债权人因放弃债权而享有股权的公允价值与股本(或实收资本)的差额，作为资本公积；非现金资产的公允价值与其账面价值的差额，作为转让资产损益，于当期确认。

债权人应先以收到的现金、受让非现金资产的公允价值、因放弃债权而享有股权的公允价值冲减重组债权的账面价值，差额与重组后债务的公允价值进行比较，据此计算债务重组损失。

课堂思考

债务方的债务重组收益和债权方的债务重组损失金额如何确定?

第三节　破产清算

破产清算会计是财务会计的一个重要分支,它以宣告破产企业为会计主体,对其破产清算期间的各经济事项进行确认、计量、记录和报告,以反映破产企业的资产对债务清偿过程和结果的一种专门会计。

一、破产会计的特点

破产会计也称破产清算会计,它是服务于企业破产这样一个特定法律状态和法律程序的。因此,破产会计相对于企业财务会计而言,具有一些显著的特点。

(一)特殊的会计目标

企业会计的目标是向会计信息使用者提供能够反映企业在各会计分期的财务状况、经营成果和现金流量情况的会计信息,帮助会计信息使用者进行有效的决策。而破产清算会计的目的在于对破产企业在宣告破产后,其财产的处理情况及其对债务偿还情况的核算和报告,从而能够有效地管理破产过程,维护债权人、债务人和出资人各方的合法权益。

(二)计量基础变化

企业会计的计量属性,主要是历史成本,只是对于一些特殊项目,会计准则规定可以使用公允价值等计量属性。但是,破产会计关注的是现有财产的现时价值对现时债务的偿还程度,因而计量属性以公允价值为基础,从而更好地反映破产企业财产的现时价值。

(三)财务报告体系变化

企业会计的报告体系主要是"四表一注",即资产负债表、利润表、现金流量表、所有者权益变动表和附注。由于会计信息的核算过程、核算内容和报告目标都发生了显著的变化,破产会计的财务报告体系一般包括:清算日的财务状况评估表,破产清算完成日的现金收支表、变现及偿债情况表。

知识链接

债务重组会计仍是以持续经营假设为基础,而破产清算会计以破产企业为会计主体,以终止经营假设为基础,相对应的计量基础也会发生变化。

二、破产会计的基本理论

(一)破产会计核算的前提

1. 破产主体假设

企业被宣告破产后便丧失了法人主体资格,由委托人行使破产企业法人主体职权,负责破产财产的保管、清理、估价、处理和分配等。尽管仍需要区分破产企业与其他企业、债权人以及投资者的界限，以正确反映清算过程和结果，但作为会计核算的单位，委托人实际上代替了破产前的会计主体。

2. 终止经营假设

持续经营假设是指企业或者会计主体的生产经营活动将无限期地延续下去，在可以预见的将来不会进行清算、倒闭，它是企业会计对正常的经营活动进行会计核算的前提。企业会计对会计要素的确认、计量和报告都是在这一假设的基础上。

但是，企业宣告破产后，经营终止，持续经营假设基础上的一些公认的会计处理程序和方法不能继续应用。企业进入法定的破产程序后，应确认终止经营假设，并形成以此为前提的会计核算和报告形式。可以说，破产清算会计应建立在终止经营假设的基础上，并在这一假设的基础上反映资产的估价、变现和债务的偿还等行为。

3. 不固定的会计期间

会计分期假设是指将企业持续不断的生产经营活动分割为既定的期间，据以结算账目，编制财务报表，向有关各方及时提供反映该期间企业经营情况的财务信息。在会计分期假设的基础上，产生了本期与非本期的区别，并由此产生了权责发生制和收付实现制；在会计处理上，产生了预收、预付、应收、应付和摊销等特殊方法。企业进入破产程序后，在终止经营假设的基础上，破产企业没有再进行分期核算经营成果和报告的必要。

宣告破产日至破产程序完成日，就是法律意义上的破产清算期间，破产会计的目的就是服务于这个期间，因此，没有必要再去划分其他的会计期间。但是，这一会计期间具有不固定性，它取决于破产宣告日的时日、破产清算程序实施期间的长短以及破产管理人对破产企业的清算进度。也正是由于这样的原因，在这个不确定的期间内，破产会计核算是一次性的，不存在持续性和周期性的核算。

(二)破产会计核算的原则

企业进入破产程序后，在终止经营的前提下，资产的计价应全面采用公允价值，以真实反映资产的价值；同时，由于持续经营假设受到了冲击，会计分期已无必要，因此，权责发生制基础也失去了存在的必要；企业破产后，企业没有正常的经营活动，也就没有必要分期考核经营成果，只有清算期结束后的最终清算损益才有实际意义。破产会计核算原则既应符合客观性、及时性、明晰性、重要性等会计核算的要求，又形成了一些破产会计特有的原则，以规范破产会计行为，维护债权人、债务人及投资人的合法权益，保证破产会计核算的质量。

1. 合法性原则

破产会计应以法律规定为准绳，严格按照《破产法》《公司法》《民法通则》《民事诉讼法》等规定组织破产会计核算，对破产财产进行合法处置。

2. 公正性原则

破产企业的清算不但涉及债权人、债务人、投资人的利益，而且关系到破产企业职工的切身利益。这就要求破产会计工作坚持公正性原则，不偏不倚地反映破产状况，正确处理经济问题和分配财产，以维护债权人、债务人和投资人的合法权益。

3. 收付实现制原则

终止经营假设决定了破产企业以收付实现制取代权责发生制对收入和费用进行确认，即以实际收到现金或实际付出现金为标准确认收入和费用。

4. 可变现净值原则

为了最大限度地保护债权人的利益，并兼顾债务人的利益，需要对破产企业的全部财产按可变现净值进行重新计价，而不论其破产清算前的账面价值是多少。

5. 划分破产费用与非破产费用原则

企业在破产清算过程中，也会发生各种费用，包括破产财产管理、变卖费用，破产案件诉讼费用，债权人申报债权费用等，这些费用的支付直接关系到债权人的切身利益，因此，应正确划分破产费用和非破产费用。凡是为破产债权人的共同利益而支付的费用，应属于破产费用，从破产财产中支付；凡是债权人为个人利益而支付的费用，应属于非破产费用，不应从破产财产中支付。

6. 对等偿债原则

在破产清算会计中，应依据《破产法》的有关规定，正确区分不同性质的债务，如担保债务、抵销债务、优先偿付债务、破产债务等，并分别按其债务与相应资产的对等关系、依据一定的顺序偿付各种债务，如以担保资产偿付担保债务，以抵销资产偿付抵销债务，以破产财产偿付优先偿付债务后再偿付破产债务。这一原则能够充分维护不同债权人的合法权益。

课堂思考

由于破产会计的特殊性，如何进行破产清算的会计处理？

三、破产清算的会计处理

企业被宣告破产，持续经营假设实际上被打破，持续经营假设基础上的一些公认的会计处理程序和方法失去了存在的基础。破产企业采用一系列与持续经营假设下不同的会计处理程序和方法。

（一）企业破产清算的会计处理程序

1. 自宣告破产至清算组接管期间，破产企业的会计工作内容主要有以下三项：

（1）清算企业财产及债权、债务；

（2）按办理年度决算的要求，进行有关会计处理，结平各损益类账户和本年利润账户，并编制宣告破产日的账户余额表、资产负债表日和自年初至破产日的利润表；

（3）妥善保管企业的各种档案、文书，并在清算组进驻后及时向清算组办理移交手续。

2. 清算组接管破产企业后，应设置新的会计科目，建立新的账户体系，对破产清算进行核算。

（1）设置会计科目，建立新的账户体系；

（2）结转各破产清算账户的期初余额；

（3）在财产清查的基础上，编制清查后的财产盘点表和资产负债表；

（4）核算和监督破产企业财产的处置；

（5）核算和监督清算费用的支付；

（6）核算和监督破产企业财产的分配，结平各账户；

（7）编制清算会计报表，办理企业注销登记。

（二）企业破产清算的会计核算

清算组应当设置会计科目，建立新的账户体系，以便区分与破产企业的责任。设置的科目大体上与正常企业经营时的相同。但清算组可以根据被清算企业的具体情况，增设、减少或合并某些会计科目。主要有以下不同的账户：

(1)“应收款”账户，用于核算被清算企业除应收票据以外的各种应收款项。

(2)“投资”账户，用于核算被清算企业持有的各种投资，包括股票投资、债券投资和其他投资。

(3)“固定资产”账户，用于核算被清算企业固定资产的净值。

(4)“借款”账户，用于核算被清算企业需偿还的各种借款，包括短期借款、长期借款。

(5)“其他应付款”账户，用于核算被清算企业需偿付的除应付票据以外的各种款项。

(6)“清算费用”账户，用于核算被清算企业在清算期间发生的各项费用。清算结束，将该账户发生额转入“清算损益”账户。

(7)“土地转让收益”账户，用于核算被清算企业转让土地使用权取得的收入以及土地使用权转让所得支付的职工安置费等，企业发生的与转让土地使用权有关的成本、税费，如应缴纳的有关税金、支付的土地评估费用等。清算终结，应将本账户的余额转入“清算损益”账户。

(8)“清算损益”账户，用于核算破产清算企业在破产清算期间处置资产、确认债务等发生的损益和结转被清算企业所有者权益等账户的余额。其核算内容包括：①被清算企业在清算期间处置资产发生的损益。发生的收益记入该账户的贷方，发生的损失记入该账户的借方。②被清算企业在清算期间确认债务发生的损益。确认债务的减少数额，记入该账户的贷方。③结转被清算企业原有的所有者权益、长期待摊费用等的余额。④结转有关账户的余额，包括“清算费用”“土地转让收益”和有关资产负债账户的余额，结转借方余额，记入该账户的借方；结转贷方余额，记入该账户的贷方。

(三)有关账务处理

清算组的会计处理，主要包括接管破产企业的财产的有关处理，接管破产企业的会计档案等，对破产企业的破产财产加以确认、计量和重估价，以及进行处置变现、确认计量破产债权，并据以分配破产财产，对全部破产清算过程进行会计核算，并编报有关的会计报表。

1. 结转期初余额

清算组应于清算开始日，根据破产企业移交的科目余额表，将有关会计科目的余额转入新的账户体系，并编制新的科目余额表。结转时，均要编制结转分录，据以登录新账户的期初余额，注销旧账。

下面以甲公司为例，说明破产清算的会计处理。

【例 11－3】 甲公司因经营管理不善，严重亏损，不能清偿到期债务，于 2017 年 6 月 10 日经法院批准宣告破产清算。甲公司截至 2017 年 6 月 10 日的科目余额表如表 11－1 所示。

表 11－1 **科目余额表(旧)**

2017 年 6 月 10 日 单位：元

总账科目	借方余额	贷方余额	总账科目	借方余额	贷方余额
库存现金	3 500		短期借款		500 000
银行存款	280 000		应付票据		498 500
应收票据	45 000		应付账款		300 000
应收账款	480 000		应付职工薪酬		950 000
预付账款	50 000		应交税费		850 000
其他应收款	60 000		其他应付款		960 000
原材料	200 000		长期借款		1 250 000

续表

总账科目	借方余额	贷方余额	总账科目	借方余额	贷方余额
库存商品	250 000		实收资本		600 000
长期股权投资	800 000		资本公积		60 000
固定资产	2 000 000		盈余公积		150 000
累计折旧		500 000	未分配利润		150 000
在建工程	450 000				
无形资产	650 000				
长期待摊费用	1 500 000				
合　计	6 768 500	500 000	合　计		6 268 500

结转时，首先要按新设的会计科目编制结转分录。

(1)结转“应收款”账户余额：

借：应收款　590 000

　　贷：应收账款　480 000

　　　　预付账款　50 000

　　　　其他应收款　60 000

(2)结转“投资”账户余额：

借：投资　800 000

　　贷：长期股权投资　800 000

(3)结转“固定资产”账户余额：

借：固定资产　1 500 000

　　累计折旧　500 000

　　贷：固定资产　2 000 000

(4)结转“借款”账户余额：

借：短期借款　500 000

　　长期借款　1 250 000

　　贷：借款　1 750 000

(5)结转“其他应付款”账户余额：

借：应付账款　300 000

　　其他应付款　960 000

　　贷：其他应付款　1 260 000

(6)结转“清算损益”账户余额：

借：清算损益　540 000

　　实收资本　600 000

　　资本公积　60 000

　　盈余公积　150 000

　　未分配利润　150 000

　　贷：长期待摊费用　1 500 000

根据以上按新设会计科目编制的结转分录编制新的科目余额表，见表11—2。

表 11—2　**科目余额表(新)**

2017 年 6 月 10 日　单位:元

总账科目	借方余额	贷方余额	总账科目	借方余额	贷方余额
库存现金	3 500		借款		1 750 000
银行存款	280 000		应付票据		498 500
应收票据	45 000		其他应付款		1 260 000
应收款	590 000		应付职工薪酬		950 000
原材料	200 000		应交税费		850 000
库存商品	250 000		清算损益	540 000	
投资	800 000				
固定资产	1 500 000				
在建工程	450 000				
无形资产	650 000				
合　计	4 768 500		合　计	540 000	5 308 500

2. 在财产清查的基础上编制清查后的财产盘点表和资产负债表

清算组对于破产企业的财产和债务要进行全面清查,并根据财产清查的结果进行账务处理,然后编制清查后的资产负债表。

【例 11—4】 清算组在对甲公司的财产进行清查后,发现以下问题,请根据以下对财产清查的结果,分别进行账务处理。

(1)将无法收回的应收账款 50 000 元核销,编制会计分录如下:

借:清算损益　50 000

　　贷:应收款　50 000

(2)清查中发现短缺库存商品 50 000 元,编制会计分录如下:

借:清算损益　50 000

　　贷:库存商品　50 000

(3)将已无实际价值的商标权 50 000 元注销,编制会计分录如下:

借:清算损益　50 000

　　贷:无形资产　50 000

该破产企业不存在担保的资产和担保的债务,依据上述清查和财务处理结果,编制清查后即 2017 年 6 月 10 日的清查资产负债表,见表 11—3。

表 11—3　**清算资产负债表**

编制单位:甲公司　2017 年 6 月 10 日　单位:元

资　产	账面余额	负债及清算净损益	账面余额
用作担保的资产	—	有担保的债务	—
合计	—	合计	—
普通资产		普通债务	

续表

资　产	账面余额	负债及清算净损益	账面余额
货币资金	283 500	应付职工薪酬	950 000
应收票据	45 000	应交税费	850 000
应收款	540 000	其他普通债务	3 508 500
实物资产	2 350 000	小计	5 308 500
投资	800 000	债务合计	5 308 500
无形资产	600 000	清算净收益	−690 000
资产总计	4 618 500	负债及清算净损益总计	4 618 500

3. 核算和监督破产企业财产的处置

(1)收回应收款、应收票据等债权的核算

借:银行存款/库存现金

　　贷:应收款、应收票据等账户

对于不能收回的应收款项,按核销的金额,借记"清算损益"账户,贷记"应收款""应收票据"等账户。如果破产企业的原债务人以原材料、产成品等实物资产抵偿其债务,则清算组在收到抵偿有关债权的实物时,应按实物资产预计可变现金额,借记"原材料""库存商品"等账户;按应收金额,贷记"应收款"等账户;按应收金额和预计可变现金额的差额,借记或贷记"清算损益"账户。

【例 11—5】 甲公司清算组在清算期间收回应收款 400 000 元,存入银行。应收款的账面余额为 540 000 元。

借:银行存款　　400 000

　清算损益　　140 000

　　贷:应收款　　540 000

(2)变卖原材料、产成品等存货的核算

清算组在变卖破产企业的存货时,应按实际变卖收入和收取的增值税额,借记"银行存款"等账户;按各存货的账面价值,贷记"原材料""库存商品"等账户;按收取的增值税销项税额,贷记"应交税费——应交增值税(销项税额)"账户(若为小规模纳税企业,则贷记"应交税费——应交增值税"账户);按借贷方的差额,借记或贷记"清算损益"账户。

【例 11—6】 甲公司在清算组清算期间,变卖各种材料 160 000 元,增值税额为 27 200 元,材料的账面价值为 200 000 元;处置各种产成品收入 150 000 元,增值税额为 25 500 元,各种产成品的账面价值为 200 000 元。

借:银行存款　　362 700

　清算损益　　90 000

　　贷:原材料　　200 000

　　　库存商品　　200 000

　　　应交税费——应交增值税(销项税额)　　52 700

(3)变卖固定资产和在建工程的核算

清算组在变卖破产企业的固定资产和在建工程时,应按实际变卖收入,借记"银行存款"账户;按固定资产和在建工程的账面价值,贷记“固定资产”“在建工程”账户;按应当缴纳的增值税销项税额及其他税费,贷记“应交税费”账户;按借贷方的差额,借记或贷记“清算损益”账户。

【例 11-7】 甲公司清算组在清算期间,处置各项固定资产的收入计 1 250 000 元,存入银行;各项固定资产的账面价值为 1 500 000 元,公允价值为 2 000 000 元。处置各项在建工程的收入为 400 000 元,存入银行;各项在建工程的账面价值为 450 000 元,公允价值为 500 000 元。甲公司为增值税一般纳税人,处置固定资产、在建工程适用的增值税税率为 11%。

借:银行存款	1 650 000	
清算损益	575 000	
贷:固定资产		1 500 000
在建工程		450 000
应交税费——应交增值税(销项税额)		275 000

(4)转让无形资产的核算

清算组在转让破产企业的无形资产时,按其实际变卖收入,借记“银行存款”账户;按无形资产的账面价值,贷记“无形资产”账户;按应当缴纳的增值税销项税额及其他税费,贷记“应交税费”账户;按借贷方的差额,借记或贷记“清算损益”账户。

【例 11-8】 甲公司清算组在清算期间处置各项无形资产的收入计750 000元,存入银行。无形资产的账面价值为 600 000 元,公允价值为 650 000 元。处置无形资产适用的增值税税率为 6%。

借:银行存款	750 000	
贷:无形资产		600 000
清算损益		111 000
应交税费——应交增值税(销项税额)		39 000

(5)转让长期股权投资的核算

清算组转让破产企业的长期股权投资时,应按实际取得的转让收入,借记“银行存款”账户;按投资的账面价值,贷记“投资”账户;按借贷方的差额,借记或贷记“清算损益”账户。

如果破产企业在清算期间分得投资利润,应按实收款借记“银行存款”账户,贷记“清算损益”账户。若实际分得的投资利润属于在权益法下已确认的投资收益,则在实际分得投资利润时,应冲减投资,借记“银行存款”账户,贷记“投资”账户。

【例 11-9】 甲公司清算组在清算期间,转让对外投资的收入计 680 000 元,存入银行,各种投资的账面价值为 800 000 元。

借:银行存款	680 000	
清算损益	120 000	
贷:投资		800 000

(6)转让土地使用权的核算

企业的土地使用权按取得方式的不同,分为无偿划拨取得和有偿转让取得两种。清算组在对转让土地使用权进行核算时,应区分这两种不同情况进行处理。转让无偿划拨取得的土地使用权时,转让时应按实际转让收入,借记“银行存款”账户,贷记“土地转让收益”账户。转让有偿取得的土地使用权时,因为破产企业取得时已经记入“无形资产”账户,所以在转让时,应按其实际收入,借记“银行存款”账户;按无形资产的账面价值,贷记“无形资产”账户;按其借贷方的差额,借记或贷记(一般为贷记)“土地转让收益”账户。

无论是有偿转让还是无偿转让，其所得依据有关规定，首先应该用于破产企业职工的安置，安置后的剩余部分列入破产企业财产。清算组在以土地使用权转让所得支付职工安置费时，应按实际支付金额，借记“土地转让收益”账户，贷记“库存现金”或“银行存款”账户。对于转让土地使用权应缴纳的增值税等税费，应借记“土地转让收益”账户，贷记“应交税费”账户。

将土地使用权转让净收益转入清算损益时，应借记或贷记“土地转让收益”账户，贷记或借记“清算损益”账户。

(7)计提转让各项资产应交城市维护建设税和教育费附加的核算

清算组对于清算期间处置各项资产应缴纳的城市维护建设税和教育费附加，应予计提。计提时，借记“清算损益”账户，贷记“应交税费”账户。

【例 11—10】 甲公司清算组在清算期间处置各项资产应缴纳的城市维护建设税为12 089元，教育费附加为5 181元。会计分录如下：

借：清算损益	17 270	
贷：应交税费——应交城市维护建设税		12 089
——应交教育费附加		5 181

(8)核销无法变现的资产

对于无法变现的各项资产，清算组应予核销，核销的损失列入清算损益，借记“清算损益”账户，贷记“原材料”“库存商品”“固定资产”“无形资产”“投资”等账户。

4. 核算和监督清算费用的支付和结转

清算期间支付的所有清算费用，均应通过“清算费用”账户核算。支付有关费用时，按实际发生额，借记“清算费用”账户，贷记“库存现金”或“银行存款”账户。清算终止，将“清算费用”账户发生额转入“清算损益”账户，贷记“清算费用”账户。

【例 11—11】 甲公司清算组在清算期间，支付办公费、破产企业财产保管费、审计费、律师咨询费等清算管理费用以及破产企业案件诉讼费等共计 1 000 000 元。

借：清算费用	1 000 000	
贷：银行存款		1 000 000

5. 核算和监督破产企业财产的分配，并结平各账户

支付清算费用后的破产企业，首先应该支付所欠职工的工资、基本养老保险和基本医疗保险等费用，然后再缴纳社会保险费和所欠的税费，清偿其他债务。破产财产不足以清偿同一顺序的清偿要求的，按比例分配。

(1)支付所欠职工的工资和各种保险费的核算

支付时，按实际支付金额，借记“应付职工薪酬”账户，贷记“库存现金”或“银行存款”账户。需要注意的是，清算期间支付给职工的各项费用，直接计入清算费用，不通过“应付职工薪酬”账户核算。

【例 11—12】 甲公司清算组在清算期间以银行存款支付所欠职工工资及福利费 950 000 元。会计分录如下：

借：应付职工薪酬	950 000	
贷：银行存款		950 000

(2)上交所欠税费的核算

上交所欠税费时，按实际缴纳的金额，借记“应交税费”账户，贷记“银行存款”账户。

【例 11—13】 甲公司清算组在清算期间以银行存款全额缴纳所欠税金 1 039 970 元。会

计分录如下：

借：应交税费 1 039 970

贷：银行存款 1 039 970

(3)清偿其他破产债务的核算

偿还债务时，按实际清偿额，借记“应付票据”“其他应付款”“借款”等账户，贷记“库存现金”“银行存款”等账户。

【例 11－14】 甲公司由于剩余的破产财产不足清偿其他破产债务，因此按比例清偿如下：

清偿比例＝银行存款余额÷其他破产债务余额

＝1 232 730÷3 508 500×100%＝35.14%

根据清偿比例，计算各有关破产债务的清偿金额如下：

借款＝1 750 000×35.14%＝614 950(元)

应付票据＝498 500×35.14%＝175 172.9(元)

其他应付款＝1 232 730－614 950－175 172.9＝442 607.1(元)

会计分录如下：

借：借款 614 950

应付票据 175 172.9

其他应付款 442 607.1

贷：银行存款 1 232 730

(4)结转“清算费用”账户发生额的核算

清偿债务后，应结平“清算费用”账户。

【例 11－15】 甲公司清算组在清算终结时，将“清算费用”账户的发生额转入“清算损益”账户。会计分录如下：

借：清算损益 1 000 000

贷：清算费用 1 000 000

(5)注销不再清偿债务的核算

当破产财产不足以清偿债务时，按规定尚欠的债务不再清偿。清算组在注销未偿还的债务时，应借记“借款”“其他应付款”“应付票据”等账户，贷记“清算损益”账户。

【例 11－16】 甲公司清算组注销不再清偿的债务情况如下：

注销的借款＝1 750 000－614 950 ＝1 135 050(元)

注销的应付票据＝498 500－175 172.9＝323 327.1(元)

注销的其他应付款＝1 260 000－442 607.1＝817 392.9(元)

借：借款 1 135 050

应付票据 323 327.1

其他应付款 817 392.9

贷：清算损益 2 275 770

6. 编制清算财务报表

清算工作结束，清算组应根据破产清算的账务处理结果，编制清算损益表和债务清偿表，并向破产企业原登记机关办理注销登记。

【例 11－17】 甲公司 2017 年 8 月 26 日清算工作结束，清算组根据上述账务处理结果，编制清算损益表(见表 11—3)和债务清偿表(见表 11—4)。

表 11—3 **清算损益表**

编制单位:甲公司　　2017 年 6 月 10 日～2017 年 8 月 26 日　　单位:元

项　目	本期数	累计数
一、清算收益	－1 087 270	－1 087 270
二、清算费用	1 000 000	1 000 000
三、土地转让净收益	—	—
四、清算净收益	－87 270	－87 270

表 11—4 **债务清偿表**

编制单位:甲公司　　2017 年 8 月 26 日　　单位:元

债务项目	账面金额	确认金额	偿还比例	实际需要偿还金额	本期偿还金额	累计偿还金额	尚未偿还金额
有担保的债务	—	—	—	—	—	—	—
小计	—	—	—	—	—	—	—
普通债务							
应付职工薪酬	950 000	950 000	100%	950 000	950 000	950 000	—
应交税费	1 039 970	1 039 970	100%	1 039 970	1 039 970	1 039 970	—
借款	1 750 000	1 750 000	35.14%	614 950	614 950	614 950	—
应付票据	498 500	498 500	35.14%	175 172.9	175 172.9	175 172.9	—
其他应付款	1 260 000	1 260 000	35.14%	442 607.1	442 607.1	442 607.1	—
合　计	5 498 470	5 498 470		3 222 700	3 222 700	3 222 700	—

本章小结

本章主要介绍了解决企业财务困难问题的两大途径——债务重组和破产清算的会计处理。

债务重组是在债务人发生财务困难的情况下,债权人按照其与债务人达成的协议或者法院的裁定作出让步的事项。债务人发生财务困难,是债务重组的前提条件,债权人作出让步是债务重组的必要条件。债务重组的方式主要有以资产清偿债务、债务转为资本、修改其他债务条件以及以上三种方式的组合方式。

破产清算会计以宣告破产企业为会计主体,对其破产清算期间的各经济事项进行确认计量、记录和报告,以反映破产企业的资产对债务清偿过程和结果。破产清算会计以破产企业为会计主体,以终止经营假设为基础,计量属性选择公允价值。

第十二章 外币交易会计

本章学习目标

通过学习本章，应该掌握外币、外币交易和汇率以及汇率变动的基本概念；熟悉企业在资产负债表日，对外币货币性项目和外币非货币性项目进行汇兑损益的会计处理。

第一节 外币交易概述

一、记账本位币与外币

(一)外币交易与外币

1. 外币交易的定义

会计上所说的企业外币交易，是指以外币计价或者结算的交易。

这里所指的外币交易，不是指与外国企业进行的交易，也不是指国际贸易中发生的交易，而是指以外币结算的交易。具体地说，我国企业在国际贸易中，如果与外国企业约定以记账本位币作为结算货币，这样进行的交易不是外币交易；而我国企业在国内贸易中，与本国企业约定以外币结算的交易，则是外币交易。这里所称的计价和结算，是指交易双方在合同中约定的对交易标的物进行计价和结算选择的币种。国际贸易的交易双方，由于各自使用不同的货币，在达成某一交易前，必然会对交易标的物的计价币种和货款结算币种做一个约定，这就是计价和结算币种的选择。

2. 一般意义的外币和会计意义的外币

一般意义的外币是指本币(本国货币)以外的币种。以我国为例，本币为人民币，而人民币以外的所有币种，如美元等，都是外币。会计意义的外币与一般意义的外币不同，会计所称的外币，是指企业记账本位币之外的币种。一个中国企业，如以人民币为记账本位币，则人民币以外的币种都是外币。如果一个中国企业所选用的记账本位币不是人民币(如美元)，则人民币对该企业就成了外币，以人民币计价和结算的交易，就成了外币交易。

(二)记账本位币

1. 记账本位币的含义

记账本位币是指企业经营所处的主要经济环境中所使用的货币，是企业用于记账、登记账簿、计算成本和编制会计报表所使用的币种。

知识链接

我国企业会计准则对记账本位币规定：企业通常应选择人民币作为记账本位币。业务收支以人民币以外的货币为主的企业，可以考虑一些相关因素，选定其中一种货币作为记账本位币。但是，期末编报的财务报表，仍然应当折算为人民币。

2. 企业选定记账本位币和选定境外经营记账本位币应考虑的主要因素

企业选定记账本位币，应当考虑下列因素：(1)该货币主要影响商品和劳务的销售价格，通常以该货币进行商品和劳务的计价和结算；(2)该货币主要影响商品和劳务所需人工、材料和其他费用，通常以该货币进行上述费用的计价和结算；(3)融资活动获得的货币以及保存从经营活动中收取款项所使用的货币。

企业选定境外经营的记账本位币，还应当考虑下列因素：(1)境外经营所从事的活动是否拥有很强的自主性；(2)境外经营活动中与企业的交易是否在境外经营活动中占有较大比重；(3)境外经营活动产生的现金流量是否直接影响企业的现金流量，是否可以随时汇回；(4)境外经营活动产生的现金流量是否足以偿还其现有债务和可预期的债务。

知识链接

我国会计准则规定：企业记账本位币一经确定，不得随意变更，除非企业经营所处的主要经济环境发生重大变化。

企业因经营所处的主要经济环境发生重大变化，确需变更记账本位币的，应当采用变更当日的即期汇率将所有项目折算为变更后的记账本位币。

二、外汇与汇率

(一)外汇的定义与分类

外汇与外币是两个不同的概念。外汇是指以外币表示的能用于国际结算的支付手段。国际货币基金组织对外汇的定义是："外汇是货币行政当局以银行存款、财政部国库券、长短期政府债券等形式保存的在国际收支逆差时可以使用的债权。"

知识链接

我国2008年8月1日修改颁布的《中华人民共和国外汇管理条例》规定，外汇是指下列以外币表示的可以作为国际清偿的支付手段和资产：(1)外币现钞，包括纸币、铸币；(2)外币支付凭证或者支付工具，包括票据、银行存款凭证、银行卡等；(3)外币有价证券，包括债券、股票等；(4)特别提款权；(5)其他外汇资产等。

外汇可分为三类，即自由外汇、有限自由兑换外汇、记账外汇。

自由外汇，又称自由兑换外汇、现汇，是指不需要外汇管理当局批准即可以自由兑换成其他国家货币，或者可以向第三者办理支付的外国货币及支付手段。世界上有50多种货币属于自由兑换货币，其中主要有美元、英镑、日元、港币、新加坡元、澳大利亚元、新西兰元等货币，以及用这些货币表示的汇票、支票等支付凭证和信用凭证。

有限自由兑换外汇，是指未经货币发行国批准不能自由兑换成其他货币或对第三者进行支付的外汇。根据国际货币基金组织相关规定，对国际性经常往来的付款和资金转移有一定限制的货币均属于有限制性的自由兑换货币。此类货币通常存在一个以上汇率，外汇交易也经常受限制。

记账外汇，又称为清算外汇、协定外汇，是指记载在双方指定银行账户中的外汇，不能兑换成其他货币，也不能对第三者支付。这种外汇未经有关外汇管理部门批准，不能转换为别国货币，通常只能根据相关协定，在协定国之间使用。在清算协定的管理下，两国之间的贸易往来不必逐笔结清，只需将交易金额以记账外汇方式登记在双方指定银行的清算账户上，到协定期限到期，再清偿双方债权债务账户的差额。在国际贸易中，这类贸易称为记账外汇贸易。

(二)汇率

1. 汇率的定义

汇率是指两国货币之间的比价，即在外汇买卖交易中，一国货币单位用另一国货币单位表示的价格。从本质意义上说，纸币不是价值，只是一种价值符号，是基于政府的法令，使其具有交换价值的。纸币出现之初，世界各国为确保币值的稳定，均采用金本位制，即将本国纸币与贵金属挂钩，政府(中央银行)担保纸币持有者在需要的时候，可将纸币按一定兑换比例，向政府(中央银行)兑换一定数量的贵金属。这样，每个国家的纸币可兑换贵金属的数量，就决定了各国纸币间的兑换率，这就是本质意义上的汇率。

知识链接

20 世纪 20 年代的世界经济大危机，宣布了世界各国金本位制的破产，世界各国货币的汇率处于混乱状态。第二次世界大战结束时，为整顿世界金融秩序，形成了所谓金汇兑本位制，即规定美元和英镑与贵金属挂钩，世界各国货币与美元、英镑挂钩，这样，各国货币与美元、英镑的比值，就形成基本的汇率。金汇兑本位制持续的时间不长，20 世纪 50 年代，英国中央银行就宣布英镑与白银脱钩；70 年代初，美国也宣布美元与黄金脱钩。自从金汇兑本位制破灭后，每种货币的汇率都在频繁变动，受多种因素的复杂影响，并引发一系列复杂的后果。

2. 汇率标价方式

汇率标价方法有两种，即直接标价法和间接标价法。

直接标价法又称应付标价法，是指每单位外币可兑换的本国货币的金额，是以一定单位的外国货币(如 1 美元、1 英镑)为标准，来计算应付若干单位的本国货币(如若干人民币)，或以本国货币数额的增减变动来反映汇率的升降，其表示方式为 1∶X，即外币为 1，本币为 X。例如，我国公布人民币对美元的汇率为：1 美元=6.6451 元人民币。在这一标价法下，美元升值，则反映为人民币的金额增加；美元贬值，则反映为人民币的金额减少。

间接标价法又称应收标价法，是指每单位本国货币可兑换的外国货币的金额，是以一定单位的本国货币为标准，来计算应收若干单位的外国货币，或以外国货币数额的增减变动来反映汇率的升降，其表示方式为 X∶1，即外币为 X，本币为 1。例如，美国公布美元对人民币的汇率为：0.1505 美元=1 元人民币。在这一标价法下，美元金额增加，则反映人民币升值；美元金额减少，则反映人民币贬值。

3. 常用汇率分类

(1)买入汇率、卖出汇率和中间汇率

买入汇率是指银行从同业或客户处买入外汇的汇率，又称买入价；卖出汇率是指银行向同业或客户卖出外汇的汇率，又称卖出价。由于银行通过外汇买卖，进行经营活动，所以，在直接标价法下，银行对同一种外币的买入价肯定低于其卖出价，买入价与卖出价的差额，就是进行外汇买卖的银行的毛利。介于买入价与卖出价之间的价格，称为中间价，中间价通常为买入价和卖出价的平均数。

企业将外汇卖给银行(结汇)，银行使用买入价，企业记账使用中间价，之间的差额形成兑换汇兑损益；同样，企业向银行买入外汇(购汇)，银行使用卖出价，企业记账使用中间价，之间的差额也形成兑换汇兑损益。

(2)现钞汇率

现钞汇率是银行买入或卖出外币现钞时使用的汇率。由于银行买入外币现钞，还需要将其运送到发行国或能流通的区域，会增加银行的成本，所以，银行对外币现钞的买入价，一般低于其他外汇形式的买入价。而外币现钞的卖出价，则一般与外汇卖出汇率相同。

(3)即期汇率和远期汇率

即期汇率也称现汇汇率，是指在现汇交易中双方立即交割的汇率。期汇汇率也称远期汇率，是指由经纪人和客户在期汇交易中事先约定的在将来一定时日据以交割的汇率。期汇交易是指先由交易双方签订合同，约定外汇买卖数量、交割期限、汇率等条款，到合同约定日再办理交割的一种外汇交易。在一个时点上，期汇汇率与现汇汇率的差额，称为远期升水或贴水。在直接标价法下，期汇汇率低于现汇汇率，其差额为升水，期汇汇率高于现汇汇率，其差额为贴水；间接标价法下则相反。

(4)基本汇率和套算汇率

基本汇率是指选择某一国货币为主要对象，把本国货币与这一货币的实际价值对比制定的汇率。在相当长的时期内，人民币一直采用“钉死美元”的做法，人民币与美元的汇率，就形成基本汇率。

套算汇率是指通过基本汇率套算得出的汇率。例如，通过人民币对美元的基本汇率，美元对澳大利亚元的汇率，可以套算得出人民币对澳大利亚元的汇率。

(三)汇兑损益及其分类

汇兑损益是指由于会计期间外币汇率变动而导致的损益，汇兑损益以记账本位币的差额来表示。

按汇兑损益形成的原因不同，汇兑损益可分为以下几种：

(1)交易汇兑损益

交易汇兑损益是企业进行销售商品、提供劳务的外币交易时，所形成的汇兑损益。企业进行销售商品和提供劳务的外币交易，在形成合同、提供商品(劳务)和货款交割之间，会有一个时间差。如果在这一时间段中，用于计价和结算的货币的汇率发生了变化，就会使发出商品时确认的收入和货款交割时实际取得的收入发生差额，这一差额就是交易汇兑损益。

(2)兑换汇兑损益

由于银行对汇率的挂牌有买入价、卖出价、中间价三种价格，当企业将外汇卖给银行时，银行使用买入价，按规定企业记账要使用中间价，买入价低于中间价，企业就会形成兑换汇兑损失。

(3)调整汇兑损益

企业发生外币业务时,应采用交易发生日的即期汇率将外币金额折算为记账本位币金额,而每月月末,则应对外币账户按期末汇率进行调整,由此形成的汇兑损益,称为调整汇兑损益。

知识链接

折算汇兑损益:企业进行外币报表折算时形成的汇兑损益,称为折算汇兑损益。

常用外汇业务术语:结汇就是将外汇收入出售给外汇指定银行,银行按一定汇率付给本国货币的行为。结汇有强制结汇、意愿结汇和限额结汇等多种形式。我国目前实行意愿结汇制,即外汇收入可以选择卖给外汇指定银行,也可以开立外汇账户保留。是否结汇,由外汇收入所有者自行决定。售汇是指外汇指定银行将外汇卖给用汇单位或个人,按一定的汇率收取本国货币的行为。如从用汇单位或个人的立场,又可称为购汇。

第二节　外币交易记账方法与汇兑损益

一、外币交易记账方法

外币交易记账方法有两种:外币统账制和外币分账制。

所谓外币统账制,是指企业发生外币交易时,会计必须将外币折成记账本位币,在账簿进行复币记账。我国非金融企业发生外币业务,必须使用外币统账制记账。

所谓外币分账制,是指平时发生外币业务时,不折成记账本位币,而按不同币种分别设置账簿进行日常核算,到期末再折成记账本位币,编制会计报表。

知识链接

根据我国会计准则的规定,一般企业对于外币交易均应采用外币统账制,而对于外币交易频繁、外币币种较多的金融企业,也可以采用分账制记账方法进行日常核算。但资产负债表日,应当按照相关规定,对相应的外币账户余额分别货币性项目和非货币性项目进行调整。

采用外币分账制记账方法,其产生的汇兑差额的处理结果,应当与外币统账制一致。

二、汇兑损益的处理方法

汇兑损益的处理方法有两种:单项交易观和两项交易观。

(一)单项交易观

单项交易观,也称一笔业务交易观,是指在外币交易的会计处理中,把企业销售或购货与随后的账款结算看作一笔交易的两个阶段,一项交易在账款结算后才认为完成。按这一处理方法,交易的收入或成本不取决于交易发生时的汇率,而取决于账款结算时的汇率。从交易发生到账款结算期间汇率的变动,应调整原入账时的销售收入或购买成本。在单项交易观下,一笔销售(购买)形成的收入(成本)必须一直挂账,直到账款结算,才能最终结转。

知识链接

单项交易观的会计处理流程分为三步:(1)交易发生日,按当日汇率折算销售收入或购买成本;(2)如交易跨期(在交易发生日和账款结算日之间存在编表日),则在资产负债表日,应按变动的汇率,调整销售收入或购买成本;(3)账款结算日,按当日汇率结算账款,并调整销售收入或购买成本,予以最后确认。

(二)两项交易观

两项交易观,也称两笔业务交易观,是指在外币交易的会计处理中,把企业销售或购买交易的发生和账款结算看作两项既相互联系、又相对独立的交易,而非一项交易的两个阶段。在这一处理方法下,销售收入或购买成本在交易发生时,即按当时的汇率折算为记账本位币,予以确认,与以后账款结算时变动的汇率无关。在资产负债表日或账款结算日由于汇率变动而产生的外币折算差额,作为汇兑损益处理,而不调整销售收入或购货成本。

知识链接

两项交易观的会计处理流程分为三步:(1)交易发生日,按当日汇率折算,确认销售收入或购买成本。(2)如交易不跨期,在账款结算日按当日汇率折算账款,将汇率变动导致的损益确认为当期汇兑损益,不调整销售收入或购买成本。(3)如交易跨期,在资产负债表日必须按即期汇率对应收账款或应付账款进行调整。

调整的处理方法有两种:①即期确认法,即将汇率变动导致的损益直接计入当期损益。②递延法,即将汇率变动导致的损益递延至账款结算日,一并计入结算日所在会计期间的损益。

三、单项交易观和两项交易观释例

【例12—1】 联华公司2016年12月1日向美国某公司销售一批货物,总价款10 000美元,合同约定2017年2月1日以人民币结算货款。相关汇率如下:

2016年12月1日汇率　　1美元=6.90元人民币

2016年12月31日汇率　　1美元=6.85元人民币

2017年2月1日汇率　　1美元=6.80元人民币

依据两种交易观,三种处理方法,联华公司对该笔外币交易的会计处理如下:

1. 按单项交易观的会计处理如下:

(1)2016年12月1日,交易发生日:

借:应收账款($10 000)　　￥69 000

　　贷:主营业务收入($10 000)　　￥69 000

$10 000×6.90=￥69 000

(2)2016年12月31日,资产负债表日:

借:主营业务收入　　500

　　贷:应收账款　　500

$10 000×6.90－$10 000×6.85＝¥500

(3)2017 年 2 月 1 日，货款结算时：

①调整汇率：

借：主营业务收入　　500

　　贷：应收账款　　500

$10 000×6.85－$10 000×6.80＝¥500

②按结算日汇率，收回货款：

借：银行存款——美元户($10 000)　　¥68 000

　　贷：应收账款($10 000)　　¥68 000

$10 000×6.80＝¥68 000

2. 按两项交易观，汇兑损益即期确认方法，联华公司的会计处理如下：

(1)2016 年 12 月 1 日，交易发生日：

借：应收账款($10 000)　　¥69 000

　　贷：主营业务收入($10 000)　　¥69 000

$10 000×6.90＝¥69 000

(2)2016 年 12 月 31 日，资产负债表日：

借：财务费用——汇兑损益　　500

　　贷：应收账款　　500

$10 000×6.90－$10 000×6.85＝¥500

(3)2017 年 2 月 1 日，货款结算时：

①调整汇率：

借：财务费用——汇兑损益　　500

　　贷：应收账款　　500

$10 000×6.85－$10 000×6.80＝¥500

②按结算日汇率，收回货款：

借：银行存款——美元户($10 000)　　¥68 000

　　贷：应收账款($10 000)　　¥68 000

3. 按两项交易观，汇兑损益递延确认方法，联华公司的会计处理如下：

(1)2016 年 12 月 1 日，交易发生日：

借：应收账款($10 000)　　¥69 000

　　贷：主营业务收入($10 000)　　¥69 000

$10 000×6.90＝¥69 000

(2)2016 年 12 月 31 日，资产负债表日：

借：递延汇兑损益　　500

　　贷：应收账款　　500

$10 000×6.90－$10 000×6.85＝¥500

(3)2017 年 2 月 1 日，货款结算时：

①调整汇率：

借：递延汇兑损益　　500

　　贷：应收账款　　500

＄10 000×6.85－＄10 000×6.80＝￥500

②按结算日汇率，收回货款：

借：银行存款——美元户（＄10 000） ￥68 000

贷：应收账款（＄10 000） ￥68 000

＄10 000×6.80＝￥68 000

③确认递延汇兑损益：

借：财务费用——汇兑损益 1 000

贷：递延汇兑损益 1 000

四、汇率的选择

我国会计准则要求，外币交易应当在初始确认时，采用交易发生日的即期汇率将外币金额折算为记账本位币金额；也可以采用按照系统合理的方法确定的、与交易发生日即期汇率近似的汇率折算。

（一）即期汇率和即期汇率的近似汇率

我国会计准则规定，企业在处理外币交易和对外币财务报表进行折算时，应当采用交易发生日的即期汇率将外币金额折算为记账本位币金额反映，也可以采用按照系统合理的方法确定的、与交易发生日即期汇率近似的汇率折算。

即期汇率，是指中国人民银行公布的当日人民币外汇牌价的中间价。当企业发生外币兑换业务或涉及外币兑换的交易事项时，应当按照交易实际采用的汇率（即银行买入价或卖出价）折算，记账则采用中间价。

即期汇率的近似汇率，是指按照系统合理的方法确定的、与交易发生日即期汇率近似的汇率，通常采用当期平均汇率或加权平均汇率等。

企业通常应当采用即期汇率进行折算。汇率变动不大的，也可以采用即期汇率的近似汇率进行折算。

（二）期末折算汇率的应用原则

企业在资产负债表日，必须对外币账户按一定的方式，采用适当的汇率进行折算调整。折算调整汇率采用如下原则：

1. 外币货币性项目和外币非货币性项目

企业在资产负债表日，应当区分外币货币性项目和外币非货币性项目，采用不同的汇率，进行折算调整处理。

外币货币性项目，是指企业持有的货币资金和将以固定或可确定的金额收取的资产或者偿付的负债。外币货币性项目分为货币性资产和货币性负债。货币性资产包括库存现金、银行存款、应收账款、其他应收款、长期应收款等，货币性负债包括短期借款、应付账款、其他应付款、长期借款、应付债券、长期应付款等。

外币非货币性项目，是指货币性项目以外的项目，包括存货、长期股权投资、固定资产、无形资产等。

2. 外币货币性项目和外币非货币性项目

外币货币性项目在资产负债表日，采用资产负债表日即期汇率折算。因资产负债表日即期汇率与初始确认时或者前一资产负债表日即期汇率不同而产生的汇兑差额，计入当期损益。

对于外币非货币性项目：① 以历史成本计量的外币非货币性项目，仍采用交易发生日的即期汇率折算,不改变其记账本位币金额。由于已在交易发生日按当日即期汇率折算,资产负债表日不应改变其原记账本位币金额,不产生汇兑差额。② 以公允价值计量的外币非货币性项目,如交易性金融资产(股票、基金等),采用公允价值确定日的即期汇率折算,折算后的记账本位币金额与原记账本位币金额的差额,作为公允价值变动(含汇率变动)处理,计入当期损益。

五、汇兑损益的处理原则

我国会计准则规定,在资产负债表日,企业应当分别外币货币性项目和外币非货币性项目,进行汇兑损益的会计处理。

(一)外币货币性项目

对于外币货币性项目,因结算或采用资产负债表日的即期汇率折算而产生的汇兑差额,计入当期损益,同时调增或调减外币货币性项目的记账本位币金额。

(二)外币非货币性项目

1. 以历史成本计价的外币非货币性项目,由于仍采用交易发生时的即期汇率折算,不会产生汇兑差额。但对于以成本与可变现净值孰低法计量的存货,如果其可变现净值以外币确定,则在确定存货的期末价值时,应先将可变现净值折算为记账本位币,再与以记账本位币反映的存货成本进行比较,这时可能发生汇兑差额。

2. 以公允价值计量的外币非货币性项目,如交易性金融资产(股票、基金等),折算后的记账本位币金额与原记账本位币金额的差额,作为公允价值变动(含汇率变动)处理,计入当期损益。

(三)外币投入资本

企业收到投资者以外币投入的资本时,应当采用交易发生日即期汇率折算,不得采用合同约定汇率和即期汇率的近似汇率折算,外币投入资本与相应的货币性项目的记账本位币金额之间不产生外币资本折算差额。

(四)实质上构成对境外经营净投资的外币货币性项目

企业编制合并财务报表涉及境外经营的,如有实质上构成对境外经营净投资的外币货币性项目,因汇率变动而产生的汇兑差额,应列入所有者权益"外币报表折算差额"项目;处置境外经营时,计入处置当期损益。

(五)汇兑损益的费用化和资本化

对于企业筹建期间和生产经营期间发生的汇兑损益,应进行费用化处理,即计入财务费用处理。对于与固定资产投资相关的汇兑损益,在固定资产达到预定可使用状态前发生的,可按有关规定予以资本化,计入相关固定资产的成本。

第三节　外币交易业务的会计处理

一、我国外币交易业务的会计处理方法

(一)外币账户设置

为了核算和监督企业外币交易业务,企业应设置各种外币账户。所设置的外币账户主要

有“库存现金(外币)”“银行存款(外币)”,以及在“应收账款”“应收票据”“预付账款”等设置外币资产账户,在“应付账款”“应付票据”“预收账款”“长期借款”“短期借款”等设置外币负债账户。

对于外币业务发生的汇兑差额,一般企业应在设置的“财务费用”账户下开立“汇兑损益”二级账户进行核算。

(二)外币交易业务的会计处理方法

1. 外币统账制

除金融企业外,我国一般企业发生的外币交易业务,应按外币统账制处理,即一律折算成记账本位币记账。

2. 复币记账

一般企业发生外币交易业务,应按双币记账反映,即对一笔业务在反映外币金额的同时,应反映记账本位币金额。

3. 外币兑换业务的会计处理

对于企业发生外币兑换业务,即将外币出售给银行(结汇)或向银行购买外币(购汇)时,银行按买入价(结汇)或卖出价(购汇),企业应按中间价记账。

4. 期末会计处理

在资产负债表日,企业应将外币账户按期末汇率调整,并计算和处理期末汇兑损益。

(1)交易日的会计处理

采用即期汇率或与即期汇率近似的汇率,将外币金额折算为记账本位币金额。

外币投入资本属于外币非货币性项目,企业收到投资者以外币投入的资本,应采用交易日即期汇率折算,不产生外币资本折算差额。

收到外币资本投入时:

借:银行存款(双币)

贷:实收资本(记账本位币)

(2)资产负债表日的会计处理

①货币性项目

对于外币货币性项目,应当采用资产负债表日的即期汇率折算,因旧汇率波动而产生的汇兑差额作为财务费用,计入当期损益,同时调增或调减外币货币性项目的记账本位币金额;需要计提减值准备的,应当按资产负债表日的即期汇率折算后,再计提减值准备。

汇兑损失的会计处理如下:

借:财务费用——汇兑差额

贷:应收账款、应付账款

汇兑收益的会计处理如下:

借:应收账款、应付账款

贷:财务费用——汇兑差额

②非货币性项目

对于以历史成本计量的外币非货币性项目,由于在交易发生日已按当日即期汇率折算,资产负债表日不应改变其原记账本位币金额,不产生汇兑差额。

需要注意的是:对于外币价值发生变动的外币非货币性项目,其价值变动计入当期损益的相应的汇率变动的影响应当计入当期损益。这实际上意味着:以公允价值计量的外币股票投资等外币非货币性项目，汇率变动对其影响应一并计入公允价值变动损益。

二、外币交易会计处理举例

【例 12—2】 华美公司 2016 年 9 月 10 日将 10 000 美元出售给银行，银行当日买入价为 1 美元＝6.885 元人民币，中间价为 1 美元＝6.94 元人民币，卖出价为 1 美元＝6.995 元人民币。

(1)企业得到的人民币金额为：

＄10 000×6.885＝￥68 850

(2)企业记账金额为：

＄10 000×6.94＝￥69 400

(3)发生外币兑换损益为：

69 400－68 850＝￥550

(4)会计分录如下：

借：银行存款——人民币户	68 850	
财务费用——汇兑损益	550	
贷：银行存款——美元户(＄10 000)		￥69 400

【例 12—3】 国内甲公司的记账本位币为人民币。2016 年 12 月 2 日，以 30 000 港元购入乙公司 H 股 10 000 股作为短期投资，当日汇率为 1 港元＝1.2 元人民币，款项已付。2017 年 12 月 31 日，由于市价变动，当月购入的乙公司 H 股变为 35 000 港元，当日 1 港元＝1 元人民币。

2016 年 12 月 2 日，该公司应对上述交易做以下处理：

借：交易性金融资产(30 000×1.2)	36 000	
贷：银行存款(30 000×1.2)		36 000

由于该项短期股票投资是从境外市场购入、以外币计价，在资产负债表日，不仅应考虑其港元市价的变动，还应一并考虑汇率变动的影响，上述交易性金融资产以资产负债表日的人民币 35 000 元(35 000×1)入账，与原账面价值 36 000 元(30 000×1.2)的差额为 1 000 元人民币，计入公允价值变动损益。相应的会计分录如下：

借：公允价值变动损益	1 000	
贷：交易性金融资产——公允价值变动		1 000

1 000 元人民币包含甲公司所购 H 股公允价值变动以及人民币与港元之间汇率变动的双重影响。

实质上构成对境外经营净投资的长期债权(已按双币记账)由于汇率变动产生的汇兑差额，应当计入当期损益，编制合并财务报表时，记入所有者权益项下“外币财务报表折算差额”项目。

三、外币交易业务综合举例

【例 12—4】 华英公司 2016 年 3 月 31 日有关外币账户余额如表 12—1 所示。

表 12—1　　外币账户余额表

科目名称	外币(美元)	汇　率	本币(人民币)
银行存款——美元户	10 000	6.75	67 500
短期借款	3 000	6.75	20 250
应收账款	1 000	6.75	6 750
应收票据	0	6.75	0
应付账款	8 000	6.75	54 000
应付票据	0	6.75	0

4 月发生下列业务(该公司按当日汇率作为折算汇率):

(1)4 月 1 日,对美国 A 公司出口甲商品计 USD 4 000,货款尚未收到,当日汇率为 USD 1＝RMB 6.73。

(2)4 月 3 日,向美国 B 公司出售乙商品计 USD 50 000,收到 90 天期无息商业汇票 1 张,当日汇率 USD 1＝RMB 6.72。

(3)4 月 4 日,通过中国银行偿还前欠货款 USD 3 000,已收到银行兑付通知,当日汇率 USD 1＝RMB 6.70。

(4)4 月 15 日,向中国银行借入短期借款 USD 30 000,当日市场汇率 USD 1＝RMB 6.67。

(5)4 月 7 日,从美国 C 公司进口丙商品一批,货款计 USD 12 000,通过银行支付 USD 10 000,余款暂欠。当日汇率 USD 1＝RMB 6.68。

(6)4 月 20 日,收到本月 1 日出口商品部分货款 USD 3 000,当日汇率 USD 1＝RMB 6.66。

(7)4 月 25 日,将 USD 1 000 兑换为人民币,当日汇率 USD 1＝RMB 6.65,银行卖出价 USD 1＝RMB 6.63。

(8)4 月 29 日,偿还短期借款 USD 10 000,当日汇率 USD 1＝RMB 6.62。

(9)月末,对外币账户进行调整,并做相应处理。4 月 30 日,汇率 USD 1＝RMB 6.60。

[分析] 根据以上经济业务,编制会计分录如下:

(1)4 月 1 日:

借:应收账款——A 公司(USD 4 000)　　RMB 26 920

　　贷:主营业务收入——甲商品(USD 4 000)　　RMB 26 920

(2)4 月 3 日:

借:应收票据——B 公司(USD 50 000)　　RMB 336 000

　　贷:主营业务收入——乙商品(USD 50 000)　　RMB 336 000

(3)4 月 4 日:

借:应付账款(USD 3 000)　　RMB 20 100

　　贷:银行存款——美元户(USD 3 000)　　RMB 20 100

(4)4 月 7 日:

借:银行存款——美元户(USD 30 000)　　RMB 200 100

　　贷:短期借款(USD 30 000)　　RMB 200 100

(5)4 月 15 日：

借:库存商品——丙(USD 12 000)　　RMB 80 160

　　贷:应付账款——C 公司(USD 2 000)　　RMB 13 360

　　　　银行存款——美元户(USD 10 000)　　RMB 66 800

(6)4 月 20 日：

借:银行存款——美元户(USD 3 000)　　RMB 19 980

　　贷:应收账款——A 公司(USD 3 000)　　RMB 19 980

(7)4 月 25 日：

借:银行存款　　6 630

　　财务费用　　20

　　贷:银行存款——美元户(USD 1 000)　　RMB 6 650

(8)4 月 29 日：

借:短期借款(USD 10 000)　　RMB 66 200

　　贷:银行存款——美元户(USD 10 000)　　RMB 66 200

将以上分录全部登账,并进行期末汇率调整:

表 12—2　　**银行存款——美元户**

2016 年		摘　要	借　方		贷　方		余　额	
月	日		美元	人民币	美元	人民币	美元	人民币
4	1	期初余额	10 000	67 500			10 000	67 500
4	4				3 000	20 100	7 000	47 400
4	7		30 000	200 100			37 000	247 500
4	15				10 000	66 800	27 000	180 700
4	20		3 000	19 980			30 000	200 680
4	25				1 000	6 650	29 000	194 030
4	29				10 000	66 200	19 000	127 830
4	30	本期发生额与余额	33 000	220 080	24 000	159 750	19 000	127 830

表 12—3　　**短期借款**

2016 年		摘　要	借　方		贷　方		余　额	
月	日		美元	人民币	美元	人民币	美元	人民币
4	1	期初余额			3 000	20 250	3 000	20 250
4	7				30 000	200 100	33 000	220 350
4	29		10 000	66 200			23 000	154 150
4	30	本期发生额与余额	10 000	66 200	30 000	200 100	23 000	154 150

表 12—4　　应收账款

2016年		摘　要	借　方		贷　方		余　额	
月	日		美元	人民币	美元	人民币	美元	人民币
4	1	期初余额	1 000	6 750			1 000	6 750
4	1		4 000	26 920			5 000	33 670
4	20				3 000	19 980	2 000	13 690
4	30	本期发生额与余额	4 000	26 920	3 000	19 980	2 000	13 690

表 12—5　　应收票据

2016年		摘　要	借　方		贷　方		余　额	
月	日		美元	人民币	美元	人民币	美元	人民币
4	1	期初余额					0	0
4	3		50 000	336 000			50 000	336 000
4	30	本期发生额与余额	50 000	336 000			50 000	336 000

表 12—6　　应付账款

2016年		摘　要	借　方		贷　方		余　额	
月	日		美元	人民币	美元	人民币	美元	人民币
4	1	期初余额			8 000	54 000	8 000	54 000
4	4		3 000	20 100			5 000	33 900
4	15				2 000	13 360	7 000	47 260
4	30	本期发生额与余额	3 000	20 100	2 000	13 360	7 000	47 260

表 12—7　　库存商品——丙

2016年		摘要	借方		贷方		余额	
月	日		美元	人民币	美元	人民币	美元	人民币
4	1	期初余额					0	0
4	15		12 000	80 160			12 000	80 160
4	30	本期发生额与余额	12 000	80 160	0	0	12 000	80 160

(9)4 月 30 日,编制期末调整汇兑损益计算表,并编制相关会计分录。

表 12—8　　期末调整汇兑损益计算表

项目	期末账面余额	期末调整额	汇兑损益
银行存款——美元户	USD 19 000/RMB 127 830	USD 19 000/RMB 125 400	2 430(贷)
短期借款	USD 23 000/RMB 154 150	USD 23 000/RMB 151 800	2 350(借)
应收账款	USD 2 000/ RMB 13 690	USD 2 000/ RMB 13 200	490(贷)
应收票据	USD 50 000/RMB 336 000	USD 50 000/RMB 330 000	6 000(贷)
应付账款	USD 7 000/ RMB 47 260	USD 7 000/ RMB 46 200	1 060(借)
库存商品——丙	USD 12 000/RMB 80 160	USD 12 000/RMB 79 200	960(贷)
合计			6 470(借)

期末调整汇兑损益的会计分录如下:

借:短期借款　　2 350
　　应付账款　　1 060
　　财务费用　　6 470
　贷:银行存款——美元户　　2 430
　　　应收账款　　490
　　　应收票据　　6 000
　　　库存商品——丙　　960

本章小结

会计上所说的企业外币交易,是指以外币计价或者结算的交易。会计所称的外币,是指企业记账本位币之外的币种。一个中国企业,如以人民币为记账本位币,则人民币以外的币种都是外币。如果一个中国企业所选用的记账本位币不是人民币(如美元),则人民币对该企业就成了外币,以人民币计价和结算的交易,就成了外币交易。

汇率是指两国货币之间的比价,即在外汇买卖交易中,一国货币单位用另一国货币单位表示的价格。我国会计准则规定：外币交易应当在初始确认时，采用交易发生日的即期汇率将外币金额折算为记账本位币金额；也可以采用按照系统合理的方法确定的、与交易发生日即期汇率近似的汇率折算。在资产负债表日，企业应当分别外币货币性项目和外币非货币性项目，进行汇兑损益的会计处理。

企业要进行经常的外币交易业务，首先必须在银行开立外汇账户。为了核算和监督企业外币交易业务，企业应设置各种外币账户。除金融企业外，我国一般企业发生外币交易业务，应按外币统账制处理，即一律折算成记账本位币记账。一般企业发生外币交易业务，应按双币记账反映，即对一笔业务在反映外币金额的同时，应反映记账本位币金额。在资产负债表日，企业应将外币账户按期末汇率调整，并计算和处理期末汇兑损益。

第十三章 外币报表折算

本章学习目标

通过学习本章，应该掌握集团公司将境外子公司报回的以外币编制的年报折算成以母公司记账本位币编制的报表。应该掌握外币报表折算的主要方法——现行汇率法、流动性与非流动性项目法、货币性与非货币性项目法、时态法。

第一节　外币报表折算概述

一、外币报表折算的含义

一国的集团公司如有子公司在境外经营，子公司必定采用所在国的币种作为记账本位币，与母公司的记账本位币不相同。到年末，境外子公司要将年报发回，与母公司的个别报表合并，编制合并报表，这时必须把子公司的报表按母公司所使用的记账本位币进行折算，以便编制合并报表，这就是外币报表折算。

二、外币报表折算需解决的主要问题

外币报表折算主要涉及两个问题，即折算汇率的选择和报表折算汇兑损益的处理。

(一)外币报表折算汇率的选择

所谓外币报表折算汇率的选择，就是外币报表的各个不同项目应采用什么汇率进行折算。不管是采用哪一种外币报表折算方法，所采用的汇率主要有三种：现时汇率、历史汇率和平均汇率(加权平均汇率)。

现时汇率，即资产负债表日汇率，就是在年末编制资产负债表当日的汇率。

历史汇率，即经济业务发生当时的汇率，如实收资本投入当日的汇率、固定资产购置当日的汇率等。

平均汇率(加权平均汇率)，即经济业务发生所在期间平均或加权平均的汇率。企业的主营业务收入、主营业务成本、费用等，应该是在某一会计期间不同时点随机发生，比较准确的做法是按每笔业务发生当日的汇率折算。但这样做，显然太繁琐，缺乏可操作性，而使用平均或加权平均汇率，就比较具有可操作性。但事实上，平均或加权平均汇率应如何计算，也是一个

非常复杂的问题，迄今在国际会计界没有一个合理的方法。

(二)外币报表折算汇兑损益的产生原因与处理

从境外报回的外币报表，各种勾稽关系必然是平衡的，即利润分配表的“未分配利润”项目金额与资产负债表的“未分配利润”项目金额必定相等，资产负债表左边的资产合计与右边的负债和所有者权益合计必定相等。但经过折算后，由于资产负债表、利润表、利润分配表的不同项目可能采用不同的汇率折算，原外币报表平衡的勾稽关系必然被破坏。这一可能形成的资产和负债与所有者权益合计的差额，或利润分配表中“未分配利润”的差额，就是外币报表折算汇兑损益。

外币报表折算汇兑损益的处理方法一般有：在当期利润表中作为非常项目列报，在资产负债表中作为折算调整额列报，在资产负债表中作为递延项目处理。

知识链接

我国会计准则规定的外币报表折算损益汇兑的处理方法，主要采用上述第二种，即在资产负债表中在所有者权益项目下作为调整额列报。

第二节　外币报表折算方法

一、外币报表折算的主要方法

(一)现行汇率法

现行汇率法是指对外币报表中的所有资产、负债项目都使用资产负债表日的汇率(即现行汇率)折算。由于这一方法在折算时，几乎使用统一的汇率，所以又被称为“单一汇率法”。在现行汇率法中，实收资本项目按形成时的汇率即历史汇率折算；利润表中的收入、成本、费用理论上应按某项业务被确认时的汇率折算，但由于这样操作过于繁琐，经常表现出缺乏可操作性，所以一般按平均汇率或加权平均汇率折算。

1. 现行汇率法的优点

(1)折算方法简单易行，使用单一汇率对所有资产、负债项目进行折算，不需要进行任何区分，操作起来比较方便。

(2)由于在资产、负债项目折算时使用同一个汇率，所以，折算后能保持报表资产、负债各项目折算前的比例关系，不会改变原子公司会计报表中一些重要的财务比例关系。

2. 现行汇率法的缺点

(1)现行汇率法对子公司所有资产、负债项目按现行汇率折算，实际是假定子公司按所在国货币表示的所有资产、负债都同样暴露在外汇风险中，实际上这不是事实。例如，子公司的所在国客观上存在通货膨胀，则子公司的货币性项目，如银行存款等，暴露在外汇风险中，即随货币币值的下降，其购买力也随之下降；但非货币性项目，如固定资产，则没有暴露在外汇风险中，即随币值的下降，其交换价值会上升。对货币性项目和非货币性项目按同样的汇率折算，显然缺乏合理性。

(2)所有者权益项目中，实收资本项目按历史汇率折算，其他项目按现行汇率折算，使折算后子公司资产负债表的所有者权益项目整体表示的既不是历史成本，也不是现行市价，这样，子公司所有者权益整体的价值，就失去了信息表达的意义。

（二）流动性与非流动性项目法

流动性与非流动性项目法是先将资产和负债项目区分成流动性项目和非流动性项目两大类。流动性项目，是指一年或长于一年的一个营业周期内能变现或被耗用的资产，以及一年内会到期的负债；非流动性项目，是指一年或长于一年的一个营业周期内不会变现或耗用的资产，以及一年内不会到期的负债。在报表折算时，对流动性项目按报表编制日的现行汇率折算，对非流动性项目按资产、负债形成时的历史汇率折算。对于所有者权益项目，则实收资本、资本公积项目按形成时的历史汇率折算，留存收益项目按平均汇率折算。而利润表项目折算汇率的采用，与现行汇率法基本相同。

1. 流动性与非流动性项目法的合理性

流动性与非流动性项目法折算的合理性表现在：流动性项目在近期内（如一年内）会变现或到期，所以用现行汇率折算比较合理；而非流动性项目如固定资产，在近期内不会变现，如长期负债，在近期内不会到期，所以不受现行汇率的影响，应使用形成时的历史汇率，比较合理。

2. 流动性与非流动性项目法的缺陷

但流动性与非流动性项目法也存在问题，主要表现在：

（1）使用现行汇率（即资产负债表日汇率）对所有流动性资产进行折算，显然将现金、应收账款和存货等流动资产等同看待了。很明显，在通货膨胀的情况下，现金和应收账款收回后的购买力，会随货币币值的下降而下降；而存货的交换价值，却会随货币币值的下降而上升。

（2）非流动性项目按历史汇率折算，也可能掩盖了汇率变动对相应项目实际价值的影响。如长期负债项目，当子公司所在国处于持续的通货膨胀时，如一直用历史汇率折算，实际上是将由于所在国币值变动形成的影响一直递延到负债结清年度，显然有悖会计真实性原则的要求。

（3）某些流动性项目计价基础和折算汇率的不一致，影响了折算后项目金额的含义。如存货项目，其计价基础一般为历史成本，而报表折算时，却使用现行汇率，使其折算后金额既非历史成本，又非现行价格，含义混乱。

（4）由于流动性与非流动性项目采用不同的汇率折算，使资产负债表的资产部分和负债部分折算后项目结构比例关系被破坏。

（三）货币性与非货币性项目法

货币性与非货币性项目法是为改进流动性与非流动性项目法而提出的。货币性与非货币性项目法将资产负债表中的资产与负债项目分为货币性项目和非货币性项目两类，货币性项目按现行汇率折算，非货币性项目按历史汇率折算，所有者权益项目和利润表项目采用的折算汇率与流动性与非流动性项目法基本相同。

货币性与非货币性项目法一定程度上是对流动性与非流动性项目法的改进，其改进在于：货币性项目暴露在外汇风险中，货币性项目的主要特征是其价值按子公司所在国货币的固定金额表示，当该货币币值发生变动（汇率变动）时，这些项目的本国货币等值就会发生变动，所以，外币报表的货币性项目按报表编制日现行汇率折算是合理的。由于长期负债也是货币性项目，同样用现行汇率折算，避免了在流动性与非流动性项目法中，长期负债采用历史汇率折算所导致的问题。而非货币性项目在汇率变动时，其价值随当地通货膨胀的变动贬值或升值，因此，采用历史汇率折算，就比较合理。

但是，货币性与非货币性项目法对报表项目的分类仍然比较武断，没有充分依据说明这一分类与所使用不同汇率的必然联系，在报表折算汇率使用的合理性上，还是没有充分的依据。

(四)时态法

时态法要求按照外币财务报表上资产和负债项目的计价时间，分别采用现行汇率和历史汇率进行折算。对现金、应收账款、长期负债等货币性项目，按现行汇率（资产负债表日汇率）折算；对其他非货币性资产、负债项目，则视其计价基础的不同，分别按采用历史汇率或现行汇率折算。即以历史成本记录的资产和负债项目，按历史汇率折算；按现时价格记录的资产和负债项目，按现行汇率折算。所有者权益项目和利润表项目折算汇率的使用，与上面三种方法基本相同。

知识链接

采用时态法的理由：外币折算实际上是将外币财务报表项目按不同的货币单位重新表述的过程，在这一过程中，改变的只是计量单位，而表述被计量项目的属性。因此，外币财务报表项目应按各项目计量日期的实际汇率折算，这样才能保证折算后子公司会计报表项目的计量基础不发生变化。

(五)四种折算方法的比较

上述四种折算方法在汇率选择上的区别主要表现在资产负债表项目上；在利润表项目上，折算汇率的选择，基本是相同的。在上述四种折算方法中，我国会计准则规定基本采用现行汇率法。美国基本采用时态法。从世界各国情况看，现行汇率法和时态法最常被采用。

表 13—1　　四种折算方法下的汇率采用

项　目	现行汇率法	流动性与非流动性项目法	货币性与非货币性项目法	时态法
现金	现行汇率	现行汇率	现行汇率	现行汇率
应收账款	现行汇率	现行汇率	现行汇率	现行汇率
存货				
按成本计价	现行汇率	现行汇率	历史汇率	历史汇率
按市价计价	现行汇率	现行汇率	历史汇率	现行汇率
投资				
按成本计价	现行汇率	历史汇率	历史汇率	历史汇率
按市价计价	现行汇率	历史汇率	历史汇率	现行汇率
固定资产	现行汇率	历史汇率	历史汇率	历史汇率
无形资产	现行汇率	历史汇率	历史汇率	历史汇率
应付账款	现行汇率	现行汇率	现行汇率	现行汇率
长期负债	现行汇率	历史汇率	现行汇率	现行汇率
实收资本	历史汇率	历史汇率	历史汇率	历史汇率
留存收益	平均汇率	平均汇率	平均汇率	平均汇率

二、我国会计准则对外币报表折算的规定

我国会计准则对境外经营子公司的外币财务报表进行折算时,做了以下规定:

1. 资产负债表中的资产和负债项目,采用资产负债表日的即期汇率折算,所有者权益项目除“未分配利润”项目外,其他项目采用发生时的即期汇率折算。

2. 利润表中的收入和费用项目,采用交易发生日的即期汇率折算;也可以采用按照系统合理的方法确定的、与交易发生日即期汇率近似的汇率折算。

3. 按照上述1、2折算产生的外币财务报表折算差额,在资产负债表中所有者权益项目下单独列示。

4. 比较财务报表的折算,比照上述规定处理。

5. 境外经营处于恶性通货膨胀经济的判断和境外经营子公司财务报表的折算。

(1)境外经营处于恶性通货膨胀经济的判断:

①最近3年累计通货膨胀率接近或超过100%。

②利率、工资和物价与物价指数挂钩。

③公众不是以当地货币,而是以相对稳定的外币为单位作为衡量货币金额的基础。

④公众倾向于以非货币性资产或相对稳定的外币来保存自己的财富,持有的当地货币立即用于投资以保持购买力。

⑤即使信用期限很短,赊销、赊购交易仍按补偿信用期预计购买力损失的价格成交。

(2)企业对处于恶性通货膨胀经济中的境外经营子公司的财务报表,应当按照下列规定进行折算:

①对资产负债表项目运用一般物价指数予以重述,对利润表项目运用一般物价指数变动予以重述,再按照最近资产负债表日的即期汇率进行折算。

②在境外经营不再处于恶性通货膨胀经济中时,应当停止重述,按照停止之日的价格水平重述的财务报表进行折算。

6. 企业在处置境外经营时,应当将资产负债表中所有者权益项目下列示的、与该境外经营相关的外币财务报表折算差额,自所有者权益项目转入处置当期损益;部分处置境外经营的,应当按处置的比例计算处置部分的外币财务报表折算差额,转入处置当期损益。

7. 如企业选定的记账本位币不是人民币,应当按照外币报表折算的规定,在期末将其财务报表折算为人民币财务报表。

第三节 外币报表折算示例

一、采用现行汇率法进行外币报表折算的会计处理示例

采用现行汇率法进行外币报表折算,其折算损益列示于资产负债表的所有者权益项下,所以折算时,应先折算利润表和利润分配表,折算得出的“未分配利润”,抄入资产负债表的所有者权益项中,然后分别折算资产、负债、所有者权益项目,并将折算后资产合计与负债和所有者权益合计的差额,作为外币报表折算差额,列示于资产负债表的所有者权益项下。

【例13-1】 某上市公司的一家子公司的会计报表编报货币为美元。期初汇率为1美元

=6.2 元人民币，期末汇率为 1 美元=6.6 元人民币。母公司对子公司投资的历史汇率为 1 美元=6.0 元人民币。该公司采用现行汇率法对子公司的外币会计报表进行折算。资产负债表(含比较资产负债表)中的资产、负债项目，采用相应资产负债表日的即期汇率折算；其他所有者权益项目除“未分配利润”外，采用相应项目入账时的即期汇率折算。利润表(含比较利润表)中的损益项目，采用交易发生日的即期汇率折算。有关外币会计报表以及折算后会计报表如表 13—2 和表 13—3 所示。

表 13—2　　**资产负债表(折算前后)**　　单位：万元

资　产	折算前(美元)	折算汇率	折算后(人民币)	负债与所有者权益	折算前(美元)	折算汇率	折算后(人民币)
现金及应收账款	520	6.6	3 432	流动负债	420	6.6	2 772
存货	190	6.6	1 254	长期负债	210	6.6	1 386
长期股权投资	110	6.6	726	实收资本	160	6.0	960
固定资产	160	6.6	1 056	留存收益	240		2 376
无形资产及其他资产	50	6.6	330	外币财务报表折算差额			—696
合　计	1 030		6 798	合　计	1 030		6 798

表 13—3　　**利润表及利润分配表(折算前后)**　　单位：万元

项　目	折算前(美元)	折算汇率	折算后(人民币)
营业收入	2 430	6.6	16 038
减：营业成本	1 810	6.6	11 946
减：管理费用	120	6.6	792
加：营业外收入	30	6.6	198
利润总额	530		3 498
减：所得税费用	80	6.6	528
净利润	450		2 970
减：利润分配	90	6.6	594
未分配利润	360		2 376

二、采用时态法进行境外子公司外币报表折算的会计处理示例

采用时态法进行外币报表折算，其报表折算差额列示于利润表中，所以在折算时，必须先折算资产负债表，折算得出的“未分配利润”抄入利润分配表，然后折算利润表和利润分配表，将折算差额最后列示于利润表。

【例 13—2】　拉美公司是一家总公司在中国的美国子公司，其 2016 年的利润表、利润分配表、资产负债表见表 13—4 和表 13—5。

表 13—4 **拉美公司 2016 年资产负债表** 单位:万元

资产	金额	负债及所有者权益	金额
现金	40	应付账款	120
应收账款	80	短期借款	150
存货	180	长期借款	330
长期股权投资	100	实收资本	250
固定资产	500	留存收益	50
合计	900	合计	900

表 13—5 **拉美公司利润及利润分配表** 单位:万元

项目	金额
产品销售收入	600
减:产品销售成本	400
产品销售费用	60
折旧费用	40
税前利润	100
减:所得税	30
净利润	70
加:期初未分配利润	70
可供分配利润	140
减:股利分配	20
期末未分配利润	120

注:上期折算后,未分配利润人民币数额为 560 万元。

有关汇率如下:2016 年 12 月 31 日现行汇率为 \$1=￥6.9;2016 年平均汇率为 \$1=￥6.1,子公司收到投入资本时汇率为 \$1=￥6.3;子公司对外投资时汇率为 \$1=￥6.2,存货购入时汇率为 \$1=￥6.0,固定资产购入时汇率为 \$1=￥6.2,长期负债发生时汇率为 \$1=￥6.3,股利支付日汇率为 \$1=￥6.2。

先折算资产负债表,见表 13—6。

表 13—6 **折算后的拉美公司资产负债表** 单位:万元

资产	美元	折算汇率	人民币	负债与所有者权益	美元	折算汇率	人民币
现金	40	6.90	276	应付账款	120	6.90	828
应收账款	80	6.90	552	短期借款	150	6.90	1 035
存货	180	6.00	1080	长期借款	330	6.30	2 079
长期股权投资	100	6.20	620	实收资本	180	6.30	1 134
固定资产	500	6.20	3 100	未分配利润	120	—	552
合计	900		5 628	合计	900		5 628

说明:按时态法,在折算资产负债表时,先按相应汇率折算左边资产部分,得出折算后合计 5 628 万元人民币,然后抄入右边负债与所有者权益合计。负债与所有者权益的其他项目按相应汇率折算,然后倒算未分配利润,计算如下:

5 628－828－1 035－2 079－1 134＝552(万元)

将未分配利润 552 万元抄入利润与利润分配表,再倒挤报表折算损益。处理如下:

表 13－7　　拉美公司利润与利润分配表　　单位:万元

项　目	美元金额	折算汇率	人民币金额
产品销售收入	600	6.10	3 660
减:产品销售成本	400	6.10	2 440
产品销售费用	60	6.10	366
折旧费用	40	6.20	248
减:折算损益			307
税前利润	100		299
减:所得税	30	6.10	183
净利润	70		116
加:期初未分配利润	70		560
可供分配利润	140		676
减:股利分配	20	6.20	124
期末未分配利润	120		552

说明:利润与利润分配表折算时,产品销售收入、产品销售成本、产品销售费用、折旧费用、所得税、股利分配等项目按相应汇率进行折算,期初未分配利润(560 万元人民币)从上年利润分配表抄入,期末未分配利润(552 万元人民币)从折算后的资产负债表抄入。由此可倒挤出净利润。计算过程如下:

(1)计算可供分配利润:552＋124＝676(万元)

(2)计算净利润:676－560＝116(万元)

(3)计算税前利润:116＋183＝299(万元)

(4)计算折算损益:

设:折算损益为 X,则:

3 660－2 440－366－248－X＝299

X＝3 660－2 440－366－248－299＝307(万元)

三、外币报表折算的披露

在进行境外子公司外币报表折算后,企业应当在其报表附注中披露与外币报表折算有关的下列信息:.

(1)企业及其境外经营选定的记账本位币及选定的原因;记账本位币发生变更的,说明变更理由。

(2)采用近似汇率的,说明近似汇率的确定方法。

(3)计入当期损益的汇兑差额。

(4)处置境外经营对外币报表折算差额的影响。

本章小结

一国的集团公司如有子公司在境外经营,子公司必定采用所在国的币种作为记账本位币,与母公司的记账本位币不相同。到年末,境外子公司要将年报发回,与母公司的个别报表合并,编制合并报表,这时必须把子公司的报表按母公司所使用的记账本位币进行折算,以便编制合并报表,这就是外币报表折算。

各种勾稽关系必然是平衡的,即利润分配表的"未分配利润"项目金额与资产负债表的"未分配利润"项目金额必定相等,资产负债表左边的资产合计与右边的负债和所有者权益合计必定相等。但经过折算后,由于资产负债表、利润表、利润分配表的不同项目可能采用不同的汇率折算,原外币报表平衡的勾稽关系必然被破坏。这一可能形成的资产和负债与所有者权益合计的差额,或利润分配表中"未分配利润"项目的差额,就是外币报表折算汇兑损益。

现行汇率法是指对外币报表中的所有资产、负债项目都使用资产负债表日的汇率(即现行汇率)折算。由于这一方法在折算时,几乎使用统一的汇率,所以又被称为"单一汇率法"。在现行汇率法中,实收资本项目按形成时的汇率即历史汇率折算;利润表中的收入、成本、费用理论上应按某项业务被确认时的汇率折算,但由于这样操作过于繁琐,经常表现出缺乏可操作性,所以一般按平均汇率或加权平均汇率折算。

主要参考文献

1. 中华人民共和国会计法(1999 年修订)。
2. 企业会计准则编审委员会:《企业会计准则(2017 年版)》,立信会计出版社 2017 年版。
3. 企业会计准则编审委员会:《企业会计准则解释第 1~8 号》(2013 年)。
4.《企业会计准则案例讲解(2017 年版)》,立信会计出版社 2017 年版。
5. 徐斌、吕昊明、杨茅甄主编:《高级财务会计》,上海三联书店 2011 年版。
6. 陈信元主编:《高级财务会计》(第二版),上海财经大学出版社 2015 年版。

《高级财务会计》课时安排

章 名	课时数
第一章 企业合并会计概述	3
第二章 同一控制下的企业合并	3
第三章 非同一控制下的企业合并	6
第四章 合并财务报表概述	6
第五章 购并日合并财务报表的编制	3
第六章 购并日后合并财务报表的编制	3
第七章 集团公司内部交易事项的处理	6
第八章 信息披露	3
第九章 公允价值会计	3
第十章 租赁会计	3
第十一章 企业财务困境	3
第十二章 外币交易会计	3
第十三章 外币报表折算	3
合 计	48

普通高等教育会计专业**精品课程**系列教材

高级财务会计
习题与案例

张　洁　主编

上海财经大学出版社

目 录

CONTENTS

第一篇　企业合并与合并报表

第二篇 其他特殊业务会计

第一篇

企业合并与合并报表

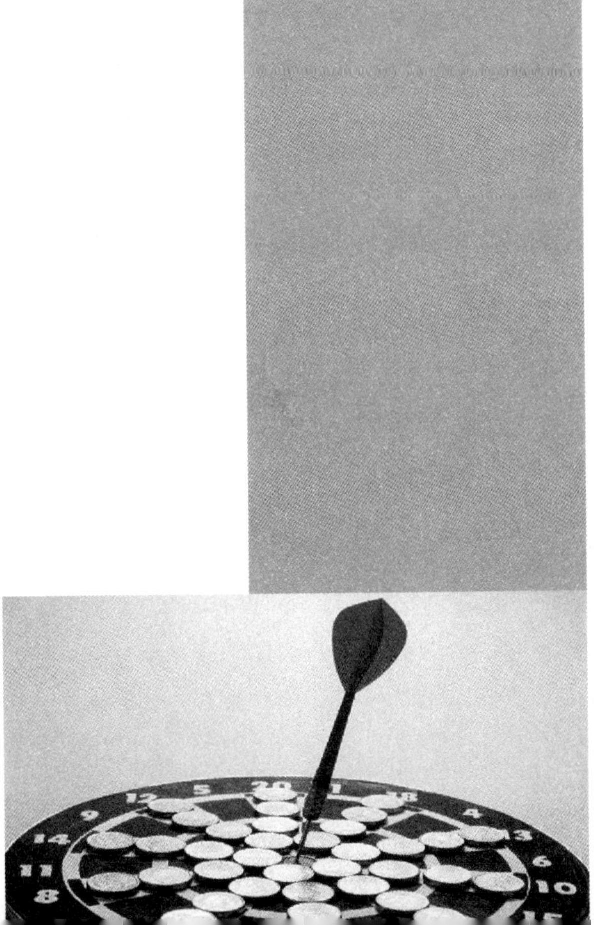

第一章
企业合并会计概述

一、本章重点与难点

1. 重点:企业合并的方式与类型,企业合并的会计处理方法。
2. 难点:购买法、权益结合法。

二、本章练习题

(一)判断题

1. 控股合并后,合并企业与被合并企业仍然是两个独立的法律主体和会计主体。( )
2. 新设合并后,参与合并的各方的法律地位均丧失。( )
3. 同一控制下的企业合并是指参与合并的企业在合并前后均受同一方或相同的多方最终控制,该控制并无具体时间要求。( )
4. 权益结合法下不存在商誉和负商誉的问题。( )
5. 为进行企业合并支付的审计费用、进行资产评估的费用以及有关的法律咨询费用等,应当冲减盈余公积和未分配利润。( )
6. 在购买法下,需要确定和分配合并成本。( )
7. 商誉是企业不可单独辨认的资产,它不能单独在市场上销售或交换,而只能与企业整体一起确认或转让。( )
8. 权益结合法的特点是将合并视为股权联合的行为,而不是资产交易。( )
9. 权益结合法虽然方法简单、便于操作,但是不能准确反映企业合并的经济实质。( )
10. 非同一控制下企业合并需要披露购买日的确定依据。( )

(二)单项选择题

1. 下列合并形式中,需要编制合并财务报表的是( )。

A. 吸收合并　　B. 控股合并　　C. 新设合并　　D. 以上三种形式

2. 下列事项中,不属于企业合并准则中所界定的企业合并的是( )。

A. 公司通过发行普通股自 B 公司原股东处取得 B 公司的全部股权,交易事项发生后,B 公司仍维持其独立法人资格持续经营

B. A 公司购买 B 公司 10%的股权

C. 公司支付对价取得 B 公司的净资产,交易事项发生后,B 公司失去法人资格

D. A 公司以其资产作为出资投入 B 公司，取得对 B 公司的控制权，交易事项发生后 B 公司仍维持其独立法人资格继续经营

3. 下列不是权益结合法优点的是（　　）。

A. 有利于促进企业合并的进行

B. 符合持续经营假设

C. 方法简单、便于操作

D. 不能准确反映企业合并的经济实质

4. 企业合并后仍维持其独立法人资格继续经营的是（　　）。

A. 控股合并　　B. 吸收合并　　C. 新设合并　　D. 换股合并

5. 关于同一控制下企业合并的处理中，下列说法不正确的是（　　）。

A. 要对合并报表产生的商誉进行处理

B. 进行合并日会计处理时，不存在投资资产账面价值和公允价值的差额

C. 编制合并报表时，取得被合并方净资产按照账面价值确认应有份额的金额

D. 编制合并报表时，不存在合并商誉

（三）多项选择题

1. 企业合并的方式有（　　）。

A. 吸收合并　　B. 新设合并　　C. 购买合并　　D. 控股合并

E. 分散合并

2. 下列关于吸收合并的表述，正确的有（　　）。

A. 吸收合并是指两个或两个以上的企业合并成为一个或两个企业

B. 吸收合并是指两个或两个以上的企业合并成为一个单一的企业

C. 合并后一个企业保留法人资格，其他企业的法人资格消失

D. 合并后一个企业保留法人资格，其他企业的法人资格仍存在

E. 吸收合并通常由继续存在的企业以现金购买或用股票交换被合并企业的净资产

3. 下列关于控股合并的表述，正确的有（　　）。

A. 控股合并是企业通过收购其他企业的股份达到对其他企业进行控制

B. 控股合并是企业通过相互交换股票达到对其他企业进行控制

C. 控股合并后购买企业称为“子公司”，被购买股份的企业成为“母公司”

D. 控股合并后购买企业称为“母公司”，被购买股份的企业成为“子公司”

E. 控股合并后，控股和被控股企业相互组成一个集团

4. 下列属于购买法特点的是（　　）。

A. 将企业合并视为一种净资产和控制权的买卖交易

B. 需要确定和分配合并成本

C. 可能产生商誉或负商誉

D. 没有新的计价基础

E. 需要尽可能保留被合并企业的留存收益

5. 按照企业合并准则，下列有关同一控制下企业合并的理解，正确的有（　　）。

A. 合并各方合并前后均受同一方最终控制

B. 合并各方合并前后均受相同的多方最终控制

C. 合并各方在合并前后较长时间内受最终控制方所控制，一般为 1 年以上(含 1 年)
D. 合并成本大于被合并方所有者权益份额的差额确认为商誉
E. 进行企业合并发生的直接相关费用计入合并成本

三、复习思考题

1. 企业合并的方式和类型有哪些?
2. 企业合并的会计处理主要涉及哪些问题?
3. 比较权益结合法和购买法的特点。
4. 同一控制下企业合并与非同一控制下企业合并的会计信息披露要求有什么不同？为什么?

四、案例分析题

为消除控股股东江西高速公路投资发展(控股)有限公司(以下简称高速控股)子公司江西赣粤高速公路工程有限责任公司(以下简称赣粤工程)与江西赣粤高速公路股份有限公司(以下简称赣粤高速)子公司江西赣粤高速公路养护工程有限责任公司的同业竞争问题，减少关联交易，赣粤高速 2007 年 12 月 20 日第三届董事会第二十五次会议，审议通过了《关于公司拟受让江西赣粤高速公路工程有限责任公司 15%股权的议案》;2007 年 12 月 24 日江西省国有资产监督管理委员会以“赣国资产权字[2007]409 号文”同意该股权转让事项；该股权转让价格以 2007 年 12 月 31 日为基准日评估的该公司净资产价值为依据确定转让价款为 1 925 万元。并于 2008 年 4 月支付了该股权转让款。

思考与分析:

(1)该企业合并是属于同一控制下企业合并还是非同一控制下企业合并?
(2)如何确定此次合并的购买日?

第二章 同一控制下的企业合并

一、本章重点与难点

1. 重点:同一控制下吸收合并、新设合并和控股合并的业务处理。
2. 难点:同一控制下控股合并的核算。

二、本章练习题

(一)判断题

1. 只要是参与合并的企业在合并前后受同一方或相同的多方最终控制,就是同一控制下的企业合并。 ( )
2. 同一控制下企业合并中不产生新的资产和负债。 ( )
3. 为进行企业合并支付的审计费用,应列入当期的营业外支出。 ( )
4. 合并方对同一控制下吸收合并中取得的资产和负债,应当按照被合并方的资产和负债的公允价值入账。 ( )
5. 控股合并方式的企业合并业务,应通过“长期股权投资”账户进行核算。 ( )
6. 我国国有企业之间发生的吸收合并,会计处理应以公允价值为计价基础。 ( )
7. 长期股权投资成本的计量,与同一控制下企业合并合并方支付的合并对价无关。 ( )
8. 在同一控制下企业合并中,当被合并方在合并前采用的会计政策与合并方不一致时,应首先统一会计政策。 ( )
9. 对于同一控制下合并方发行股票的企业合并,合并方和被合并方合并后的总资产和总负债等于合并方和被合并方的资产之和和负债之和。 ( )
10. 为企业合并发行的债券或承担其他债务支付的手续费、佣金等,应当计入所发行债券及其他债务的初始计量金额。 ( )

(二)单项选择题

1. 依据企业会计准则的规定,下列有关企业合并的表述中,不正确的是( )。

A. 企业合并是将两个或两个以上单独的企业合并形成一个报告主体的交易或事项

B. 受同一母公司控制的两个企业之间进行的合并,通常属于同一控制下的企业合并

C. 同一控制下的控股合并发生当期,合并方于期末编制合并利润表时应包括被合并方自合并当期期初至期末的净利润

D. 同一控制下的企业合并中，合并成本是购买方为取得对被购买方的控制权支付对价的公允价值及各项直接相关费用之和

2. A 公司于 2017 年 7 月 1 日以账面价值 7 000 万元、公允价值 9 000 万元的资产交换甲公司对 B 公司 100%的股权，使 B 成为 A 的全资子公司，另发生直接相关税费 40 万元，合并日 B 公司所有者权益账面价值为 8 000 万元。假如合并各方同属一个集团公司，A 公司合并成本和“长期股权投资”的初始确认值为(　　)万元。

A. 7 000，8 000　　B. 9 000，8 000　　C. 9 040，8 000　　D. 7 000，8 040

3. 下列关于同一控制下企业合并的处理原则，说法不正确的是(　　)。

A. 合并方在合并中确认取得的被合并方的资产、负债仅限于被合并方账面上原已确认的资产和负债

B. 合并中不产生新的资产和负债

C. 合并中取得的资产、负债在满足确认条件后，应以其公允价值计量

D. 合并方在合并中取得的被合并方各项资产、负债，应维持其在被合并方的原账面价值不变

4. 同一控制下的吸收合并中，下列说法不正确的是(　　)。

A. 合并方对同一控制下吸收合并中取得的资产、负债，应当按照相关资产、负债在被合并方的原账面价值入账

B. 以发行权益性证券方式进行的该类合并，所确认的净资产入账价值与发行股份面值总额的差额，应计入资本公积(资本溢价或股本溢价)；资本公积(资本溢价或股本溢价)的余额不足冲减的，相应冲减盈余公积和未分配利润

C. 合并方为进行企业合并发生的各项直接相关费用，包括为进行企业合并而支付的审计费用、评估费用、法律服务费用等，应当于发生时计入合并成本

D. 以支付现金、非现金资产方式进行的该类合并，所确认的净资产入账价值与支付的现金、非现金资产账面价值的差额，相应调整资本公积(资本溢价或股本溢价)；资本公积(资本溢价或股本溢价)的余额不足冲减的，应冲减盈余公积和未分配利润

5. 对于同一控制下的控股合并形成的长期股权投资，在合并日母公司所支付对价的账面价值与所取得子公司净资产的账面价值的份额之间的差额，应当(　　)。

A. 确认为商誉

B. 直接计入当期损益

C. 直接调整未分配利润

D. 首先调整资本公积，资本公积不够冲减的，冲减留存收益

6. 同一控制下企业合并的核算应以(　　)为计价基础。

A. 公允价值　　B. 账面价值　　C. 现值　　D. 重置价值

7. 甲公司和乙公司同为 A 集团的子公司。2017 年 1 月 1 日，甲公司以银行存款 920 万元取得乙公司所有者权益的 80%，同日乙公司所有者权益的账面价值为 1 000 万元，公允价值为 1 100 万元。假定甲公司“资本公积——资本溢价”为 100 万元，2017 年 1 月 1 日，甲公司应调减的留存收益为(　　)万元。

A. 100　　B. 120　　C. 20　　D. 0

8. 2017 年 1 月 1 日，甲公司发行 1 000 万股普通股(每股面值 1 元，市价 5 元)作为合并对价取得乙企业 100%的股权，涉及合并各方均受同一母公司最终控制，合并日乙企业账面资产

总额为 5 000 万元，账面负债总额为 2 000 万元，甲公司合并成本与长期股权投资初始确认金额的差额为（　　）万元。

A. 商誉 3 000　B. 资本公积 3 000　C. 未分配利润 2 000　D. 资本公积 2 000

9. 2017 年 1 月 1 日，甲公司发行 1 000 万股普通股（每股面值 1 元，市价 5 元）作为合并对价取得乙企业 100%的股权，涉及合并各方均受同一母公司最终控制，合并日乙企业账面资产总额为 5 000 万元，账面负债总额为 2000 万元，甲公司长期股权投资的入账价值为（　　）万元。

A. 1 000　B. 3 000　C. 5 000　D. 2000

10. 同一控制下企业合并进行过程中发生的各项直接相关费用，应于发生时借记的账户是（　　）。

A. “长期股权投资”　B. “管理费用”　C. “财务费用”　D. “资本公积”

（三）多项选择题

1. 按照企业合并准则，下列有关同一控制下企业合并的理解，说法错误的有（　　）。

A. 合并各方合并前后只可能受同一方最终控制

B. 合并各方合并前后可能均受相同的多方最终控制

C. 合并各方在合并前后较长时间内受最终控制方所控制，一般为 3 年以上（含 3 年）

D. 合并成本大于被合并方所有者权益份额的差额不能确认商誉

E. 进行企业合并发生的直接相关费用计入合并成本

2. 按会计准则规定，以下关于同一控制下企业合并的理解中，正确的有（　　）。

A. 同一控制下企业合并，既需要确认被合并方原有商誉，又需要确认新形成的商誉

B. 同一控制下企业合并，需要确认被合并方原有商誉

C. 同一控制下企业合并，不确认新的商誉

D. 同一控制下企业合并，不确认被合并方原有商誉

E. 同一控制下企业合并，需要确认新的商誉

3. 下列关于同一控制下企业合并发生的直接相关费用，说法正确的有（　　）。

A. 一般情况下，同一控制下企业合并进行合并过程中发生的各项直接相关费用，应于发生时费用化，借记“管理费用”等账户，贷记“银行存款”等账户

B. 以发行债券方式进行的企业合并，与发行有关的佣金、手续费等应计入负债的初始计量金额中，如是折价发行，则增加折价金额；如是溢价发行，则减少溢价金额

C. 以权益性证券作为合并对价的，与发行有关的佣金、手续费等，不管其与企业合并是否直接相关，均应从所发行权益性证券的发行溢价收入中扣除

D. 某部门为了寻找相关的购并机会，维持该部门日常运转的有关费用，属于与企业合并直接相关的费用

E. 为进行企业合并支付的审计费用、资产评估费用以及有关的法律咨询费用等增量费用，属于为进行企业合并发生的有关费用

4. 下列对于同一控制下企业合并的说法，正确的有（　　）。

A. 同一控制下企业合并进行过程中发生的各项直接相关的费用，一般应于发生时费用化，计入当期损益

B. 合并中不产生新的资产和负债

C. 合并方在合并中取得的被合并方各项资产、负债，应维持其在被合并方的原账面价值不变

D. 合并方在合并中取得的净资产的入账价值与为进行企业合并支付的对价的账面价值之间的差额，不作为资产的处置损益

E. 合并方在编制合并日的合并利润表时，应包含合并方及被合并方自合并当期期初至合并日实现的净利润

5. 以发行债券方式进行的企业合并，与发行债券相关的佣金、手续费的处理，正确的说法有（　　）。

A. 债券如为溢价发行的，该部分费用应减少合并成本

B. 债券如为折价发行的，该部分费用应增加合并成本

C. 债券如为溢价发行的，该部分费用应减少溢价的金额

D. 债券如为折价发行的，该部分费用应增加折价金额

E. 债券如为溢价发行的，该部分费用应减少管理费用

6. 在同一控制下的企业合并中，同时满足（　　）的，可认定为实现了控制权的转移。

A. 企业合并合同或协议已获股东大会通过

B. 企业合并事项需要经过国家有关主管部门审批的，已获批准

C. 参与合并各方已办理了必要的财产交接手续

D. 合并方或购买方已支付了合并价款的大部分（一般应超过 50%），并且有能力、有计划支付剩余款项

E. 合并方或购买方实际上已经控制了被合并方或被购买方的财务和经营政策，并享有相应的利益，承担相应的风险

A 公司有关企业合并资料如下：

（1）2017 年 6 月 30 日，A 公司以一项账面价值为 500 万元的固定资产（原价 600 万元，累计折旧 100 万元）和一项原价为 1 500 万元、累计摊销 1 000 万元的无形资产为对价，取得同一集团内另一家全资企业 B 公司 70% 的股权。当日办理完毕股权转让相关手续。

（2）A 公司为进行企业合并支付了审计费用、资产评估费用以及有关的法律咨询费用等共计 5 万元。

（3）合并日，A 公司和 B 公司所有者权益（已考虑 A 公司合并日相关处理）构成如下表所示：

项　目	A 公司	B 公司
股本	3 600	200
资本公积（股本溢价）	500	600
盈余公积	800	300
未分配利润	2 000	900
合　计	6 500	2 000

注：B 公司所有者权益账面价值为相对于集团最终控制方而言的金额。

(4)合并日,A公司和B公司的利润构成如下表所示:

利润表(简表)

2017年1月1日至6月30日　　单位:万元

项　目	A公司	B公司
一、营业收入	4 250	1 200
减:营业成本	3 380	955
销售费用	80	25
管理费用	190	85
加:投资收益	30	10
二、营业利润	630	145
……		
三、净利润	630	145

要求:根据上述资料,不考虑其他因素,回答第7题和第8题:

7. 下列有关A公司在2017年6月30日的会计处理,正确的有(　　)。

A. 长期股权投资初始确认金额为1 400万元

B. 作为对价的固定资产不确认处置损益

C. 作为对价的无形资产不确认处置损益

D. 确认的商誉为400万元

E. 确认的资本公积为400万元

8. 下列有关A公司在2017年6月30日合并财务报表的处理,不正确的有(　　)。

A. 合并资产负债表资本公积列报金额为0

B. 合并资产负债表盈余公积列报金额为925万元

C. 合并资产负债表未分配利润列报金额为2 375万元

D. 合并利润表净利润列报金额为775万元

E. 不编制合并利润表

9. 关于同一控制下的企业合并,下列说法中正确的有(　　)。

A. 合并方在企业合并中取得的资产和负债,应当按照合并日在被合并方的公允价值计量

B. 合并方取得的净资产公允价值与支付的合并对价账面价值的差额,应当调整资本公积;资本公积不足冲减的,调整留存收益

C. 合并方取得的净资产公允价值与支付的合并对价公允价值的差额,应当调整资本公积;资本公积不足冲减的,调整留存收益

D. 合并方取得的净资产账面价值与支付的合并对价账面价值的差额,应当调整资本公积;资本公积不足冲减的,调整留存收益

E. 合并方在企业合并中取得的资产和负债,应当按照合并日在被合并方的账面价值计量

10. 关于同一控制下的企业合并,下列说法中正确的有(　　)。

A. 合并方为进行企业合并发生的各项直接相关费用,应当于发生时计入当期损益

B. 合并方为进行企业合并发生的各项直接相关费用,应当于发生时计入资本公积

C. 为企业合并发生的债券或承担其他负债支付的手续费、佣金等，应当计入所发行债券及其他债务的初始计量金额

D. 为企业合并发行的债券或承担其他债务支付的手续费、佣金等，应当计入当期损益

E. 企业合并中发行权益性证券发生的手续费、佣金等费用，应当冲减权益性证券溢价收入；溢价收入不足冲减的，冲减留存收益

(四)计算分析题

练习一

1. 目的：练习同一控制下吸收合并和控股合并的会计处理。

2. 资料：2017 年 7 月 31 日，A 公司以银行存款 960 万元取得同一集团内的 B 公司可辨认净资产份额的 100%。A、B 公司合并前有关资料如下表所示：

A、B 公司合并前资产负债表资料

2017 年 7 月 31 日　　单位：万元

项　目	A 公司	B 公司	
		账面价值	公允价值
货币资金	1 280	40	40
应收账款	200	360	360
存货	320	400	400
固定资产	1 800	600	700
资产合计	3 600	1 400	1 500
短期借款	380	100	100
应付账款	20	10	10
长期借款	600	290	290
负债合计	1 000	400	400
股本	1 600	500	
资本公积	500	150	
盈余公积	200	100	
未分配利润	300	250	
所有者权益合计	2 600	1 000	1 100

3. 要求：

(1)假设该合并为吸收合并，编制 A 公司的会计分录。

(2)假设该合并为控股合并，编制 A 公司的会计分录。

练习二

1. 目的：练习同一控制下吸收合并和控股合并的会计处理。

2. 资料：2017 年 6 月 30 日，甲公司向乙公司的股东定向增发 1 000 万股普通股（每股面值为 1 元，市价为每股 5.6 元）对乙公司进行合并，合并时产生相关费用 100 万元，用银行存款支付，并于当日取得对乙公司 80%的股权。参与合并企业在 2017 年 6 月 30 日企业合并前，有关资产、负债情况如下表所示：

甲、乙公司合并前资产负债表资料

2017 年 6 月 30 日　　单位：万元

项　目	甲公司	乙公司	
	账面价值	账面价值	公允价值
货币资金	2 000	200	200
应收账款	8 000	800	800
存货	10 000	4 000	5 000
长期股权投资	6 000	1 000	1 500
固定资产	15 000	8 000	9 500
无形资产	4 000	1 000	2 000
资产合计	45 000	15 000	19 000
短期借款	5 000	2 000	2 000
应付账款	3 000	1 000	1 000
其他负债	2 000	1 000	1 000
负债合计	10 000	4 000	4 000
实收资本（股本）	20 000	6 000	
资本公积	5 000	2000	
盈余公积	1 000	300	
未分配利润	9 000	2 700	
所有者权益合计	35 000	11 000	15 000

假定：

（1）甲公司和乙公司为同一集团内两个全资子公司，合并前其共同控制的母公司为丙公司。该项合并中，参与合并的企业在合并前及合并后均受丙公司最终控制。

（2）甲公司与乙公司在合并前未发生任何交易。

3. 要求：

（1）编制甲公司对乙公司控股合并的会计分录。

（2）若甲公司发行 1 000 万股普通股（每股面值为 1 元，市价为 12 元）对乙公司进行吸收合并，并于当日取得乙公司净资产。编制甲公司对乙公司吸收合并的会计分录。

三、复习思考题

1. 什么是同一控制下的企业合并？

2. 同一控制下企业合并会计处理的要点有哪些？

3. 同一控制下的企业合并，控股方式和非控股方式的会计处理有何不同？

四、案例分析题

2014 年 9 月 26 日，联建光电(300269)发布重组预案，公司拟以支付现金及发行股份相结合的方式收购上海友拓公关顾问有限公司(以下简称友拓公关)、深圳市易事达电子股份有限公司(以下简称易事达)各 100%股权，并募集配套资金，标的资产整体作价约 9.5 亿元。具体操作方案是：友拓公关 100%股权交易作价为 4.6 亿元，其中拟以现金方式支付 1.15 亿元，发行股份支付 3.45 亿元；易事达 100%股权交易价格为 4.89 亿元，其中现金支付 1.47 亿元，发行股份支付 3.42 亿元。

友拓公关的主营业务是为快速消费品、电子与高科技、教育、汽车等行业的企业及政府机构、非政府机构提供优质的公共关系服务，主要客户包括蒙牛乳业、加多宝等。易事达则主要从事 LED 高清节能全彩显示屏产品的研发、设计、生产和销售，是国内领先的 LED 显示方案专业服务商，产品可广泛应用于广告媒体、展览展示、舞台演艺等领域，其业务主要面向海外市场。重组完成后，联建光电将进一步强化上市公司传媒业务的服务能力，同时巩固和提升 LED 显示应用领域的竞争优势。

思考与分析：

(1)上市公司在实施控股合并时，对于是采用支付现金的方式还是以发行股份的方式，是如何决策的？

(2)上市公司在实施控股合并之后，应该如何整合业务？应该从哪几个方面考虑？

第三章 非同一控制下的企业合并

一、本章重点与难点

1. 重点:非同一控制下吸收合并、新设合并和控股合并的业务处理。
2. 难点:非同一控制下控股合并的核算。

二、本章练习题

(一)判断题

1. 非同一控制下企业合并的会计处理原则是权益结合法。 ( )
2. 购买日是购买方获得对被购买方控制权的日期,即企业合并交易进行过程中,发生控制权转移的日期。 ( )
3. 非同一控制下企业合并中发生的与企业合并直接相关的费用,应当计入营业外支出。 ( )
4. 非同一控制下企业合并中,企业合并成本小于合并中取得的被购买方可辨认净资产公允价值份额的差额,应当确认为商誉。 ( )
5. 非同一控制下企业合并中,企业合并成本大于合并中取得的被购买方净资产公允价值份额的部分,应当计入合并当期损益。 ( )
6. 非同一控制是指参与合并的各方在合并前后不受同一方或相同多方最终控制。 ( )
7. 购买方是指在非同一控制下的企业合并中取得对另一方或多方控制权的一方。 ( )
8. 合并商誉与合并差价的计量是一致的。 ( )
9. 合并商誉产生的计量基础是公允价值。 ( )
10. 非同一控制下企业合并中的各项合并费用,应当计入合并成本。 ( )

(二)单项选择题

1. 2015 年 12 月 20 日,A 公司董事会做出决定,准备购买 B 公司股份;2016 年 1 月 1 日,A 公司取得 B 公司 30%的股份,能够对 B 公司施加重大影响;2017 年 1 月 1 日,A 公司又取得 B 公司 40%的股份,从而能够对 B 公司实施控制;2018 年 1 月 1 日,A 公司又取得 B 公司 20%的股份,持股比例达到 90%。在上述情况下,购买日为( )。

A. 2016 年 1 月 1 日　　B. 2017 年 1 月 1 日

C. 2018 年 1 月 1 日　　D. 2015 年 12 月 20 日

2. 关于非同一控制下一次交换交易实现的企业合并，其合并成本为(　　)。

A. 购买方在购买日为取得对被购买方的控制权而付出的资产、发生或承担的负债以及发行的权益性证券的公允价值

B. 被合并方可辨认净资产公允价值

C. 被合并方可辨认净资产账面价值

D. 购买方在购买日为取得对被购买方的控制权而付出的资产、发生或承担的负债以及发行的权益性证券的账面价值

3. 甲公司 2017 年 4 月 1 日与乙公司原投资者 A 公司签订协议(已知甲公司和乙公司不属于同一控制下的公司)，协议约定甲公司以库存商品和承担 A 公司的短期还贷义务换取 A 所持有的乙公司股权，假设 2017 年 7 月 1 日合并日乙公司可辨认净资产公允价值为 1 100 万元，甲公司取得 70%的份额。甲公司投出存货的公允价值为 500 万元，增值税为 85 万元，账面成本为 400 万元，承担归还贷款义务 200 万元。甲公司 2017 年 7 月 1 日应确认的合并成本为(　　)万元。

A. 700　　B. 785　　C. 770　　D. 585

4. A 公司于 2017 年 7 月 1 日以账面价值 7 000 万元、公允价值 9 000 万元的资产交换甲公司对 B 公司 100%的股权，使 B 公司成为 A 公司的全资子公司，另发生直接相关税费 40 万元，为控股合并，购买日 B 公司可辨认净资产公允价值为 8 000 万元。假如合并各方没有关联关系，A 公司合并成本和"长期股权投资"的初始确认金额为(　　)万元。

A. 7 000，8 000　　B. 9 000，8 000　　C. 9 040，9 040　　D. 7 000，8 040

5. 2017 年 2 月 1 日，A 公司向 B 公司的股东定向增发 1 000 万股普通股(每股面值为 1 元)，对 B 公司进行合并，所发行股票每股市价 4 元。并于当日取得 B 公司 70%的股权，B 公司购买日可辨认净资产的公允价值为 4 500 万元，假定此合并为非同一控制下的企业合并，则 A 公司应确认的合并商誉为(　　)万元。

A. 1 000　　B. 750　　C. 850　　D. 960

6. 非同一控制下企业通过多次交换交易分步实现的企业合并，其合并成本为(　　)。

A. 被投资单位可辨认净资产的公允价值中享有的份额

B. 被投资单位可辨认净资产的账面价值中享有的份额

C. 每次支付对价的账面价值之和

D. 每一单项交换交易的成本之和

7. 甲公司和乙公司不属于同一控制下的公司，适用的增值税税率均为 17%。2017 年 1 月 1 日，甲公司以一台生产用设备(2016 年 1 月 1 日取得)投资取得乙公司所有者权益的 60%，该固定资产的公允价值为 2 000 万元，账面价值为 1 800 万元；同日，乙公司所有者权益的账面价值为 3 100 万元，公允价值为 3 500 万元。2017 年 1 月 1 日，甲公司应确认的合并成本为(　　)万元。

A. 1 860　　B. 2 140　　C. 2 340　　D. 2 100

8. 下列关于同一控制下的控股合并和非同一控制下的控股合并中产生的差额的处理中，说法正确的是(　　)。

A. 同一控制下，合并方在合并中将差额调整所有者权益相关项目，不影响企业合并当期的利润表；非同一控制下，合并方在合并中将差额计入商誉和当期损益，计入当期损

益时影响企业合并当期的利润表

B. 同一控制下和非同一控制下，合并方在合并中都将差额调整所有者权益相关项目，不影响企业合并当期的利润表

C. 同一控制下和非同一控制下，合并方在合并中都将差额计入商誉和当期损益，影响企业合并当期的利润表

D. 同一控制下，合并方在合并中将差额计入商誉和当期损益，影响企业合并当期的利润表；非同一控制下，合并方在合并中将差额调整所有者权益相关项目，不影响企业合并当期的利润表

9. 甲公司发行 1 000 万股普通股(每股面值 1 元，市价 5 元)作为合并对价取得乙公司 100%的股权，合并后乙公司维持法人资格继续经营，合并双方合并前无关联关系。合并日乙企业的可辨认资产公允价值总额为 5 000 万元，可辨认负债公允价值总额为 2 000 万元。甲公司的合并成本为(　　)万元。

A. 1 000　　B. 3 000　　C. 5 000　　D. 2 000

10. 非同一控制下企业合并的核算应以(　　)为计价基础。

A. 公允价值　　B. 账面价值　　C. 现值　　D. 重置价值

(三)多项选择题

1. 对于非同一控制下企业合并成本大于合并中取得的被购买方可辨认净资产公允价值份额的部分，正确的处理有(　　)。

A. 控股合并的情况下，购买方在其账簿及个别财务报表中应确认商誉

B. 吸收合并的情况下，购买方在合并财务报表中应列示商誉

C. 控股合并的情况下，购买方在其账簿及合并财务报表中应确认商誉

D. 吸收合并的情况下，购买方在其账簿及个别财务报表中应确认商誉

E. 控股合并的情况下，购买方在合并财务报表中应列示商誉

2. 企业合并采用购买法核算，其合并成本包括(　　)。

A. 发生的合并间接费用　　B. 发生的合并直接费用

C. 发生的全部合并费用　　D. 实际支付的购买价款

E. 被购买企业净资产的公允价值

3. 对非同一控制下企业合并的合并成本，下列说法中正确的有(　　)。

A. 一次交换交易实现的企业合并，合并成本为购买方在购买日为取得对被购买方的控制权而付出的资产、发生或承担的负债以及发行的权益性证券的公允价值

B. 通过多次交换交易分步实现的企业合并，合并成本为每一单项交易成本之和

C. 购买方为进行企业合并发生的各项直接相关费用，应当计入企业合并成本

D. 购买方为进行企业合并发生的各项直接相关费用，应当计入当期损益

E. 在合并合同或协议中对可能影响合并成本的未来事项作出约定的，购买日如果估计未来事项很可能发生并且对合并成本的影响金额能够可靠计量的，购买方应当将其计入合并成本

4. 购买方对合并成本与合并中取得的被购买方可辨认净资产公允价值份额的差额，下列说法中正确的有(　　)。

A. 购买方对合并成本大于合并中取得的被购买方可辨认净资产公允价值份额的差额，

应当确认为商誉

B. 购买方对合并成本大于合并中取得的被购买方可辨认净资产公允价值份额的差额，应当计入当期损益

C. 购买方对合并成本小于合并中取得的被购买方可辨认净资产公允价值份额的差额，应当确认为商誉

D. 购买方对合并成本小于合并中取得的被购买方可辨认净资产公允价值份额的差额，首先对取得的被购买方各项可辨认资产、负债及或有负债的公允价值以及合并成本的计量进行复核，经复核后合并成本仍小于合并中取得的被购买方可辨认净资产公允价值份额的，其差额应当计入当期损益

E. 购买方对合并成本小于合并中取得的被购买方可辨认净资产公允价值份额的差额，应当直接计入所有者权益

5. 确定非同一控制下企业合并的购买日，应同时满足的条件有(　　)。

A. 企业合并合同或协议已获股东大会等内部权力机构通过

B. 若合并事项需要经过国家有关主管部门审批的，已获得相关部门的批文

C. 参与合并各方已办理了必要的财产权交接手续

D. 购买方已支付了购买价款的大部分，并且有能力支付剩余款项

E. 购买方实际上已经控制了被购买方的财务和经营政策

6. 非同一控制下企业合并成本小于合并中取得的被购买方可辨认净资产公允价值份额的部分，正确的会计处理有(　　)。

A. 在吸收合并的情况下，应记入购买方的合并当期的个别利润表

B. 在控股合并的情况下，应体现在合并当期的合并利润表中

C. 在吸收合并的情况下，应体现在合并当期的合并利润表中

D. 在控股合并的情况下，应记入购买方的合并当期的个别利润表

E. 在吸收合并的情况下，不记入购买方的合并当期的个别利润表

7. 确定非同一控制下企业合并的购买方，以下说法正确的有(　　)。

A. 取得另一方半数以上表决权股份的一方为购买方

B. 按照协议规定有主导被购买企业财务和经营决策权的一方为购买方

C. 通过与其他投资者达成协议，实质上拥有被购买企业半数以上表决权的一方为购买方

D. 有权任免被购买企业董事会机构绝大多数成员的一方为购买方

E. 在被购买企业董事会或类似权力机构中具有绝大多数投票权的一方为购买方

8. 非同一控制下吸收合并在合并日的会计处理，正确的有(　　)。

A. 合并方在企业合并中取得的资产和负债，按照合并日被合并方的公允价值计量

B. 合并方应以支付的现金或非现金资产的公允价值计入合并成本

C. 合并合同中约定的对合并成本产生影响的预计负债，应计入企业合并成本

D. 以支付现金或非现金资产作为合并对价的，合并方的各项直接相关费用计入合并成本

E. 以支付现金或非现金资产作为合并对价的，合并方的各项直接相关费用计入管理费用

9. 非同一控制下的企业合并中，购买方取得了对被购买方净资产的控制权，视合并方式的不同，应分别在合并财务报表或个别财务报表中确认合并中取得的各项可辨认资产和负债。正确的处理方法有(　　)。

A. 购买方在企业合并中取得的被购买方各项可辨认资产和负债，在购买日满足资产、负

债的确认条件时，应作为本企业的资产、负债(或合并财务报表中的资产、负债)进行确认

B. 合并中取得的被购买方的各项资产(无形资产除外)，其所带来的未来经济利益预期能够流入企业且公允价值能够可靠计量的，应单独作为资产确认

C. 合并中取得的被购买方的各项负债(或有负债除外)，履行有关的义务预期会导致经济利益流出企业且公允价值能够可靠计量的，应单独作为负债确认

D. 企业合并中取得的无形资产在其公允价值能够可靠计量的情况下，应单独予以确认

E. 对于购买方在企业合并时可能需要代被购买方承担的或有负债，在其公允价值能够可靠计量的情况下，相关的或有事项导致经济利益流出企业的可能性较小，不能确认预计负债

10. 下列有关非同一控制下的企业合并，正确的会计处理方法有(　　)。

A. 非同一控制下的吸收合并，购买方在购买日应当按照合并中取得的被购买方各项可辨认资产、负债的公允价值确定其入账价值，确定的企业合并成本与取得被购买方可辨认净资产公允价值的差额，应确认为商誉或计入当期损益

B. 非同一控制下的控股合并，母公司在购买日编制合并资产负债表时，对于被购买方可辨认资产、负债，应当按照合并中确定的公允价值列示

C. 非同一控制下的控股合并，企业合并成本大于合并中取得的被购买方可辨认净资产公允价值份额的差额，应当确认为合并资产负债表中的商誉

D. 非同一控制下的控股合并，企业合并成本小于合并中取得的被购买方可辨认净资产公允价值份额的差额，应当在购买日合并资产负债表中调整盈余公积和未分配利润

E. 合并方为进行企业合并发生的各项直接相关费用，包括为进行企业合并而支付的审计费用、评估费用、法律服务费用等，应当于发生时计入管理费用

(四)计算分析题

练习一

1. 目的：练习非同一控制下吸收合并和控股合并的会计处理。

2. 资料：甲公司与乙公司属于不同的企业集团，两者之间不存在关联关系。2017 年 12 月 31 日，甲公司发行 1 000 万股股票(每股面值 1 元)作为对价取得乙公司的全部股权，该股票的公允价值为 4 000 万元。购买日，乙公司有关资产、负债情况如下表所示：

项　目	账面价值	公允价值
银行存款	1 000	1 000
固定资产	3 000	3 300
长期应付款	500	500
所有者权益	3 500	3 800

3. 要求：

(1)假设该合并为吸收合并，对甲公司进行账务处理。

(2)假设该合并为控股合并，对甲公司进行账务处理。

练习二

1. 目的：练习非同一控制下吸收合并的会计处理。

2. 资料：2017 年 1 月 2 日，A 企业以增发的本企业普通股 1 000 万股为对价购入 B 企业 100%的净资产，对 B 企业进行吸收合并。A 企业增发的股票面值为每股 1 元，公允价值每股 12.5 元。合并前 A 企业与 B 企业不存在任何关联方关系，所得税税率为 25%，假定该项合并符合税法规定的免税合并条件，购买日 B 企业各项可辨认资产、负债的公允价值如下表所示：

单位：万元

项　目	B 企业	
	账面价值	公允价值
银行存款	8 000	8 000
应收账款	1 200	1 200
存货	200	300
长期股权投资	1 000	1 000
固定资产	5 000	7 000
无形资产	5 000	4 000
资产合计	20 400	21 500
短期借款	100	100
应付账款	5 000	5 000
其他应付款	4 000	4 000
预计负债	0	300
负债合计	9 100	9 400
实收资本(股本)	10 000	
资本公积	300	
盈余公积	100	
未分配利润	900	
所有者权益合计	11 300	

3. 要求：

(1)计算合并日相关递延所得税资产或递延所得税负债。

(2)计算并确定购买日商誉。

(3)编制购买日有关会计分录。

三、复习思考题

1. 如何理解非同一控制下企业合并的会计处理原则？
2. 企业合并产生的合并商誉与合并差额有什么区别和联系？
3. 比较非同一控制下企业合并与同一控制下企业合并核算上的异同。

四、案例分析题

杭州钢铁股份有限公司于2017年3月2日公布了《关于全资子公司宁波钢铁有限公司收购宁波紫霞实业投资有限公司100%股权的关联交易公告》。杭州钢铁股份有限公司(以下简称"公司")全资子公司宁波钢铁有限公司(以下简称"宁波钢铁")拟以自有资金收购宁波紫霞实业投资有限公司(以下简称"紫霞实业")100%股权,股权收购的价格为58 376.31万元人民币。紫霞实业系由杭钢集团、宝武集团、宁开投资、宁经控股投资设立,四方股东分别持有紫霞实业60.29%、34.00%、4.06%、1.65%的股权。其中,杭钢集团系公司控股股东,通过直接和间接合计持有公司51.62%的股权。

紫霞实业主要承担为公司全资子公司宁波钢铁提供原、燃、辅料等物料仓储及相应配套服务,是宁波钢铁生产组织不可分割、不可或缺的重要组成部分。为进一步提升宁波钢铁的精益生产、全流程管控和盈利能力,同时为减少上市公司关联交易,宁波钢铁拟以自有资金收购紫霞实业100%股权。宁波钢铁拟与杭钢集团、宝武集团、宁开投资、宁经控股在宁波签署《宁波紫霞实业投资有限公司股权转让协议》。

思考与分析:

宁波钢铁为什么要收购紫霞实业,以减少关联交易?

第四章
合并财务报表概述

一、本章重点与难点

1. 重点:合并财务报表的基本原理,合并财务报表的编制步骤。
2. 难点:合并财务报表合并范围的确定。

二、本章练习题

(一)判断题

1. 吸收合并和新设合并合并后财务报表的编制与一般企业相同。 ( )
2. 企业实现控股合并后,母公司和子公司各自仍然是独立的法律主体和会计主体。 ( )
3. 编制合并财务报表体现了实质重于形式的会计信息质量要求。 ( )
4. 合并财务报表是由子公司编制的。 ( )
5. 编制合并财务报表时,母公司应当将其全部子公司纳入合并财务报表的合并范围。 ( )
6. 在判断控制时,要求投资方有能力运用对被投资方的权力影响其回报金额。 ( )
7. 编制合并资产负债表时,要求在所有者权益项目下增加"归属于母公司所有者权益合计"用于反映非全资子公司的所有者权益中不属于母公司的份额。 ( )
8. "少数股东权益"项目反映的是企业集团的所有者权益中归属于母公司所有者权益的部分。 ( )
9. 在编制合并财务报表时,应先计算合并财务报表各项目的合并金额,然后编制调整分录和抵销分录。 ( )
10. 在编制合并财务报表时,可以不用统一母、子公司的会计政策。 ( )

(二)单项选择题

1. 下列子公司中,要纳入母公司合并财务报表范围之内的是( )。

A. 持续经营的所有者权益为负数的子公司 B. 宣告破产的原子公司
C. 母公司不能控制的其他单位 D. 已宣告被清理整顿的原子公司

2. 下列( )不属于编制合并财务报表时必须做好的前提准备事项。

A. 统一会计报表决算日及会计期间 B. 统一会计政策
C. 统一经营业务 D. 对子公司股权投资采用权益法核算

3. 编制合并财务报表抵销分录的目的在于(　　)。

A. 将母、子公司个别财务报表各项目加总

B. 将个别报表各项目加总数据中集团内部经济业务的重复因素予以抵销

C. 代替设置账簿、登记账簿的核算程序

D. 反映全部内部投资、内部交易、内部债权债务等会计事项

4. 合并财务报表的会计主体是(　　)。

A. 母公司　　B. 子公司

C. 母公司的会计部门　　D. 母公司和子公司组成的企业集团

5. 企业合并的下列情形中，需要编制合并财务报表的是(　　)。

A. 吸收合并　　B. 新设合并

C. 控股合并　　D. B 和 C

6. 根据我国《企业会计准则》的规定，母公司日常对子公司的长期股权投资核算应采用(　　)，在编制合并财务报表时，应将其调整为(　　)。

A. 权益法，成本法　　B. 权益结合法，成本法

C. 权益结合法，购买法　　D. 成本法，权益法

7. 在合并资产负债表中，将少数股东权益视为普通负债处理的合并方法的理论基础是(　　)。

A. 主体理论　　B. 母公司理论

C. 所有权理论　　D. 权益结合法理论

8. 下列事项中，C 公司必须纳入 A 公司合并范围的情况是(　　)。

A. A 公司拥有 B 公司 50%的权益性资本，B 公司拥有 C 公司 60%的权益性资本

B. A 公司拥有 C 公司 48%的权益性资本

C. A 公司拥有 B 公司 60%的权益性资本，B 公司拥有 C 公司 40%的权益性资本

D. A 公司拥有 B 公司 60%的权益性资本，B 公司拥有 C 公司 40%的权益性资本，同时 A 公司拥有 C 公司 20%的权益性资本

9. 2017 年 6 月，母公司将成本为 60 万元的存货以 85 万元的价格销售给子公司，子公司销售其中的 40%，售价 45 万元。母公司期末编制合并财务报表时，编制的抵销分录中不涉及财务报表项目的是(　　)。

A. 存货　　B. 营业收入

C. 营业成本　　D. 未分配利润

10. 甲公司拥有乙公司、丙公司和丁公司表决权资本的比例分别为 70%、50%和 40%，乙公司拥有戊公司和丁公司表决权资本的比例分别为 60%和 29%。若不考虑其他影响因素，则不应纳入甲公司合并财务报表范围的是(　　)。

A. 乙公司　　B. 丙公司　　C. 丁公司　　D. 戊公司

(三)多项选择题

2017 年 1 月 1 日，甲公司通过发行权益性证券的方式取得了乙公司 80%的股权，甲、乙公司在该交易之前不存在关联关系。

要求：根据上述资料，不考虑其他因素，回答下列第 1 题至第 2 题。

1. 下列有关合并财务报表的编制，表述正确的是(　　)。

A. 乙公司发生超额亏损，如果章程或协议规定少数股东有义务承担，并且少数股东有能力予以弥补的，该项余额应当冲减合并资产负债表中的少数股东权益

B. 子公司少数股东分担的当期亏损超过了少数股东在该子公司期初所有者权益中所享有的份额的，其余额应当冲减母公司的股东权益

C. 购买成本与购买日甲公司占乙公司可辨认净资产公允价值份额的差额，需要确认为商誉或负商誉

D. 少数股东权益在合并资产负债表中作为所有者权益的组成部分在“所有者权益”项目下单独列示

E. 少数股东损益应在合并利润表中“净利润”的组成部分单独列示

2. 下列有关年度合并财务报表的编制，表述正确的是（　　）。

A. 在报告期内出售上年已纳入合并范围的子公司时，合并资产负债表的期初数应进行调整

B. 甲公司在报告期内取得应纳入合并范围的乙公司时，合并现金流量表中只合并乙公司自购买（合并）日至年末的现金流量

C. 对于子公司的少数股东权益依法抽回在子公司中的权益性投资，应在合并现金流量表的“支付其他与筹资活动有关的现金”项目中反映

D. 对于子公司向少数股东支付现金股利或利润，应在合并现金流量表中“分配股利、利润或偿付利息支付的现金”项目下“其中：子公司支付给少数股东的股利、利润”项目反映

E. 上年已纳入合并范围的国外子公司在报告期内根据当地的法律要求改按新的会计政策核算后与母公司的会计政策不一致时，合并财务报表的期初数应按国外子公司新的会计政策予以调整

甲公司与乙公司均为丙公司的子公司，2017 年 6 月 1 日，甲公司以银行存款 1 000 万元和一项无形资产作为对价，取得丙公司持有的乙公司 60%的股权，能够对乙公司实施控制。合并过程中另发生法律咨询费用 10 万元。当日，该项无形资产的账面价值为 700 万元，公允价值为 800 万元；乙公司相对于丙公司而言的所有者权益账面价值总额为 2 400 万元，其中盈余公积为 80 万元，未分配利润为 320 万元，可辨认净资产公允价值为 2 500 万元。

要求：根据上述资料，不考虑其他因素，回答下列第 3 题至第 4 题。

3. 下列对于同一控制下企业合并的说法，正确的有（　　）。

A. 同一控制下企业合并中发生的各项直接相关费用，一般应于发生时计入当期损益

B. 合并中不产生新的资产和负债

C. 合并方在合并中取得的被合并方各项资产、负债，应维持其在被合并方的原账面价值不变

D. 合并方在合并中取得的净资产的入账价值相对于为进行企业合并支付的对价账面价值之间的差额，不作为资产的处置损益

E. 合并方在编制合并利润表时，应包含合并方及被合并方从合并当期期初开始实现的净利润

4. 有关甲公司对上述事项的处理，下列表述正确的是（　　）。

A. 甲公司在合并财务报表中应确认商誉 300 万元

B. 编制合并财务报表时，甲公司应以其资本公积余额为限，将乙公司合并前实现的留存

收益中归属于甲公司的部分予以恢复

C. 甲公司在合并日编制合并财务报表时，不需要编制合并利润表

D. 甲公司与乙公司在 2017 年 6 月以前发生的交易，应当按照合并财务报表的有关原则予以抵销

E. 合并过程中发生的法律咨询费用 10 万元，应计入管理费用

5.《企业会计准则第 20 号——企业合并》规定，合并方应当在合并当期附注中披露与同一控制下企业合并有关的信息，包括（　　）。

A. 参与合并企业的基本情况

B. 属于同一控制下合并的判断依据

C. 以支付现金、转让非现金资产以及承担债务作为合并对价的，所支付对价在合并日的账面价值；以发行权益性证券作为合并对价的，合并中发行权益性证券的数量、定价原则以及参与合并各方交换有表决权股份的比例

D. 被合并方的资产、负债在上一会计期间资产负债表日及合并日的账面价值；被合并方自合并当期期初至合并日的收入、利润、现金流量等情况

E. 合并合同或协议约定将承担被合并方或有负债的情况

6.《企业会计准则第 20 号——企业合并》规定，合并方应当在合并当期附注中披露与非同一控制下企业合并有关的信息，包括（　　）。

A. 合并成本的构成及其账面价值、公允价值的确定方法

B. 被购买方各项可辨认资产、负债在上一会计期间资产负债表日及购买日的账面价值和公允价值

C. 合并合同或协议约定将承担被购买方或有负债的情况

D. 被购买方自合并当期期初至购买日的收入、利润、现金流量等情况

E. 因合并成本大于合并中取得的被购买方可辨认净资产公允价值的份额计入当期损益的金额

7. 下列被投资企业中，应当纳入甲公司合并财务报表合并范围的有（　　）。

A. 甲公司在报告年度购入其 57%股份的境外被投资企业

B. 甲公司持有其 40%股份，且受托代管 B 公司持有其 30%股份的被投资企业

C. 甲公司持有其 43%股份，甲公司的子公司 A 公司持有其 8%股份的被投资企业

D. 甲公司持有其 40%股份，甲公司的母公司持有其 11%股份的被投资企业

E. 甲公司持有其 38%股份，且甲公司根据章程有权决定其财务和经营政策的被投资企业

8. 下列有关合并财务报表的表述中，不正确的有（　　）。

A. 在确定能否控制被投资单位时，应当考虑企业和其他企业持有的被投资单位的当期可转换的可转换公司债券、当期可执行的认股权证等潜在表决权因素

B. 母公司不应当将其全部子公司纳入合并财务报表的合并范围，如小规模的子公司、经营业务性质特殊的子公司

C. 在编制合并财务报表时，母公司应在合并工作底稿中按照权益法调整对子公司的长期股权投资，编制相关调整分录

D. 将内部交易固定资产原价中包含的未实现内部销售损益予以抵销

E. 因同一控制下企业合并增加的子公司，在合并当期编制合并利润表时，应当将该子公

司购买日至报告期末的收入、费用、利润纳入合并利润表

9. 甲公司拥有乙公司有表决权股份的60%；乙公司拥有丙公司有表决权股份的52%，拥有丁公司有表决权股份的31%；甲公司直接拥有丁公司有表决权股份的22%；甲公司接受戊公司的委托，对戊公司的子公司己公司提供经营管理服务，甲公司与戊公司和己公司之间没有直接或间接的投资关系。假定上述公司均以其所持表决权股份参与被投资企业的财务和经营决策。假定不考虑其他因素，下列公司中，应纳入甲公司合并财务报表范围的有（　　）。

A. 乙公司　　B. 丙公司　　C. 丁公司　　D. 戊公司

E. 己公司

10. 下列说法中，正确的有（　　）。

A. 在多层控股的情况下，编制合并财务报表应当采用逐级合并的方法

B. 母公司长期股权投资的处理应当以子公司的合并财务报表为基础

C. 母公司编制合并财务报表时，应当以子公司的个别财务报表为基础

D. 合并财务报表具有利润分配功能

E. 母公司的利润分配应当以子公司的个别财务报表为基础

三、复习思考题

1. 什么是合并财务报表？编制合并财务报表的目的是什么？
2. 合并财务报表的范围应如何确定？
3. 合并财务报表的基本理论有哪些？
4. 合并财务报表的基本程序是什么？

四、案例分析题

上海润达医疗科技股份有限公司于2016年12月30日发布了《收购资产公告》，公告称上海润达医疗科技股份有限公司（以下简称"润达医疗"）拟收购德清阳晟合润投资管理合伙企业（有限合伙）持有的北京东南悦达医疗器械有限公司（以下简称"北京东南"）60%股权，交易金额为31 326万元。本次股权交易未构成关联交易。

本次交易前，北京东南的股权结构如下表所示：

股东名称	出资额（万元）	持股比例（%）
德清阳晟合润投资管理合伙企业（有限合伙）	600	60.00
乔阳	150	15.00
孟繁煜	100	10.00
金岚	100	10.00
孙立	50	5.00
合计	1 000	100.00

本次交易后，北京东南的股权结构如下：

股东名称	出资额(万元)	持股比例(%)
上海润达医疗科技股份有限公司	600	60.00
乔阳	150	15.00
孟繁煜	100	10.00
金岚	100	10.00
孙立	50	5.00
合计	1 000	100.00

思考与分析:

(1)润达医疗拟采用哪种方式取得北京东南60%的股权?

(2)润达医疗为何愿意溢价取得北京东南60%的股权?

第五章
购并日合并财务报表的编制

一、本章重点与难点

1. 重点：购买法下合并财务报表的编制方法，权益结合法下合并财务报表的编制方法
2. 难点：长期股权投资的确认和计量

二、本章练习题

(一)判断题

1. 在权益结合法下确认初始投资成本时，应以子公司净资产的账面价值入账。（　　）

2. 同一控制下采用权益结合法编制的合并财务报表不会产生商誉。（　　）

3. 非同一控制下企业合并应采用权益结合法处理。（　　）

4. 在购并日编制合并资产负债表时，只需要统一子公司的会计政策和会计期间即可，不需要使子公司与母公司的会计政策和会计期间保持一致。（　　）

5. 同一控制和非同一控制下的企业合并在确认初始投资成本时，方法是一样的。（　　）

6. 同一控制下企业合并的基本处理原则是视同合并后形成的报告主体在合并日及以前期间一直存在。（　　）

7. 同一控制下被合并方在合并前实现的净利润，应列入合并利润表中的“被合并方在合并前实现的净利润”项目。（　　）

8. 在编制同一控制下合并日的合并现金流量表时，如果涉及合并双方当期发生内部交易产生的现金流量，不用进行抵销。（　　）

9. 合并方与被合并方在合并日及以前期间发生的交易，应作为内部交易进行抵销。（　　）

10. 购买法是以账面价值作为计量基础的，权益结合法是以公允价值作为计量基础的。（　　）

(二)单项选择题

1. 在合并报表工作底稿中，“合并数”一栏提供的数字将构成合并报表所填列的数据。在计算以下项目的“合并数”时，需用工作底稿中相关项目的“合计数”栏数字加上“抵销与调整分录”栏的借方数字(减去贷方数字)的项目是(　　)。

A. “营业收入”项目　　B. “应付账款”项目

C. “固定资产原价”项目　　D. “期初未分配利润”项目

2. 甲企业与乙企业合并前分属于不同的主管单位。甲企业以账面价值 200 万元的库存商品(增值税税率 17%、计税价格 300 万元)和 300 万元的货币资金购入乙企业 80%的股权,从而成为乙企业的母公司。该项股权购买事项之前,乙企业的股东权益为 800 万元,甲企业的股东权益为 2 000 万元。股权取得日的合并资产负债表中,股东权益总额应(　　)。

A. 大于 2 800 万元　　B. 等于 2 800 万元

C. 等于 2 000 万元　　D. 小于 2 800 万元、大于 2 000 万元

3. 2017 年年初,甲企业以 460 万元的合并成本购买非同一控制下的乙企业的全部股权,乙企业被并购时可辨认净资产的账面价值为 400 万元,公允价值为 420 万元。2017 年年末,甲企业各资产及资产组没有发生减值,则年末合并资产负债表中“商誉”的报告价值为(　　)万元。

A. 60　　B. 40　　C. 20　　D. 0

4. 2017 年年初,甲企业用银行存款 460 万元购买非同一控制下的乙企业的全部净资产,乙企业被吸收合并时可辨认净资产的账面价值为 400 万元,公允价值为 420 万元。2017 年年末,甲企业各资产及资产组没有发生减值,则 2017 年年末个别资产负债表中“商誉”的报告价值为(　　)万元。

A. 60　　B. 40　　C. 20　　D. 0

5. 企业集团合并财务报表的编制者是(　　)。

A. 母公司　　B. 子公司　　C. 企业集团　　D. 以上答案均正确

6. 下列关于合并财务报表与企业合并方式之间的关系的表述中,不正确的是(　　)。

A. 合并财务报表的编制与企业合并必然相关

B. 控股合并的情况下,必须编制合并财务报表

C. 新设合并的情况下,不涉及合并财务报表的编制

D. 吸收合并的情况下,不涉及合并财务报表的编制

7. 根据我国现行会计准则,合并范围的确定应该以“控制”为基础来确定。这里的“控制”(　　)。

A. 仅指投资公司对被投资公司的直接控制

B. 不包括投资各方对被投资公司的共同控制

C. 仅指投资公司有从被投资公司获取经济利益的权力

D. 仅指投资公司能够决定被投资公司的财务和经营政策

8. 根据企业会计准则,母公司应当将其全部子公司纳入合并报表的合并范围。这里的“全部子公司”(　　)。

A. 不包括小规模的子公司

B. 不包括与母公司经营性质不同的非同质子公司

C. 不包括母公司为特殊目的设立的特殊目的实体

D. 应该涵盖所有被母公司控制的被投资单位

9. 被投资企业不应当纳入合并财务报表的合并范围的是(　　)。

A. 资不抵债的子公司

B. 处于特殊行业的子公司

C. 资产总额、营业收入和当期净利润在集团中所占份额较小的子公司

D. 投资企业拥有 40%的有表决权股份,但对其没有控制权的被投资企业

10. 编制合并财务报表最能体现会计信息质量要求的是(　　)。

A. 实质重于形式　B. 重要性　C. 谨慎性　D. 及时性

(三)多项选择题

1. 因非同一控制下企业合并增加的子公司,在编制合并财务报表时,下列说法中正确的有(　　)。

A. 编制合并利润表时,应当将该子公司购买日至报告期末的收入、费用、利润纳入合并利润表

B. 编制合并利润表时,应当将该子公司合并当期期初至报告期末的收入、费用、利润纳入合并利润表

C. 编制合并资产负债表时,应当调整合并资产负债表的期初数

D. 编制合并资产负债表时,不应调整合并资产负债表的期初数

E. 对于资产负债表年初数的调整,可以由企业自行确定

2. 合并财务报表与单独报表相比,两者的不同之处主要有(　　)。

A. 反映的对象不同　B. 编制主体不同　C. 编制基础不同　D. 编制方法不同

E. 编制时间不同

3. 下列关于合并财务报表与投资之间关系的表述中,正确的有(　　)。

A. 投资与合并财务报表的编制必然相关

B. 交易性投资不涉及合并财务报表的编制

C. 持有至到期的债券投资不要求编制合并财务报表

D. 投资方对其长期股权投资采用成本法进行后续计量时,一律不编制合并财务报表

E. 合并财务报表编制与否,取决于股权投资方与被投资方是否存在控制与被控制关系

4. 根据我国企业会计准则,合并财务报表的种类包括(　　)。

A. 合并利润表　B. 合并资产负债表　C. 合并利润分配表　D. 合并现金流量表

E. 合并所有者权益变动表

5. 非同一控制下的企业合并,控股合并的母公司在合并日应当编制的合并报表种类不包括(　　)。

A. 合并利润表　B. 合并资产负债表　C. 合并利润分配表　D. 合并现金流量表

E. 合并所有者权益变动表

6. 下列关于股权取得日合并资产负债表的阐述中,不正确的是(　　)。

A. 需要抵销合并前发生的成员企业之间的内部交易影响数

B. 合并报表工作底稿中一般只需编制一个抵销分录

C. 对非全资的子公司,可以部分地抵销其股东权益

D. 对子公司的股东权益要全额抵销

E. 必然涉及对少数股东权益的确认

7. 在非同一控制下的控股合并条件下,编制合并工作底稿时,抵销母公司的长期股权投资和子公司相应的所有者权益可能涉及的项目有(　　)。

A. 少数股东净利润　B. 年初未分配利润　C. 商誉　D. 长期股权投资

E. 少数股东权益

8. 在同一控制下的控股合并条件下,编制合并工作底稿时,抵销母公司的长期股权投资

和子公司相应的所有者权益可能涉及的项目有(　　)。

A. 少数股东净利润　B. 年初未分配利润　C. 商誉　D. 长期股权投资

E. 少数股东权益

9. 在非同一控制下的控股合并条件下，编制合并工作底稿时，反映少数股东净利润及其对少数股东权益的影响涉及的项目有(　　)。

A. 投资收益　B. 少数股东权益　C. 盈余公积　D. 提取盈余公积

E. 少数股东净利润

10. 在同一控制下的控股合并条件下，编制合并工作底稿时，抵销子公司本期提取的盈余公积中属于少数股东的份额涉及的项目有(　　)。

A. 投资收益　B. 少数股东权益　C. 盈余公积　D. 提取盈余公积

E. 少数股东净利润

(四)计算分析题

练习一

1. 目的：练习同一控制下合并日资产负债表的编制。

2. 资料：A 公司和 B 公司是同一母公司下的两家子公司。2017 年 1 月 1 日，合并前两家公司的资产负债表如下表所示。2017 年 1 月 1 日，A 公司支付现金 450 000 元，取得 B 公司全部股权。

A 公司与 B 公司合并前资产负债表

2017 年 1 月 1 日　　单位：元

项　目	A 公司	B 公司
货币资金	525 000	140 000
应收账款	50 000	240 000
存货	175 000	220 000
固定资产	350 000	280 000
资产合计	**1 100 000**	**880 000**
短期借款	150 000	120 000
应付账款	200 000	160 000
应交税费	35 000	28 000
长期借款	200 000	160 000
负债合计	**585 000**	**468 000**
股本	300 000	240 000
资本公积	100 000	120 000
盈余公积	80 000	24 000
未分配利润	35 000	28 000
所有者权益合计	**515 000**	**412 000**

3. 要求：

(1)编制A公司投资入账时的会计分录以及合并抵销分录。

(2)编制A公司合并报表工作底稿。

练习二

1. 目的：练习同一控制下合并日资产负债表的编制。

2. 资料：A公司和B公司是同一母公司下的两家子公司。2017年1月1日，合并前两家公司的资产负债表如练习一的表格所示。2017年1月1日，A公司支付现金350 000元，取得B公司80%的股权。

3. 要求：

(1)编制A公司投资入账时的会计分录以及合并抵销分录。

(2)编制A公司合并报表工作底稿。

练习三

1. 目的：练习非同一控制下购买日资产负债表的编制。

2. 资料：A公司和B公司进行非同一控制下的控股合并，合并前A公司和B公司的资产负债表如下表所示。假设2017年1月1日，A公司发行200 000股普通股，每股面值1元，市价3.5元，换取B公司90%的股权，则：

A公司与B公司合并前资产负债表

2017年1月1日　　单位：元

项　目	A公司(账面)	B公司(账面)	B公司(公允)
货币资金	175 000	140 000	140 000
应收账款	300 000	240 000	240 000
存货	275 000	220 000	220 000
固定资产	350 000	280 000	350 000
资产合计	**1 100 000**	**880 000**	**950 000**
短期借款	150 000	120 000	120 000
应付账款	200 000	160 000	160 000
应交税费	35 000	28 000	28 000
长期借款	200 000	160 000	160 000
负债合计	**585 000**	**468 000**	**468 000**
股本	300 000	240 000	240 000
资本公积	100 000	80 000	150 000
盈余公积	80 000	64 000	64 000
未分配利润	35 000	28 000	28 000
所有者权益合计	**515 000**	**412 000**	**482 000**

3. 要求：

(1)编制A公司投资入账时的会计分录、合并调整分录以及合并抵销分录。

(2)编制A公司合并报表工作底稿。

三、复习思考题

1. 同一控制下企业合并和非同一控制下企业合并，母公司在购并日编制的合并财务报表分别包括哪些报表？

2. 同一控制下企业合并和非同一控制下企业合并，合并资产负债表中被购并方的资产、负债应分别用什么价值计量？

3. 在非同一控制下，如何处理初始投资成本与子公司净资产公允价值之间的差额？

四、案例分析题

2017年2月27日，贝达药业(300558)发布了《关于现金收购卡南吉医药科技(上海)有限公司部分股权的公告》。贝达药业于2017年2月26日召开的第二届董事会第七次会议审议通过了《关于现金收购卡南吉医药科技(上海)有限公司部分股权的议案》，董事会同意公司以现金形式协议受让卡南吉医药科技(上海)有限公司(以下简称“卡南吉”)现有股东77.4091%的股权。

根据立信会计师事务所出具的《卡南吉医药科技(上海)有限公司审计报告》(信会师报字[2017]第ZF50004号)，各方确认卡南吉截至2017年1月31日的所有者权益为人民币15 796 212.21元。根据上海立信资产评估有限公司出具的《卡南吉医药科技(上海)有限公司股东全部权益价值估值报告》(信资评咨字(2017)第2001号)的资产评估情况，卡南吉的核心资产是其自主研发的新药无形资产和相关管理研发团队，经过收益法评估，卡南吉在估值基准日2016年11月30日的股东全部权益价值为人民币47 00.00万元。在上述审计和评估结果的基础上，经交易各方友好协商，确定卡南吉的估值为人民币48 000.00万元，相应的本次交易标的卡南吉77.4 091%股权的转让价款合计为37 156.368万元(含税)。

思考与分析：

在企业合并的过程中，是如何对股权进行定价的？

第六章 购并日后合并财务报表的编制

一、本章重点与难点

1. 重点：购并当年合并财务报表的编制，以后各期财务报表的编制。
2. 难点：购并日后合并财务报表编制的基本原理。

二、本章练习题

（一）判断题

1. 为了编制合并报表的需要，如果子公司的会计期间与母公司的会计期间不一致，应当按照母公司的会计期间对子公司财务报表进行调整；或者要求子公司按照母公司的会计期间另行编报财务报表。 （　　）

2. 为了编制合并报表的需要，子公司除了向母公司提供本公司的财务报表以外，还应提供编制合并报表所需要的相关资料。 （　　）

3. 编制合并财务报表时需要对纳入合并财务报表范围的各成员企业之间的内部交易事项对单独报表的影响予以抵销，这是一体性原则的要求。 （　　）

4. 在合并财务报表工作底稿中编制的有关抵销分录，并不能作为记账的依据。 （　　）

5. 甲、乙两个企业均属同一主管单位。甲企业以 560 万元的货币资金取得乙企业 80%的股权，股权取得日的合并资产负债表中，“固定资产原价”项目的合并数应为甲企业与乙企业合并当日“固定资产”账面余额之和。 （　　）

6. 甲、乙两个企业分属不同的主管单位。甲企业以 560 万元的货币资金取得乙企业 80%的股权，股权取得日的合并资产负债表中，“固定资产原价”项目的合并数必定等于甲企业与乙企业合并当日“固定资产”账面余额之和。 （　　）

7. 甲企业以 560 万元的货币资金取得乙企业 80%的股权，股权取得日的合并资产负债表中，“长期股权投资”项目的合并数应为甲企业与乙企业当日长期股权投资账面价值之和。 （　　）

8. 甲企业以 560 万元的货币资金取得乙企业 80%的股权，股权取得日的合并资产负债表中，“货币资金”项目的合并数应为甲企业与乙企业当日个别资产负债表“货币资金”项目金额之和。 （　　）

9. 甲企业与乙企业合并前分属于不同的主管单位。甲企业以账面价值 200 万元的库存商品（增值税税率为 17%，计税价格为 300 万元）和 300 万元的货币资金购入乙企业 80%的股权，从而成为乙企业的母公司。该项股权购买事项之前，乙企业的可辨认净资产账面价值为

800 万元，公允价值为 810 万元，甲企业的股东权益为 2 000 万元。股权取得日的合并资产负债表中，“少数股东权益”数额应为 160 万元。（ ）

10. 编制合并资产负债表时，不仅母公司与子公司之间的债权、债务要抵销，子公司之间的债权、债务也要抵销。（ ）

（二）单项选择题

1. 甲公司和乙公司没有关联关系。甲公司 2016 年 1 月 1 日投资 500 万元购入乙公司 100%股权，乙公司可辨认净资产公允价值为 500 万元，账面价值为 400 万元，其差额为应在 5 年内摊销的无形资产。2016 年乙公司实现净利润 100 万元，2017 年乙公司分配现金股利 60 万元，2017 年乙公司实现净利润 120 万元，所有者权益其他项目不变。2017 年期末甲公司编制合并抵销分录时，长期股权投资应调整为（ ）万元。

A. 600　　B. 720　　C. 660　　D. 620

2. 甲公司和乙公司没有关联关系。甲公司 2016 年 1 月 1 日投资 500 万元购入乙公司 80%股权，乙公司可辨认净资产公允价值为 500 万元，账面价值为 400 万元，其差额为应在 5 年摊销的无形资产。2016 年乙公司实现净利润 100 万元，2017 年乙公司分配 60 万元，2017 年乙公司又实现净利润 120 万元，资本公积增加 100 万元，所有者权益其他项目不变。2017 年期末甲公司编制合并抵销分录时，长期股权投资应调整为（ ）万元。

A. 596　　B. 676　　C. 660　　D. 620

3. 甲公司于 2016 年 1 月 1 日以 800 万元取得乙公司 10%的股份，取得投资时乙公司净资产的公允价值为 7 000 万元。甲公司对持有的投资采用成本法核算。2017 年 1 月 1 日，甲公司另支付 4 050 万元取得乙公司 50%的股份，从而能够对乙公司实施控制。购买日乙公司可辨认净资产公允价值为 8 000 万元。乙公司 2016 年实现的净利润为 600 万元（假定不存在需要对净利润进行调整的因素），未进行利润分配。2017 年 1 月 1 日合并财务报表中应确认的商誉为（ ）万元。

A. 150　　B. 50　　C. 100　　D. 0

4. 甲公司和乙公司没有关联关系。甲公司 2017 年 1 月 1 日投资 1 000 万元购入乙公司 100%股权，乙公司可辨认净资产公允价值为 1 000 万元，账面价值为 800 万元，其差额由一项无形资产造成，该无形资产的公允价值为 400 万元，账面价值为 200 万元，尚可摊销 5 年，无残值。2017 年乙公司实现净利润 200 万元，所有者权益其他项目不变。2017 年期末甲公司编制合并抵销分录时，长期股权投资应调整为（ ）万元。

A. 1 200　　B. 1 440　　C. 1 160　　D. 1 080

5. 某企业集团母公司将其生产成本为 60 000 元的产品按 80 000 元的价格出售给子公司，后者作为固定资产使用。在固定资产交易的当年，合并财务报表工作底稿中关于固定资产原价中包含的未实现内部销售利润的抵销分录为（ ）。

A. 借：营业外收入　　20 000
　　贷：固定资产　　20 000

B. 借：主营业务收入　　80 000
　　贷：主营业务成本　　60 000
　　　　固定资产　　20 000

C. 借：营业外收入　　60 000

贷：固定资产原价　　60 000

D. 借：主营业务收入　　80 000

贷：主营业务成本　　60 000

固定资产原价　　20 000

6. 下列抵销分录中，属于抵销企业集团内部债权、债务业务的是（　　）。

A. 借：预付账款

贷：预收账款

B. 借：应收账款

贷：预收账款

C. 借：应付债券

贷：持有至到期投资

D. 借：投资收益

贷：应收股利

7. 在编制合并财务报表时，关于企业集团内部存货交易的下列说法中，正确的是（　　）。

A. 内部存货销售不必抵销

B. 内部存货销售产生的未实现利润应抵销

C. 该交易在合并利润表中没有相应的抵销分录

D. 该交易在合并现金流量表中没有相应的抵销分录

8. 在连续编制合并财务报表时，对内部应收账款和应付账款予以抵销以后，将上期已抵销的管理费用中的坏账损失对本年年初未分配利润的影响予以抵销时的抵销分录，应（　　）。

A. 借记“管理费用”项目　　B. 借记“未分配利润”项目

C. 贷记“年初未分配利润”项目　　D. 借记或贷记“应收账款”项目

9. 在连续编制合并财务报表时，上年编制合并财务报表时已抵销的存货价值中包含的未实现内部销售利润，本年经抵销后对本年的年初未分配利润合并数（　　）。

A. 没有影响　　B. 还有影响　　C. 不一定有影响　　D. 不再会有影响

10. 在连续编制合并财务报表时，如果上期存在未实现内部销售损益，本期合并财务报表工作底稿中“年初未分配利润”项目合计数与上期合并财务报表中“未分配利润”项目合并数（　　）。

A. 两者相等　　B. 前者大于后者　　C. 前者小于后者　　D. B、C 均有可能

（三）多项选择题

甲公司 2016 年至 2017 年发生的有关事项如下：

（1）2016 年 1 月 1 日，甲公司以一项固定资产及银行存款 3 000 万元作为合并对价，取得乙公司 60%的股权，能够对乙公司实施控制。甲公司付出的该项固定资产的账面价值为 1 200万元，公允价值为 1 500 万元。合并过程中发生审计、评估费用等共计 30 万元。当日，乙公司可辨认净资产公允价值为 7 000 万元。甲公司与乙公司此前不存在关联方关系。

（2）2016 年 5 月 1 日，乙公司宣告发放现金股利 100 万元。

（3）2017 年 1 月 1 日，甲公司又以银行存款 900 万元为对价取得乙公司 10%的股权。当日，乙公司资产、负债自购买日开始持续计算的金额为 8 000 万元。

（4）假设甲公司有足够的资本公积，不考虑增值税等相关税费。

要求：根据上述资料，不考虑其他因素，回答第 1 题和第 2 题：

1. 下列关于甲公司个别财务报表中有关会计处理的说法，不正确的有（　　）。

A. 甲公司 2016 年 1 月 1 日应确认营业外收入 300 万元

B. 甲公司应将合并过程中发生的审计、评估费用计入合并成本

C. 2017 年增资后，甲公司该项长期股权投资的账面余额为 5 400 万元

D. 甲公司应按分得的现金股利冲减投资成本 60 万元

E. 甲公司 2016 年 1 月 1 日应确认的长期股权投资为 4 500 万元

2. 下列关于甲公司合并财务报表中有关会计处理的说法，正确的有（　　）。

A. 2016 年 1 月 1 日合并资产负债表中应确认商誉 300 万元

B. 2017 年增资后，甲公司在合并财务报表中反映的合并商誉金额为 400 万元

C. 2017 年增资后，甲公司在合并财务报表中反映的合并商誉金额为 330 万元

D. 2017 年对于新增投资成本 900 万元与按新增持股比例享有的乙公司自购买日开始持续计算的可辨认净资产份额 800 万元之间的差额，应调整资本公积

E. 2017 年对于新增投资成本 900 万元与按新增持股比例享有的乙公司自购买日开始持续计算的可辨认净资产份额 800 万元之间的差额，应调整投资收益

3. 甲股份有限公司于 2016 年年初通过收购股权成为 B 股份有限公司的母公司。2016 年年末，甲公司应收 B 公司账款为 150 万元；2017 年年末，甲公司应收 B 公司账款为 450 万元；2018 年年末，甲公司应收 B 公司账款为 225 万元，甲公司坏账准备计提比例为 2%。对此，编制 2018 年年末合并财务报表工作底稿时应编制的抵销分录包括（　　）（单位：万元）。

A. 借：应收账款——坏账准备	4.5	
贷：资产减值损失		4.5
B. 借：应付账款	225	
贷：应收账款		225
C. 借：资产减值损失	4.5	
贷：应收账款——坏账准备		4.5
D. 借：应收账款——坏账准备	9	
贷：未分配利润——年初		9
E. 借：应收账款——坏账准备	3	
贷：未分配利润——年初		3

4. 在连续编制合并财务报表的情况下，影响子公司单独报表“年初未分配利润”项目金额的因素可能包含（　　）。

A. 上年末存货价值中包含的未实现利润

B. 上年末已经实现的存货内部销售利润

C. 上年末无形资产价值中包含的未实现利润

D. 上年末固定资产原价中包含的未实现利润

E. 内部固定资产交易引起的累计多计提折旧

5. 在连续编制合并财务报表的情况下，在合并财务报表工作底稿中编制抵销分录时借记“年初未分配利润”项目的含义包括（　　）。

A. 抵销上期未实现的存货内部销售利润

B. 抵销上期未实现的固定资产内部销售利润

C. 抵销按内部应收账款计提的坏账准备期初余额

D. 抵销内部交易的固定资产累计多提的折旧额

E. 同纳入合并范围的子公司当年实现净利润一起，与其本期利润分配项目相抵销

6. 某企业集团的母公司将价值 60 000 元的固定资产以 80 000 元的价格出售给纳入合并范围的子公司，后者预计将使用 6 年。在该固定资产交易后的前 3 年内，每年合并财务报表中“固定资产原价”项目的合并数(　　)。

A. 分别为 60 000 元、50 000 元、40 000 元

B. 不包括未实现内部销售利润

C. 等于 60 000 元

D. 均为 80 000 元

E. 为 A 或 C

7. 下列项目中，在编制合并利润表时应予以抵销的有(　　)。

A. 母、子公司间权益性投资收益

B. 母公司的债权投资收益

C. 母公司计提的坏账准备

D. 子公司的利润分配项目

E. 子公司的财务费用

8. 在编制合并资产负债表时，合并财务报表工作底稿中编制的抵销分录中，将母公司权益性资本投资项目与子公司所有者权益项目相抵销时，有可能(　　)。

A. 借记或贷记“商誉”

B. 借记或贷记“少数股东权益”

C. 既不借记，也不贷记“商誉”

D. 既不借记，也不贷记“少数股东权益”

E. 将子公司所有者权益按母公司投资比例抵销

9. 如果母公司应收账款年末余额中有对子公司的应收账款，在年末编制合并财务报表时，应(　　)。

A. 将母公司的应收账款抵销

B. 抵销母公司计提的坏账准备

C. 抵销该子公司的应付账款

D. 抵销该子公司对母公司的应付账款

E. 将母公司应收账款中相当于该子公司应付母公司的部分予以抵销

10. 母公司对子公司在报告期末有应收账款的情况下，如果母公司对坏账损失采用备抵法核算，则合并当年编制合并财务报表时，必须(　　)。

A. 抵销母公司坏账准备期初余额

B. 抵销母公司坏账准备期末余额

C. 抵销母公司坏账准备当期提取数

D. 抵销与该应收账款有关的应付账款

E. 抵销该项应收账款

(四)计算分析题

练习一

1. 目的：练习非同一控制下企业合并财务报表的编制。

2. 资料：2017 年 1 月 1 日，A 公司以银行存款 4 375 万元取得了 B 公司 70%的股权，该项

控股合并为非同一控制下的控股合并。A 公司以前没有持有 B 公司的股份,并且 A 公司和 B 公司采用的会计政策一致。不考虑所得税的影响。2016 年 12 月 31 日,A 公司和 B 公司的资产负债表如下表所示。2017 年发生的与合并财务报表相关的交易或事项如下:

(1)3 月 5 日,B 公司宣告发放现金股利 150 万元。

(2)3 月 9 日,B 公司用银行存款支付现金股利 150 万元。

(3)2017 年,B 公司实现净利润 800 万元,提取盈余公积 80 万元。

(4)B 公司 2017 年的年初存货全部在 2017 年内售出。

(5)B 公司 2017 年的年初固定资产按直线法计提折旧,剩余折旧年限为 10 年。

(6)B 公司 2017 年的年初无形资产按直线法摊销,剩余摊销年限为 10 年。

(7)A 公司于 2017 年年末为编制合并财务报表对购买 B 公司所记录的商誉进行了减值测试,发现没有发生减值。

(8)A 公司和 B 公司 2017 年没有发生集团内部交易。

A 公司与 B 公司合并前资产负债表

2016 年 12 月 31 日　　　　单位:万元

项　目	A 公司(账面)	B 公司(账面)	B 公司(公允)
货币资金	5 235	225	225
应收账款	600	1 000	1 000
存货	1 240	130	225
长期股权投资	625		
固定资产	3 900	2 575	4 650
无形资产	900	250	750
资产合计	**12 500**	**4 180**	**6 850**
短期借款	500	1 125	1 125
应付账款	750	150	150
应交税费	75	150	150
负债合计	**1 325**	**1 425**	**1 425**
股本	5 500	1 250	
资本公积	3 500	750	
盈余公积	1 000	250	
未分配利润	1 175	505	
所有者权益合计	**11 175**	**2 755**	

3. 要求:

(1)编制 2017 年 A 公司对 B 公司长期股权投资的相关会计分录。

(2)编制 2017 年 1 月 1 日 A 公司合并财务报表工作底稿的调整与抵销分录。

(3)编制 2017 年度 A 公司合并财务报表工作底稿的调整与抵销分录。

练习二

1. 目的：练习合并现金流量表的抵销分录。

2. 资料：假设A公司与纳入合并范围的B、C、D三个子公司发生以下内部现金流量：

(1)C公司收到D公司货款20 000元，D公司将货物作为固定资产使用。

(2)A公司收到B公司应付股利50 000元，收到C公司应付股利60 000元，收到D公司应付股利70 000元。

(3)B公司收到C公司赔偿款10 000元。

(4)A公司收到D公司所欠货款80 000元，D公司将货物用于产品生产。

(5)A公司追加对B公司投资100 000元。

3. 要求：编制有关合并现金流量表的抵销分录。

三、复习思考题

1. 购并日后第一年和第二年的合并抵销分录有何不同？

2. 同一控制下的企业合并与非同一控制下的企业合并，母公司对子公司长期股权投资的抵销分录处理有何不同？

3. 同一控制下的企业合并与非同一控制下的企业合并，控股权取得日后每个会计期末少数股东权益的计算有何不同？

四、案例分析题

大华股份(002236)2016年11月19日发布了《关于关联交易的进展公告》，公告称大华股份于2016年9月12日召开的第五届董事会第二十二次会议审议通过了《关于对控股子公司杭州小华科技有限公司增资暨关联交易的议案》，公司拟以自有资金275万元，与关联法人浙江华视投资管理有限公司、关联自然人左鹏飞及2名非关联自然人对杭州小华科技有限公司(以下简称“小华科技”)进行增资，本次增资中，公司放弃同比例增资权。增资完成后，小华科技的注册资本将由250万元增至1 000万元，公司持有其45%的股权，并通过表决权约定持有其57%的表决权。小华科技变更后的股权结构如下表所示：

股　东	认缴出资额(万元)	出资比例	所持表决权
浙江大华技术股份有限公司	450	45%	57%
浙江华视投资管理有限公司	220	22%	10%
黄祖衡	300	30%	30%
李伟强	20	2%	2%
左鹏飞	10	1%	1%

思考与分析：

案例中，大华股份对小华科技进行增资，是否形成企业合并？为什么？

第七章
集团公司内部交易事项的处理

一、本章重点与难点

1. 重点：内部存货交易、固定资产交易、债权债务交易、无形资产交易的抵销。
2. 难点：如何从企业集团整体视角看待内部交易。

二、本章练习题

（一）判断题

1. 在企业集团母公司将存货出售给子公司的情况下，如果后者将该存货销售出企业集团，则年末编制合并财务报表时不需要编制抵销分录。（　）

2. 企业集团子公司将存货按成本价出售给母公司，后者将其作为固定资产使用，则年末编制合并财务报表时不需要编制抵销分录。（　）

3. 少数股东增加对子公司的权益性资本投资，在合并现金流量表中应在“投资活动产生的现金流量”部分报告。（　）

4. 在连续编制合并财务报表的情况下，对于上期内部购进商品全部实现对外销售的情况，本期不再涉及有关的抵销处理。（　）

5. 抵销内部交易的固定资产当期多计提的折旧费，实际上就是抵销该固定资产当期按内部固定资产交易的未实现利润计提的折旧费。（　）

6. 企业集团内部交易的固定资产，在超期使用的情况下，超期使用各期间和报废期间合并财务报表工作底稿中不需要编制有关的抵销分录。（　）

7. 企业集团内部交易固定资产业务发生后，内部交易的固定资产报废处理前每年合并财务报表中“固定资产原价”项目的合并数，应等于该固定资产内部交易的买方对该固定资产的购入成本。（　）

8. 企业集团固定资产内部交易业务发生当期及以后各期（至报废期为止），每期合并财务报表工作底稿中都需要对该固定资产当期多提的折旧编制如下抵销分录：借记“累计折旧”账户，贷记“管理费用”账户。（　）

9. 子公司当年实现净收益当中属于少数股东应享有的份额即少数股东收益，必将增加企业集团的少数股东权益。（　）

10. 根据我国的企业会计准则，合并利润表中的合并净利润中，包括少数股东收益。（　）

（二）单项选择题

1. 甲公司拥有乙和丙两家子公司。2016 年 6 月 15 日，乙公司将其产品以市场价格销售给丙公司，售价为 100 万元（不考虑相关税费），销售成本为 76 万元。丙公司购入后作为管理用固定资产使用，按 4 年的期限采用直线法对该项资产计提折旧，预计净残值为零。假定不考虑所得税影响，甲公司在编制 2017 年年末合并资产负债表时，应调整“固定资产”项目的金额（　　）万元。

A. －15　　B. 6　　C. 9　　D. －24

2. 甲公司 2016 年 3 月 10 日从其拥有 80％股份的子公司购进设备一台，该设备为子公司所生产的产品，成本为 1 850 万元，售价为 2 340 万元（含增值税，增值税税率为 17％），另支付运输安装费 8 万元。甲公司已付款且该设备当月投入使用，预计使用年限为 5 年，净残值为零，采用年数总和法计提折旧。甲公司 2017 年末编制合并报表时应抵销的 2017 年多提的固定资产折旧额为（　　）万元。

A. 37.5　　B. 12.5　　C. 30　　D. 42.5

3. 将期初内部交易无形资产多摊销额抵销时，应编制的抵销分录是（　　）。

A. 借记“未分配利润——年初”项目，贷记“管理费用” 项目

B. 借记“无形资产——累计摊销”项目，贷记“管理费用”项目

C. 借记“无形资产——累计摊销”项目，贷记“未分配利润——年初”项目

D. 借记“未分配利润——年初”项目，贷记“无形资产——累计摊销”项目

4. 以下关于母公司投资收益和子公司利润分配的抵销分录，表述不正确的是（　　）。

A. 抵销母公司投资收益和少数股东损益均按照调整后的净利润份额计算

B. 抵销子公司利润分配有关项目按照子公司实际提取和分配数计算

C. 抵销期末未分配利润按照期初和调整后的本期净利润减去实际分配后的余额计算

D. 抵销母公司投资收益按照调整后的净利润份额计算，计算少数股东损益的净利润不需调整

5. 甲公司和乙公司没有关联关系。甲公司按照净利润的 10％提取盈余公积。2017 年 1 月 1 日，甲公司投资 500 万元购入乙公司 100％股权，乙公司可辨认净资产公允价值为 500 万元，账面价值为 400 万元，其差额为应在 5 年摊销的无形资产。2017 年，乙公司实现净利润 100 万元，所有者权益其他项目不变，期初未分配利润为 0。2017 年末甲公司编制投资收益和利润分配的抵销分录时，应抵销的投资收益是（　　）万元。

A. 100　　B. 80　　C. 60　　D. 120

6. 甲公司和乙公司没有关联关系。甲公司按照净利润的 10％提取盈余公积。2016 年 1 月 1 日，甲公司投资 500 万元购入乙公司 100％股权，乙公司可辨认净资产公允价值为 500 万元，账面价值为 400 万元，其差额为应在 5 年摊销的无形资产。2016 年，乙公司实现净利润 100 万元，期初未分配利润为 0，2008 年分配 60 万元，2017 年又实现净利润 120 万元。乙公司在 2017 年期末甲公司编制投资收益和利润分配的抵销分录时，应抵销的期初和期末未分配利润分别是（　　）万元。

A. 0，60　　B. 0，120　　C. 70，108　　D. 70，98

7. 甲公司 2017 年 2 月 10 日从其拥有 80％股份的被投资企业 A 购进设备一台，该设备成本 70 万元，售价 100 万元，增值税 17 万元，另支付运输安装费 3 万元。甲公司已付款且该设备当月投入使用，预计使用 5 年，净残值为 0，采用直线法计提折旧。甲公司 2017 年末编制合

并报表时,因该设备相关的未实现内部销售利润的抵销而影响合并净利润的金额是(　　)万元。

A. 5　　B. 30　　C. 25　　D. 15

8. 下列各项中,在合并现金流量表中不反映的现金流量是(　　)。

A. 子公司依法减资向少数股东支付的现金

B. 子公司向其少数股东支付的现金股利

C. 子公司吸收母公司投资收到的现金

D. 子公司吸收少数股东投资收到的现金

9. 甲公司只有一个子公司乙公司,2017 年度,甲公司和乙公司个别现金流量表中"销售商品、提供劳务收到的现金"项目的金额分别为 2 000 万元和 1 000 万元,"购买商品、接受劳务支付的现金"项目的金额分别为 1 800 万元和 800 万元。2017 年,甲公司向乙公司销售商品收到现金 100 万元,不考虑其他事项,合并现金流量表中"购买商品、接受劳务支付的现金"项目的金额为(　　)万元。

A. 3 000　　B. 2 600　　C. 2 500　　D. 2 900

10. 2017 年 9 月,子公司从母公司购入的 150 万元存货,本年全部没有实现销售,期末该批存货的可变现净值为 105 万元,子公司计提了 45 万元的存货跌价准备,母公司销售该批存货的成本为 120 万元。2017 年末母公司编制合并报表时,针对该准备项目所做的抵销处理为(　　)(单位:万元)。

A. 借:存货——存货跌价准备　　30
　　贷:资产减值损失　　30

B. 借:资产减值损失　　15
　　贷:存货——存货跌价准备　　15

C. 借:存货——存货跌价准备　　45
　　贷:资产减值损失　　45

D. 借:未分配利润——年初　　30
　　贷:存货——存货跌价准备　　30

(三)多项选择题

1. 按照我国企业会计准则的规定,以下关于合并资产负债表的抵销,表述正确的有(　　)。

A. 母公司对子公司的长期股权投资与母公司在子公司所有者权益中所享有的份额应当相互抵销

B. 非同一控制下的控股合并中,在购买日,母公司对子公司的长期股权投资大于母公司享有子公司可辨认净资产公允价值份额的差额,应当在商誉项目列示

C. 母公司与子公司、子公司相互之间的债权与债务项目应当相互抵销,同时抵销应收款项的坏账准备和债券投资的减值准备

D. 母公司与子公司、子公司相互之间的债券投资与应付债券相互抵销后,产生的差额应当计入投资收益项目

E. 母公司与子公司、子公司相互之间的债券投资与应付债券相互抵销后,产生的差额应当计入合并商誉

2. 以下属于母、子公司合并现金流量表应抵销的项目有(　　)。

A. 以现金投资或收购股权增加的投资产生的现金流量

B. 当期取得投资收益收到的现金与分配股利、利润或偿付利息支付的现金

C. 以现金结算债权与债务产生的现金流量

D. 当期销售商品产生的现金流量

E. 内部处置固定资产、无形资产和其他长期资产收回的现金净额与购建固定资产等支付的现金

3. 在连续编制合并财务报表时,有些业务要通过“未分配利润——年初”项目予以抵销。这些经济业务有(　　)。

A. 内部固定资产交易的未实现利润的抵销

B. 内部存货交易中期末存货未分配利润的抵销

C. 内部存货交易中期初存货未实现利润的抵销

D. 内部固定资产交易后多计提折旧的抵销

E. 内部期初应收账款计提的坏账准备的抵销

4. 乙公司和丙公司均为纳入甲公司合并范围的子公司。2016 年 6 月 1 日,乙公司将其产品销售给丙公司作为管理用固定资产使用,售价为 25 万元(不含增值税),销售成本为 13 万元。丙公司购入后按 4 年的期限、采用直线法计提折旧,预计净残值为零。甲公司在编制 2017 年度合并财务报表时,下列说法正确的有(　　)。

A. 调减未分配利润项目 12 万元　　B. 调减未分配利润 10.5 万元

C. 调减固定资产项目 12 万元　　D. 调增固定资产项目 4.5 万元

E. 调减固定资产项目 7.5 万元

5. 子公司本期将其成本为 80 万元的一批产品销售给母公司,销售价格为 100 万元,母公司本期购入该产品都形成存货,并为该项存货计提 5 万元跌价准备。期末编制合并报表时,母公司应抵销的项目和金额有(　　)。

A. 存货跌价准备－5 万元　　B. 资产减值损失－5 万元

C. 营业收入－100 万元　　D. 营业成本－80 万元

E. 存货－20 万元

6. 对于企业集团内部固定资产交易,在该固定资产使用期间内每期编制合并财务报表时都要编制的有关抵销分录中包括(　　)。

A. 抵销该固定资产当期多计提的折旧额

B. 抵销固定资产原价中包含的未实现利润

C. 抵销未实现利润对年初未分配利润的影响

D. 抵销该固定资产以前年度累计多计提的折旧

E. 抵销与该项交易有关的营业外收入或营业外支出

7. 在内部交易的固定资产提前报废或期满报废清理期,合并财务报表工作底稿中,(　　)。

A. 不一定编制抵销分录

B. 必须编制调整期初未分配利润的分录

C. 必须编制抵销当年多计提折旧的分录

D. 必须编制抵销以前年度累计多计提折旧的分录

E. 不必编制抵销固定资产原价中包含的未实现利润的有关抵销分录

8. 在编制合并财务报表时，下列关于合并财务报表工作底稿中的抵销分录的说法中，不正确的有（　　）。

A. 应将纳入合并范围的子公司的所有者权益百分之百予以抵销

B. 应抵销母公司的应收账款及按该应收账款计提的坏账准备

C. 应抵销纳入合并范围的子公司对母公司的预付账款

D. 应抵销内部交易的固定资产价值

E. 应抵销母公司的投资收益

9. 甲企业拥有乙企业股权的60%，从而将乙企业纳入合并财务报表的编制范围。2017年9月，甲企业将账面价值为80 000元、计税价格为100 000元、增值税税率为17%、消费税税率为10%的一批库存商品，以100 000元的价格出售给乙企业，后者将其作为库存材料核算。年末，该批存货尚有40%在库，另60%已经计入乙企业当年销售成本。该在库存货的年末可变现净值为31 000元，乙企业因此计提存货跌价准备9 000元。年末甲企业和乙企业个别资产负债表中"存货"项目年末数分别为900 000元和500 000元。根据现行会计准则，甲企业编制的合并财务报表中，与该业务有关的抵销分录涉及的报表项目包括（　　）。

A. 存货　　B. 营业收入　　C. 营业成本　　D. 管理费用

E. 存货跌价准备

10. 在合并报表工作底稿中，"合并数"一栏提供的数字将构成合并报表所填列的数据。在计算以下项目的"合并数"时，需用工作底稿中相关项目的"合计数"栏数字加上"抵销与调整分录"栏的借方数字(减去贷方数字)的项目是（　　）。

A."营业收入"项目　　B."应付账款"项目

C."固定资产原价"项目　　D."期初未分配利润"项目

E."持有至到期投资"项目

(四)计算分析题

练习一

1. 目的：练习内部固定资产交易的抵销。

2. 资料：A公司2015年2月2日从其拥有80%股份的被投资企业B公司购进其生产的设备一台。B公司销售该产品的销售成本为84万元，销售价款为120万元，销售毛利率为30%。A公司支付价款总额为140.4万元(含增值税)，另支付运杂费1万元、保险费0.6万元、安装调试费用8万元，于2015年5月20日竣工验收交付使用。A公司采用直线法计提折旧，该设备用于行政管理，使用年限为3年，预计净残值为原价的4%(注：抵销该固定资产包含的未实现内部销售利润时，不考虑净残值)。假定不考虑内部交易产生的递延所得税。

3. 要求：

(1)计算确定A公司购入该设备的入账价值。

(2)计算确定A公司该设备每月应计提的折旧额。

(3)假定该设备在使用期满时进行清理，编制A公司2015年度、2016年度、2017年度、2018年度合并财务报表中有关购买、使用该设备的抵销分录。

练习二

1. 目的:练习内部交易抵销的处理。

2. 资料:甲公司 2016 年起拥有 A 公司 60%的股份并自当年开始连续编制合并财务报表。甲公司合并财务报表的报出时间为报告年度次年的 3 月 20 日。甲公司和 A 公司均为增值税一般纳税企业,销售价格均为不含增值税价格。所得税税率为 25%。

(1)2016 年度资料。

①甲公司 2016 年度资产负债表期末存货中包含有从 A 公司购进的 X 产品 1 600 万元,A 公司 2016 年销售 X 产品的销售毛利率为 15%。

②A 公司 2016 年度资产负债表期末应收账款中包含有应收甲公司账款 1 400 万元,该应收账款累计计提的坏账准备余额为 150 万元,即应收甲公司账款净额为 1 250 万元。

③甲公司 2016 年 1 月向 A 公司转让设备一项,转让价格为 800 万元,该设备系甲公司自行生产的,实际成本为 680 万元,A 公司购入该设备发生安装等相关费用 100 万元,该设备于 2016 年 6 月 15 日安装完毕并投入 A 公司管理部门使用。A 公司对该设备采用年限平均法计提折旧,预计净残值为零,预计使用年限为 6 年。

(2)甲公司和 A 公司 2016 年度按权益法调整后的财务报表有关项目金额如下(单位:万元)。

①资产负债表有关项目年末数。

	甲公司	A 公司
长期股权投资——A 公司	2 800	
股本	5 000	2 000
资本公积	1 000	700
盈余公积	3 000	800
未分配利润	2 800	500
所有者权益合计	11 800	4 000

②利润表及利润分配表有关项目本年发生数。

	甲公司	A 公司
营业利润	5 900	2 200
投资收益	3 100	200
其中:对 A 公司投资收益	960	—
利润总额	9 000	2 400
所得税	2 800	800
净利润	6 200	1 600
年初未分配利润	1 700	400
提取盈余公积	1 580	300

续表

	甲公司	A公司
应付股利	3 520	1 200
未分配利润	2 800	500

(3)2017年度有关资料。

①甲公司2017年度从A公司购入X产品10 000万元，年末存货中包含有从A公司购进的X产品2 000万元(均为2017年购入的存货)，A公司2017年销售X产品的销售毛利率为20%。

②A公司2017年度资产负债表年末应收账款中包含有应收甲公司账款1 800万元，该应收账款累计计提的坏账准备余额为200万元，即应收甲公司账款净额为1 600万元。

③A公司2017年年初盈余公积为500万元。税法规定，企业的存货以历史成本作为计税基础。

3. 要求：编制甲公司2017年度合并财务报表相关的抵销分录(不考虑内部存货交易以外的其他内部交易产生的递延所得税)。

三、复习思考题

1. 在编制合并财务报表时，为什么要抵销集团内部交易所形成的未实现损益？
2. 集团内部存货交易有哪几种类型？如何进行抵销处理？
3. 集团内部固定资产交易有哪几种类型？如何进行抵销处理？

四、案例分析题

中天城投集团股份有限公司2016年12月1日发布了《关于投资设立中天城投有限公司及其对外投资的公告》。公告称，为了推进公司战略转型进程，实现各业务板块的分类运营和归口管理，中天城投集团股份有限公司拟出资设立中天城投有限公司，作为公司房地产业务开发投资运营平台。中天城投有限公司成立后，将：

(1)通过增资方式入股云南华盛基础设施运营管理有限责任公司，并取得该公司51%的股权。增资完成后，中天城投有限公司将与云南华盛基础设施运营管理有限责任公司共同出资成立中天城投集团云南投资开发建设公司，积极参加云南省的基础设施投资运营建设和管理的PPP项目。

(2)全资设立中天城投集团四川投资开发建设公司，该公司成立后，将与贵州川商城市建设有限公司、贵州天兴达贸易有限公司及贵阳恒森房地产开发有限公司共同出资成立中天城投泸州置业有限公司。

思考与分析：

中天城投集团股份有限公司为什么不自己直接对外投资，而是先出资设立中天城投有限公司，然后通过中天城投有限公司进行对外投资？

第八章
信息披露

一、本章重点与难点

1. 重点：上市公司信息披露的内容，分部报告、经营分部的概念，报告分部的确定，中期财务报告的确认与计量。

2. 难点：报告分部的确定，中期财务报告的确认与计量。

二、本章练习题

（一）判断题

1. 资产负债表、利润表和附注是中期财务报告至少应当编制的法定内容，对其他财务报表或相关信息，如现金流量表等，企业可以根据需要自行决定。（　　）

2. 上市公司董事、监事、高级管理人员应当保证上市公司披露的信息真实、准确、完整。（　　）

3. 上市公司可以新闻发布或记者问答等形式代替公司的正式公告。（　　）

4. 分部报告是指在企业的财务会计报告中，按照确定的企业内部组成部分提供的有关各组成部分的收入、资产和负债等信息的报告。（　　）

5. 报告分部的对外交易收入合计额占合并总收入或企业总收入的比重未达到75%的，应将其他的分部确定为报告分部（即使它们未满足上述规定的条件），直到该比重达到75%。（　　）

6. 我国上市公司进行信息披露主要采用自愿性信息披露的方式。（　　）

7.《中华人民共和国会计法》规定，会计年度自农历1月1日至12月31日止。（　　）

8. 无论企业中期财务报告的频率是月度、季度还是半年度，企业中期会计计量的结果最终应当与年度财务报告会计计量一致。（　　）

9. 企业在会计年度中不均匀发生的费用，应当在中期财务报表中予以预提或者待摊。（　　）

10. 上年度财务报告包括了合并财务报表，但报告中期内处置了所有应纳入合并范围的子公司，中期财务报告只需要提供母公司财务报表。（　　）

（二）单项选择题

1. 下列有关分部报告的表述中，符合现行规定的是（　　）。

A. 报告分部的收入必须是对外交易的收入

B. 作为报告分部，必须满足10%的重要性标准

C. 在分部报告中应将递延所得税资产作为分部资产单独予以披露

D. 分部费用不包括所得税费用

2. 下列上市公司定期报告中，必须经注册会计师审计的是（　　）。

A. 月度报告　　B. 季度报告　　C. 中期报告　　D. 年度报告

3. 上市公司年度报告应当在每个会计年度结束之日起（　　）个月内编制完成并披露。

A. 1　　B. 2　　C. 3　　D. 4

4. 招股说明书的有效期为（　　）个月，自中国证监会下发核准通知前招股说明书最后一次签署之日计算。

A. 1　　B. 2　　C. 3　　D. 6

5. 已经纳入分部报告范围的各个分部对外交易收入总额应达到企业总收入的75%，否则需要（　　）。

A. 不再对外提供分部营业报告

B. 按已经纳入并低于营业收入总额75%提供分部报告

C. 将更多的分部纳入分部报告编制范围

D. 无规定

6. 在应用10%重要性标准确定报告分部时，以下关于“分部收入”内容的正确表述是（　　）。

A. 仅指对外营业收入

B. 仅指对其他分部的营业收入

C. 包括对外营业收入和对其他分部的营业收入

D. 包括利息收入在内的全部收入

7.《企业会计准则解释第3号》规定，企业报告分部的数量通常不应超过（　　）个。

A. 3　　B. 5　　C. 10　　D. 20

8. 在中期财务报告中，不应提供的前期比较财务报表是（　　）。

A. 本中期末和上年度末的资产负债表

B. 年初至本中期末的、上年年初至可比本中期末的现金流量表

C. 本中期的、年初至本中期末以及上年度可比较期间的利润表

D. 本中期的、年初至本中期末以及上年度可比较期间的所有者权益变动表

9. 下列关于中期财务报告的表述中，正确的是（　　）。

A. 中期财务报告的附注应当以本中期期间为基础编制

B. 中期会计计量应当以年初至本中期末为基础

C. 中期财务报告的附注需要重复披露上年度财务报告中已经披露的信息

D. 中期财务报告的附注应披露分部的所有信息

10. 对于会计年度中不均匀发生的费用，下列方法中错误的是（　　）。

A. 在会计年度末可以预提或待摊　　B. 在中期财务报表中预提或待摊

C. 在费用发生时予以确认　　D. 在费用发生时予以计量

(三)多项选择题

1. 根据我国相关法律法规规定，上市公司必须公开披露的信息内容主要有（　　）。

A. 定期报告　B. 临时报告　C. 公司章程　D. 上市公告书
E. 招股说明书

2. 上市公司应当披露的定期报告包括(　　)。
A. 月度报告　B. 季度报告　C. 半年度报告　D. 年度报告
E. 临时报告

3. 根据上市公司信息披露有关规定,下列各项中,应属于重大事件公告的是(　　)。
A. 公司对外提供重大担保
B. 公司发生重大亏损或损失
C. 公司发生重大投资行为
D. 持有公司5%以上股份的股东,其持有股份情况发生变化
E. 公司的经营方针和经营范围的重大变化

4. 上市公司信息披露应遵循的原则包括(　　)。
A. 全面原则　B. 真实原则　C. 准确原则　D. 完整原则
E. 及时原则

5. 下列各项中,属于确认企业报告分部重要性标准的条件有(　　)。
A. 该分部收入占所有分部收入合计的10%或者以上
B. 该分部的分部利润(亏损)的绝对额,占所有盈利分部利润合计额或者所有亏损分部亏损合计额的绝对额两者中较大者的10%或者以上
C. 该分部的分部资产占所有分部资产合计额的10%或者以上
D. 该分部的分部负债占所有分部负债合计额的10%或者以上
E. 该分部的分部所有者权益占所有分部所有者权益合计额的10%或者以上

6. 下列各项关于分部报告的表述中,正确的有(　　)。
A. 企业应当以经营分部为基础确定报告分部
B. 企业披露分部信息时,无需提供前期比较数据
C. 企业披露的报告分部收入总额应当与企业收入总额相衔接
D. 企业披露分部信息时,应披露每一报告分部的利润总额及其组成项目的信息
E. 分部资产披露的金额应当按照扣除相关累计折旧或摊销额以及累计减值准备后的金额确定

7. 中期财务报告中的附注至少应包括下列信息:(　　)。
A. 中期财务报表采用的会计政策与上年度财务报表相一致的声明
B. 会计估计变更的内容、原因及其影响数
C. 企业经营的季节性或者周期性特征
D. 前期差错的性质及其更正金额
E. 合并财务报表的合并范围发生变化的情况

8. 在中期财务报告中,企业应当提供以下比较财务报表:(　　)。
A. 上年度末的资产负债表
B. 上年度可比中期的利润表
C. 上年度年初至上年可比中期末的利润表
D. 上年度年初至上年可比本期末的现金流量表
E. 上年度可比中期的现金流量表

9. 中期财务报告中至少应当包括(　　)。

A. 资产负债表　　B. 利润表　　C. 现金流量表　　D. 股东权益变动表

E. 附注

10. 下列关于上市公司中期报告的表述中,正确的是(　　)。

A. 中期报告仅是年度报告的节选,不是完整的报表

B. 中期会计计量应当以本中期末为基础

C. 中期报告中各会计要素的确认与计量标准应当与年度报告一致

D. 对中期报表项目进行重要性判断,应以预计年度数据为基础

E. 中期报告中应同时提供合并报表和母公司报表

(四)计算分析题

练习一

1. 目的:练习报告分部的确定。

2. 资料:甲铝业集团公司有四个独立可识别的经营分部,该公司 2017 年各经营分部的对外交易收入及分部间交易收入情况如下表所示:

甲铝业公司各经营分部收入情况　　单位:万元

经营分部	对外交易收入	分部间交易收入
氧化铝板块	1 800	660
原铝板块	10 800	1 500
贸易板块	7 500	600
能源板块	2000	—
合　计	22 100	2 760

3. 要求:按收入 10%的重要性标准判断哪些经营分部可以列为报告分部。

练习二

1. 目的:练习报告分部的确定。

2. 资料:红星服装公司有以下三个独立可识别的经营分部(男装分部、女装分部、童装分部),2017 年各分部收入、成本等财务信息如下表所示,其中各分部营业收入均为对外销售收入。

红星服装公司 2017 年财务信息　　单位:万元

项　目	男装分部	女装分部	童装分部
营业收入	300	860	520
营业成本	350	400	300

3. 要求:按利润 10%的重要性标准判断哪些经营分部可以列为报告分部。

练习三

1. 目的：练习报告分部的确定。

2. 资料：爱华家电公司有四个独立可识别的经营分部，截至2017年底各经营分部的资产情况如下表所示：

爱华家电各经营分部资产情况　　单位：万元

项　目	冰箱分部	冰柜分部	微波炉分部	销售分部
资产总额	1 300	1 200	1 000	1 250

3. 要求：按资产10%的重要性标准判断哪些经营分部可以列为报告分部。

练习四

1. 目的：练习比较财务报表的编制。

2. 资料：甲公司是一家房地产上市公司，按照要求需要提供季度报告。

3. 要求：列示出截至2017年3月31日、6月30日和9月30日分别提供各季度财务报告中应当分别提供的财务报表。

练习五

1. 目的：练习中期财务报告的确认和计量。

2. 资料：南方公司为一家冷饮生产和销售公司，需要对外提供季度财务报告，该公司的冷饮销售主要集中在每年的第二、第三季度。2017年南方公司1月1日至9月30日间累计实现净利润300万元，其中第一季度亏损100万元，第二、第三季度共盈利400万元。第三季度末该公司尚有存货100万元，由于已经错过销售旺季，该存货可变现净值为90万元。

3. 要求：试问该公司是否应在2017年第三季度财务报告中确认存货跌价损失？为什么？

三、复习思考题

1. 上市公司信息披露的内容有哪些？
2. 什么是分部报告？如何确定报告分部？
3. 什么是经营分部？经营分部与报告分部有何关系？
4. 什么是中期财务报告？
5. 中期财务报告的内容包括哪些？

四、案例分析题

案例一

创业板上市公司浙江向日葵光能科技股份有限公司（以下简称“向日葵”）总经理丁国军、副总经理兼财务总监潘卫标在公司披露相关信息前卖出本公司股票，规避损失。

2012年6月11日，向日葵母公司5月份财务报表编制完成。6月12日，向日葵主管会计陈某某通过内网办公系统给潘卫标发送了公司5月份《成本分析报告》，其中载明2012年1～5月毛利率在±3%左右，大幅下滑（2011年下半年毛利率平均约13%），前5个月已累计亏损约1.4亿元。6月16日,潘卫标通过内网办公系统将上述报告发送给丁国军,二人知悉向日葵母公司2012年上半年毛利率大幅下降的事实。由于向日葵母公司资产、收入、净利润等指标占上市公司合并报表相关指标的90%左右,在毛利率大幅降低等亏损因素无重大逆转的情况下,上半年亏损已成定局。此外,丁国军、潘卫标作为向日葵远期外汇交易领导小组成员,知悉公司远期外汇交易余额和每日汇率变化情况,能根据汇率变化推断出公司盈亏情况。丁国军还知悉公司原计划在报告期内转让德国20MW电站股权的合同不具备生效条件,预期产生的5 000万元收益不能记入2012年中期报告,无法抵减2012年上半年亏损。综上,根据所掌握的情况,丁国军、潘卫标能够推断知悉向日葵上半年净利润预计发生重大亏损。

2012年6月29日,丁国军持有的向日葵限售股解禁,其于当日卖出80万股,成交均价8.622元。按照7月17日收盘价计算,丁国军规避损失约89万元。同日,潘卫标持有的向日葵限售股解禁,其于6月29日和7月2日分别卖出10万股和2.5万股,成交均价为8.395元和8.61元。按照7月17日收盘价计算,潘卫标规避损失约12万元。

2012年7月3日至11日,向日葵分别收到纳入合并报表的各子公司及项目部的财务报表。7月11日,向日葵发布停牌公告。2012年7月14日,向日葵发布2012年半年度业绩预告修正公告,称修正后的预计业绩亏损额为1.6亿~1.7亿元。向日葵股票于7月16日起复牌,复牌后3个交易日股价跌幅达20.41%。

2013年4月,证监会对上述事项立案调查。2013年12月,证监会作出行政处罚决定,认定丁国军、潘卫标在向日葵2012年上半年净利润预计重大亏损的内幕信息公开前大量减持该股,构成内幕交易,对二人分别没收违法所得89万元、12万元,并处同等金额罚款。

要求:根据上述资料,上网搜索更多资料回答下列问题:

(1)证监会指定的信息披露媒介有哪些?

(2)公平及时地披露信息对杜绝内幕交易能起到怎样的作用?

(3)你认为中国证监会在监督上市公司信息披露方面应当发挥怎样的作用?

案例二

深海石化公司主要包括三个子公司:海洋石油勘探及开采、炼油、化工。三个子公司都进行独立管理,分别承担了不同的风险和报酬。其中,勘探及开采子公司所采的原油80%卖给炼油子公司,20%对外销售,2016年合计销售额10亿元(假设内外销售价格相同);炼油子公司的产品60%卖给化工子公司,40%对外销售,2016年合计销售额20亿元(假设内外销售价格相同);化工子公司的产品全部对外出售,2016年销售额为30亿元。因此,深海石化公司2017年合计对外的销售收入为40亿元。

思考与分析:

(1)按照分部报告准则,深海石化公司是否应当提供分部报告?

(2)如应提供,如何划分报告分部?

第二篇

其他特殊业务会计

第九章 公允价值会计

一、本章重点与难点

1. 重点:熟悉公允价值的三种估值技术,掌握公允价值的含义及其相关假设,掌握以公允价值计量且其变动计入当期损益的金融资产、投资性房地产以及非货币性资产交换的会计处理过程。

2. 难点:公允价值相关假设的理解和应用。

二、本章练习题

(一)判断题

1. 公允价值是指资产或者负债的“脱手价格”,也就是“进入价格”。 (　　)

2.“出售”资产和“转移”负债仅是一项假定,并不需要真的出售资产或者转移负债。 (　　)

3. 公允价值指的是特定企业的公允价值。 (　　)

4. 所谓最佳用途,是指市场参与者实现一项非金融资产或其所属资产和负债组合的价值最大化时该非金融资产的用途。 (　　)

5. 公允价值,是指“计量日”的公允价值,也是交易日的公允价值。 (　　)

6. 清算价格一般适用于企业破产、抵押、停业清理等情况下的资产计量。 (　　)

7. 相关资产或负债交易量最大和交易活跃程度最高的市场,即为主要市场。 (　　)

8. 最有利市场,是指在考虑交易费用后,能够以最高金额出售相关资产或者以最低金额转移相关负债的市场。 (　　)

9. 市场法、收益法和成本法分别是面向现在、面向未来、面向过去的评估方法。 (　　)

10. 在公允价值计量时,应该首先考虑第一层次的输入值。 (　　)

(二)单项选择题

1. 关于计量单元,下列说法正确的是(　　)。

A. 是指相关资产单独进行计量的最小单位

B. 是指相关负债单独进行计量的最小单位

C. 是指相关资产或负债以单独或者组合方式进行计量的最小单位

D. 是指相关资产和负债单独进行计量的最小单位

2. 关于输入值,下列说法错误的是(　　)。

A. 企业可使用出价计量资产头寸

B. 企业可使用出价计量负债头寸

C. 企业可使用要价计量负债头寸

D. 企业可使用市场参与者在实务中使用的出价和要价之间的中间价或其他定价惯例计量相关资产或负债

3. 关于公允价值准则中的相关资产和负债，下列说法正确的是（　　）。

A. 包括所有资产和负债

B. 包括部分资产和负债

C. 包括部分资产和负债，不包括企业自身权益工具

D. 是指其他相关会计准则要求或允许企业以公允价值计量资产或负债，也包括企业自身权益工具

4. 下列项目中，不属于估值技术的是（　　）。

A. 市场法　　B. 收益法　　C. 售价法　　D. 成本法

5. 甲公司于 2017 年 12 月 1 日购买某上司公司 100 万股普通股股票，划分为可供出售金融资产核算。12 月 1 日，该上市公司股票价格为每股 10 元。甲公司共支付 1 002 万元，其中 2 万元用来支付交易费用。2017 年 12 月 31 日，每股股票的收盘价为 12 元，预计处置全部股票将发生交易费用 2.4 万元。甲公司下列会计处理中，错误的是（　　）。

A. 2017 年 12 月 31 日，每股股票的公允价值是 12 元

B. 2017 年 12 月 31 日，每股股票的公允价值是 10.02 元

C. 2017 年 12 月 31 日，每股股票的公允价值是 10 元

D. 可供出售金融资产初始入账金额为 1 002 万元

6. 企业判断非金融资产的最佳用途，无需考虑（　　）。

A. 非金融资产的用途在法律上是否允许

B. 非金融资产的用途在法律上是否可能

C. 非金融资产的用途在法律上是否可行

D. 非金融资产的用途在法律上是否及时

7. 企业以公允价值计量相关资产或负债所使用的估值技术中，（　　）是反映当前要求重置相关资产服务能力所需要金额的估值技术。

A. 成本法　　B. 收益法　　C. 市场法　　D. 估价法

8. 有序交易，是指在计量日（　　）相关资产或负债具有惯常市场活动的交易。清算等被迫交易不属于有序交易。

A. 前 10 日　　B. 前一段时期内　　C. 前 1 个月　　D. 前 30 日

9. 企业以公允价值计量负债，应当假定在计量日将该负债转移给其他市场参与者，而且该负债在转移后继续存在，并由作为（　　）的市场参与者履行义务。

A. 转让方　　B. 第三方　　C. 受让方　　D. 受让方与转让方

10. 下列说法不正确的是（　　）。

A. 以公允价值计量的相关资产或负债只能是单项资产或负债

B. 企业以公允价值计量相关资产或负债，应当假定市场参与者在计量日出售资产或转移负债的交易，是在当前市场条件下的有序交易

C. 企业以公允价值计量相关资产或负债，应当假定市场参与者在对资产或负债定价时为

实现其经济利益最大化所使用的假设

D. 企业以公允价值计量相关资产或负债，应当采用在当前情况下适用并且有足够可利用数据和其他信息支持的估值技术

(三)多项选择题

1. 下列估值技术方法中，属于收益法的有(　　)。

A. 现金流量折现法　　B. 现行重置成本法

C. 多期超额收益折现法　　D. 期权定价模型

2. 下列项目中，属于相关资产或负债特征的有(　　)。

A. 交易费用

B. 运输费用

C. 资产的地理位置和环境

D. 债务人在偿还借款前不能转让已抵押的长期股权投资

3. 下列项目中，适用公允价值计量准则确定其公允价值的有(　　)。

A. 采用公允价值模式进行后续计量的投资性房地产

B. 非同一控制下企业合并中取得的可辨认资产和负债以及作为合并对价发行的权益工具

C. 采用公允价值进行后续计量的生物资产

D. 存货准则中规范的可变现净值

4. 企业以公允价值对相关资产和负债进行初始计量的，不应将取得资产或者承担负债的交易价格作为该资产或负债的公允价值的有(　　)。

A. 关联方之间的交易

B. 被迫进行的交易

C. 交易价格所代表的计量单元不同于以公允价值计量的相关资产或负债的计量单元

D. 进行交易的市场不是该资产或负债的主要市场(或者在不存在主要市场情况下的最有利市场)

5. 下列项目中，相关资产或负债的交易活动通常不应作为有序交易的有(　　)。

A. 在当前市场情况下，市场在计量日之前的一段时间内不存在相关资产或负债的惯常市场交易活动

B. 在计量日之前，相关资产或负债存在惯常的市场交易，但资产出售方或负债转移方仅与单一的市场参与者进行交易

C. 资产出售方或负债转移方处于或者接近于破产或托管状态，即资产出售方或负债转移方已陷入财务困境

D. 资产出售方为满足法律或者监管规定而被要求出售资产，即被迫出售

6. 乙公司 2017 年 1 月 3 日以吸收合并的方式取得甲公司全部净资产。其中有一批存货无法确定主要市场，可以在 A 市场出售，也可以在 B 市场出售。若在 A 市场出售，销售价格为 100 万元，交易费用为 5 万元，运输费用为 4 万元；若在 B 市场出售，销售价格为 110 万元，交易费用为 8 万元，运输费用为 6 万元。下列说法或会计处理中，正确的有(　　)。

A. A 市场为最有利市场

B. B 市场为最有利市场

C. 该批存货的公允价值为104万元

D. 该批存货的公允价值为96万元

7. 为避免重复计算或忽略风险因素的影响,折现率与现金流量应当保持一致,下列项目中正确的是(　　)。

A. 企业使用合同现金流量的,应当采用能够反映预期违约风险的折现率

B. 使用概率加权现金流量的,应当采用能够反映预期违约风险的折现率

C. 使用包含通货膨胀影响的现金流量的,应当采用名义折现率

D. 使用排除通货膨胀影响的现金流量的,应当采用名义折现率

8. 下列公允价值层次中,属于第三层输入值的有(　　)。

A. 股票投资期末收盘价　　B. 无风险利率

C. 股票波动率　　D. 期望股息率

9. 布莱克—斯科尔斯期权定价模型中的输入值包括(　　)。

A. 即期价格　　B. 行权价格　　C. 合同期限　　D. 无风险利率

10. 关于确定负债或企业自身权益工具公允价值的方法,下列说法中正确的是(　　)。

A. 如果存在相同或类似的负债或企业自身权益工具可观察市场报价,企业应当以该报价为基础确定负债或企业自身权益工具的公允价值

B. 对于不存在相同或类似负债或企业自身权益工具报价但其他方将其作为资产持有的负债或企业自身权益工具,如果对应资产存在活跃市场报价,并且企业能够获得该报价,企业应当以对应资产的报价为基础确定该负债或企业自身权益工具的公允价值

C. 对于不存在相同或类似负债或企业自身权益工具报价但其他方将其作为资产持有的负债或企业自身权益工具,如果对应资产不存在活跃市场报价,或者企业无法获得该报价,企业可使用其他可观察的输入值

D. 不存在相同或类似负债或企业自身权益工具报价,并且其他方未将其作为资产持有的,企业应当从承担负债或者发行权益工具的市场参与者角度,采用估值技术确定该负债或企业自身权益工具的公允价值

(四)计算分析题

练习一

1. 目的:掌握交易性金融资产公允价值应用的会计处理。

2. 资料:甲公司2016年12月20日自证券市场购入乙公司发行的股票100万股,共支付价款860万元,其中包括交易费用4万元,甲公司将购入的乙公司的股票作为交易性金融资产核算。2016年12月31日,乙公司股票每股收盘价为9元。2017年3月10日,乙公司宣告发放的现金股利为每股1元。2017年3月20日,甲公司出售该项交易性金融资产,收到价款950万元。不考虑其他因素。

3. 要求:

(1)计算甲公司2016年12月20日取得该项交易性金融资产的入账价值。

(2)计算甲公司从取得至出售该项交易性金融资产累计应确认的投资收益。

(3)计算甲公司出售该项交易性金融资产时对利润总额的影响。

练习二

1. 目的：掌握投资性房地产的公允价值模式计量下的会计处理。

2. 资料：2014 年 12 月 10 日，甲公司与乙公司签订了一项租赁协议，将一栋经营管理用写字楼出租给乙公司，租赁期为 3 年，租赁期开始日为 2014 年 12 月 31 日，年租金为 480 万元，于次年起每年年初收取。相关资料如下：

(1)2014 年 12 月 31 日，甲公司将该写字楼停止自用，准备出租给乙公司，拟采用成本模式进行后续计量。该写字楼于 2010 年 12 月 31 日达到预定可使用状态时的账面原价为 3 940 万元，预计使用年限为 50 年，预计净残值为 40 万元，采用年限平均法计提折旧。

(2)2015 年 1 月 1 日，预收当年租金 480 万元，款项已收存银行。甲公司按月将租金收入确认为其他业务收入，并结转相关成本。

(3)2016 年 12 月 31 日，甲公司考虑到所在城市存在活跃的房地产市场，并且能够合理估计该写字楼的公允价值，为提供更相关的会计信息，将投资性房地产的后续计量从成本模式转为公允价值模式，当日，该写字楼的公允价值为 4 472 万元。

(4)2017 年 12 月 31 日，该写字楼的公允价值为 4 550 万元。

(5)2018 年 1 月 1 日，租赁合同到期，甲公司为解决资金周转困难，将该写字楼出售给丙企业，价款为 4 600 万元，款项已收存银行。

甲公司按净利润的 10%提取法定盈余公积，不考虑其他因素。

3. 要求：

(1)编制甲公司 2014 年 12 月 31 日将该写字楼转换为投资性房地产的会计分录。

(2)编制甲公司 2015 年 1 月 1 日收取租金、1 月 31 日确认租金收入和结转相关成本的会计分录。

(3)编制甲公司 2016 年 12 月 31 日将投资性房地产的后续计量由成本模式转换为公允价值模式的相关会计分录。

(4)编制甲公司 2017 年 12 月 31 日确认公允价值变动损益的相关会计分录。

(5)编制甲公司 2018 年 1 月 1 日处置该投资性房地产时的相关会计分录。

(采用公允价值模式进行后续计量的投资性房地产应写出必要的明细科目)

第十章 租赁会计

一、本章重点与难点

1. 承租人对融资租赁业务的会计处理。
2. 出租人对融资租赁业务的会计处理。
3. 承租人对经营租赁业务的会计处理。
4. 出租人对经营租赁业务的会计处理。
5. 售后租回交易的会计处理。

二、本章练习题

(一)判断题

1. 租赁开始日是租赁协议日与租赁各方就主要租赁条款做出承诺日中的较早者,租赁期开始日是指承租人有权行使其使用租赁资产权利的开始日。 (　　)

2. 对于承租人在租赁谈判和签订租赁合同过程中发生的,可归属于租赁项目的手续费、律师费、差旅费、印花税等初始直接费用,应当直接计入当期损益。 (　　)

3. 承租人与出租人只能采用实际利率法计算确认当期的融资费用和融资收入。 (　　)

4. 在租赁开始日,承租人应当对租入资产、最低租赁付款额和未确认融资费用进行初始确认;出租人应当对应收融资租赁款、未担保余值和未实现融资收益进行初始确认。 (　　)

5. 在租赁开始日,出租人应当将租赁开始日最低租赁收款额作为应收融资租赁的入账价值,同时记录未担保余值;将最低租赁收款额及未担保余值之和与其现值的差额,确认为未实现融资收益。 (　　)

6. 出租人在租赁期开始日按照规定转出租赁资产时,租赁资产公允价值与其账面价值如有差额,应当计入当期损益。 (　　)

7. 承租人采用实际利率法分摊未确认融资费用时,应当根据租赁合同的约定确定对未确定融资费用的分摊率。 (　　)

8. 如果租赁合同规定承租人有优惠续租选择权,即承租人续租的租金预计远低于行使优惠续租选择权日正常的租金,因而在租赁开始日就可以合理地确定承租人将会行使这种选择权,在这种情况下,租赁期应包括优惠续租选择权所涉及的期间。 (　　)

9. 最低租赁付款额是指在租赁期内,承租人应该支付或者可能被要求支付的各种款项,加上由承租人或者与承租人有关的第三方担保的资产余值。 (　　)

10. 最低租赁收款额是指最低租赁付款额加上与承租人和出租人均无关,但在财务上有

能力担保的第三方对出租人担保的资产余值以及未担保余值。　(　　)

(二)单项选择题

1. 担保余值,就承租人而言,是指(　　)。

A. 由承租人或与其有关的第三方担保的资产余值

B. 在租赁开始日估计的租赁期届满时租赁资产的公允价值

C. 就出租人而言的担保余值加上独立于承租人和出租人、但在财务上有能力担保的第三方担保的资产余值

D. 承租人担保的资产余值加上独立于承租人和出租人、但在财务上有能力担保的第三方担保的资产余值

2. 某项融资租赁合同,租赁期为8年,每年年末支付租金100万元,承租人担保的资产余值为50万元,与承租人有关的A公司担保余值为20万元。租赁期间,履约成本共50万元,或有租金20万元。就承租人而言,最低租赁付款额为(　　)万元。

A. 870　　B. 370　　C. 850　　D. 420

3. 甲公司于2017年1月1日采用经营租赁方式从乙公司租入机器设备一台,租期为4年,设备价值为200万元,预计使用年限为12年。租赁合同规定:第1年免租金,第2年至第4年的租金分别为36万元、34万元、26万元;第2年至第4年的租金于每年年初支付。2017年甲公司应就此项租赁确认的租金费用为(　　)万元。

A. 0　　B. 24　　C. 32　　D. 50

4. 承租人对融资租入的资产采用公允价值作为入账价值的,分摊未确认融资费用所采用的分摊率是(　　)。

A. 银行同期贷款利率

B. 租赁合同中规定的利率

C. 出租人出租资产的无风险利率

D. 使最低租赁付款额的现值与租赁资产公允价值相等的折现率

5. 承租人在融资租赁谈判和签订租赁合同过程中发生的、可直接归属于租赁项目的初始直接费用,如印花税、佣金、律师费、差旅费等,应当(　　)。

A. 计入当期费用　　B. 计入租入资产价值

C. 部分计入当期费用,部分计入租赁成本　　D. 计入最低租赁付款额

6. 如果售后租回交易形成一项融资租赁,售价与资产账面价值之间的差额应予递延,并按(　　)进行分摊,作为折旧费用的调整。

A. 该项租赁资产的折旧进度　　B. 直线法

C. 租金支付比例　　D. 工作量法

7. 2017年1月1日,甲公司从乙公司经营租入办公室一套。租赁合同规定:租赁期为5年,第1年免租金,第2年和第3年各支付租金10万元,第4年和第5年各支付租金20万元,租金总额共计60万元。甲公司在租赁期的第1年和第2年应确认的租金费用分别为(　　)万元。

A. 0,10　　B. 0,15　　C. 12,10　　D. 12,12

8. 某项融资租赁,起租日为2016年12月31日,最低租赁付款额现值为700万元,承租人另发生安装费20万元,设备于2017年6月20日达到预定可使用状态并交付使用,承租人

担保余值为 60 万元，未担保余值为 30 万元，租赁期为 6 年，设备尚可使用年限为 8 年。承租人对租入的设备采用年限平均法计提折旧。该设备 2017 年应计提的折旧额为（　　）万元。

A. 60　　B. 44　　C. 65.45　　D. 48

9. 关于租赁，下列说法中正确的是（　　）。

A. 融资租赁是指实质上转移了与资产所有权有关的全部风险和报酬的租赁，其所有权最终一定转移

B. 在租赁期届满时，租赁资产的所有权转移给承租人的租赁，一定是融资租赁

C. 租赁资产性质特殊，如果不做较大改造，只有承租人才能使用的租赁也可能属于经营租赁

D. 在租赁期届满时，租赁资产的所有权未转移给承租人的租赁一定是经营租赁

10. 承租人融资租入一台设备，尚可使用 10 年，租赁期为 8 年，承租人租赁期届满时以 2 万元优惠购买该设备，设备在租赁期届满时的公允价值为 30 万元。则该设备计提折旧年限为（　　）年。

A. 10　　B. 9　　C. 8　　D. 5

（三）多项选择题

1. 下列各项中，构成出租人融资租赁债权的有（　　）。

A. 出租人承担的履约成本

B. 承租人在租赁期内应支付的租金总额

C. 承租人发生的初始直接费用

D. 出租人发生的初始直接费用

E. 租赁资产担保余值

2. 下列各项中，体现实质重于形式要求的有（　　）。

A. 商品售后租回不确认商品销售收入

B. 融资租入固定资产视同自有固定资产

C. 计提固定资产折旧

D. 材料按计划成本进行日常核算

E. 融资租赁的判断以实质上是否转移了与资产所有权有关的全部风险和报酬作为判断标准

3. 最低租赁付款额包括（　　）。

A. 承租人行使优惠购买选择权时支付的款项

B. 履行成本

C. 承租人或与其有关第三方担保的资产余值

D. 租金

E. 或有租金

4. 未确认融资费用可采用的分摊率有（　　）。

A. 出租人租赁内含利率　　B. 合同利率

C. 银行同期贷款利率　　D. 银行同期存款利率

E. 承租人租赁内含利率

5. 按照与租赁资产所有权有关的风险和报酬是否转移来分类，租赁分为（　　）。

A. 融资租赁　　B. 经营租赁　　C. 动产租赁　　D. 不动产租赁

E. 杠杆租赁

6. 下列说法错误的有(　　)。

A. 最低租赁付款额不包括或有租金和履约成本

B. 融资租赁是指资产所有权发生转移的租赁

C. 经营租赁是指除融资租赁之外的其他租赁

D. 在融资租赁业务中,无论是出租人还是承租人,发生的初始直接费用均应直接计入损益

E. 当售后租回形成融资租赁时,售后租回收益应在折旧期内平均分摊,以调整各期的折旧费用

7. 就承租人而言,满足下列哪些标准的租赁,应认定为融资租赁:(　　)。

A. 在租赁期届满时,租赁资产的所有权转移给承租人

B. 承租人有购买租赁资产的廉价选择权,并且在租赁开始日可以合理确定承租人将行使这种选择权

C. 租赁期为资产使用年限的大部分

D. 租赁开始日最低租赁付款额的现值几乎相当于租赁开始日租赁资产的公允价值

E. 承租人在租赁开始日的最低租赁付款额现值,几乎相当于租赁开始日租赁资产的账面价值;出租人在租赁开始日的最低租赁收款额现值,几乎相当于租赁开始日租赁资产的账面价值

8. 依据企业会计准则的规定,承租人应当在附注中披露与融资租赁有关的下列信息:(　　)。

A. 各类租入固定资产的期初和期末原价、累计折旧额

B. 资产负债表日后连续3个会计年度每年将支付的最低租赁付款额

C. 以后年度将支付的最低租赁付款额总额

D. 未确认融资费用的余额

E. 分摊未确认融资费用所采用的方法

9. 关于租赁期,下列说法正确的有(　　)。

A. 租赁期是指租赁合同规定的不可撤销的租赁期间。租赁合同签订后,一般不可撤销

B. 经出租人同意,租赁合同可以撤销

C. 承租人与原出租人就同一资产或同类资产签订了新的租赁合同,原租赁合同可以撤销

D. 承租人有权选择续租该资产,并且在租赁开始日就可以合理确定承租人将会行使这种选择权,不论是否再支付租金,续租期也包括在租赁期之内

E. 承租人有权选择续租该资产,并且在租赁开始日就可以合理确定承租人将会行使这种选择权,只要承租人不再支付租金,续租期就不应包括在租赁期之内

10. 确定融资租入资产的入账价值时,应考虑的因素有(　　)。

A. 租赁开始日租赁资产的公允价值

B. 最低租赁付款额现值

C. 承租人在租赁谈判和签订租赁合同过程中发生的,可归属于租赁项目的手续费、律师费、差旅费、印花税等直接费用

D. 租赁资产预计使用年限

E. 租赁内含利率

(四)计算分析题

练习一

A公司于2016年12月10日与B租赁公司签订了一份设备租赁合同。合同主要条款如下：

(1)租赁标的物：甲生产设备。

(2)起租日：2016年12月31日。

(3)租赁期：2016年12月31日至2018年12月31日。

(4)租金支付方式：2017年和2018年每年年末支付租金1 000万元。

(5)租赁期满时，甲生产设备的估计余值为200万元，其中A公司担保的余值为100万元。

(6)甲生产设备为全新设备，2016年12月31日的公允价值为1 922.40万元，预计使用年限为3年。

(7)租赁内含利率为6%。

(8)2018年12月31日，A公司将甲生产设备归还给B租赁公司。

甲生产设备于2016年12月31日运抵A公司，当日投入使用。固定资产采用平均年限法计提折旧，与租赁有关的未确认融资费用均采用实际利率法摊销，并假定未确认融资费用在相关资产的折旧期限内摊销。

要求：

(1)判断该租赁的类型，并说明理由。

(2)编制A公司在起租日的有关会计分录。

(3)编制A公司在2017年年末和2018年年末与租金支付以及其他与租赁事项有关的会计分录(假定相关事项均在年末进行账务处理)。

(金额单位用万元表示)

练习二

2015年12月28日，A公司与B公司签订了一份租赁合同。合同主要条款如下：

(1)租赁标的物：程控生产线。

(2)租赁期开始日：租赁物运抵A公司生产车间之日(即2016年1月1日)。

(3)租赁期：从租赁期开始日算起36个月(即2016年1月1日～2018年12月31日)。

(4)租金支付方式：自租赁期开始日起每年年末支付租金1 000 000元。

(5)该生产线在2016年1月1日B公司的公允价值为2 700 000元。

(6)租赁合同规定的利率为8%(年利率)。

(7)该生产线为全新设备，估计使用年限为5年。

(8)2017年和2018年两年，A公司每年按该生产线所生产的产品——微波炉的年销售收入的1%向B公司支付经营分享收入。

B公司的有关资料如下：

(1)该程控生产线的账面价值为2 600 000元。

(2)发生初始直接费用 100 000 元。

(3)采用实际利率法确认本期应分配的未实现融资收益。

(4)2016 年、2017 年，A 公司分别实现微波炉销售收入 10 000 000 元和 15 000 000 元。根据合同规定，这两年应向 A 公司取得的经营分享收入分别为 100 000 元和 150 000 元。

(5)2017 年 12 月 31 日，从 A 公司收回该生产线。

（提示：出租人的内含利率为 5.46%，最低租赁收款额的现值为 2 700 000 元）

要求：进行 B 公司的账务处理。

练习三

甲机械制造厂 2017 年年初根据租约向乙公司出租设备一台，该设备账面原值为 150 000 元，预计可使用期限为 8 年，预计净残值为 1 500 元，租约规定租期为 2 年，每年租金为 30 000 元，于租赁期内每年年末付讫；租赁期满，该设备交还甲机械制造厂。甲机械制造厂出租该设备过程中发生相关费用 1 500 元，向乙公司收取押金 10 000 元。该设备采用直线法计提折旧，无净残值。

要求：判断租赁类型，并分别作出承租人和出租人的有关账务处理。

练习四

A 公司 2017 年 1 月 1 日采用售后租回方式将一套设备（A 公司自有的生产用固定资产）出售给某租赁公司，出售价格为 100 万元，该设备账面原值为 120 万元，已提折旧 30 万元。该设备租赁期为 8 年，每年末支付租金 20 万元，出租人租赁内含利率为 11.82%，租赁开始日租赁资产的公允价值与最低租赁付款额的现值相等。租赁期届满时，租赁资产转让给 A 公司。A 公司采用平均年限法计提固定资产折旧。

要求：编制 A 公司 2017 年度的会计分录。

三、复习思考题

1. 什么是租赁？租赁有何特征？
2. 如何判断一项租赁业务是经营租赁还是融资租赁？
3. 如何确定最低租赁付款额及其现值？
4. 出租人和承租人分别应披露哪些经营租赁信息？
5. 简述售后租回的会计核算原则。

四、案例分析题

案例一

某企业是以子午线轮胎产品为主营业务的中型生产型企业。子午线轮胎以其比斜交胎有明显的优越性能、安全舒适、节能耐用和良好的社会经济效益而受到青睐，子午线轮胎是轮胎工业的更新换代产品，最近几年市场需求以 28%的速度递增。面对如此良好的市场机遇，该企业急需投入 4.6 亿元扩大生产规模，以便抓住占领市场份额的最佳时机。

以下是该企业的需求与具备的条件：

1. 该企业计划投入的 4.6 亿元中，固定资产投资为 3.7 亿元（其中设备购置费用为 1.9 亿元），0.9 亿元用于生产能力扩大后的流动资金投入。

2. 该企业计划采购的生产设备由某大型上市装备生产企业提供，经沟通，设备提供方同意对该企业所采购生产设备提供反收购保证。

3. 该企业计划投入的4.6亿元中，除借款人自筹1.2亿元（由股东以货币资金方式投入）外，还需要融资3.4亿元，其中2.5亿元由商业银行以项目贷款方式得到落实。根据项目现金流计划，余下的9 000万元资金缺口需要由3年期以上的长期借款解决。

根据以上条件，某中小企业投资管理有限公司建议并协助该企业在某金融租赁公司策划办理了额度为1.4亿元的设备融资租赁业务（净融资额9 000万元），有效地解决了项目资金缺口。由于是3年期分期付款方式，缓解了企业一次性支付的现金流压力，大大提高了资金使用效率。

思考与分析：

(1)某中小企业投资管理有限公司为什么建议采用融资租赁方式？采用这种方式有何意义？

(2)在计算融资租赁租金时，需要考虑哪些因素？

案例二

Y医院，服务人口50万人，年门诊量25万人，现有病床数450张，年业务收入8 000万元，因购置设备和病房改造需要，要求融资1 500万元。华融租赁通过医疗设备回租的方式为该医院提供了资金。具体做法是：Y医院将现有设备转让给华融租赁，一次性获得1 500万元转让款。之后重新租回该批设备，租赁期限为48个月，在租赁期内，Y医院按月向华融租赁支付约定的租金，租赁期满并支付全部租金和名义货价后，设备产权重新归医院所有。

思考与分析：

(1)Y医院在这次交易中充当什么角色？在租赁期开始日，该售后租回交易应该认定为融资租赁还是经营租赁？为什么？

(2)该售后租回具有什么意义？

第十一章 企业财务困境

一、本章重点与难点

1. 债务重组方式的确定。
2. 债务重组的会计处理。
3. 破产清算的会计处理。

二、本章练习题

(一)判断题

1. 债务重组,是指在债务人发生财务困难的情况下,债权人按照其与债务人达成的协议或者法院的裁定作出让步的事项。　（　　）

2. 以现金清偿债务的,债务人应当将重组债务的账面价值与实际支付现金之间的差额,计入当期损益,即"营业外收入"。　（　　）

3. 将债务转为资本的,债务人应当将债权人放弃债权而享有股份的面值总额确认为股本,股份的公允价值总额与股本之间的差额,计入当期损益(营业外收入)。　（　　）

4. 在以非现金资产清偿债务方式下,如果债权人不向债务人另行支付增值税,则增值税进项税额不能作为冲减重组债权的账面余额处理。　（　　）

5. 债务人以非现金资产清偿债务的,如果发生了运杂费等,应直接计入转让资产损益之中。　（　　）

6. 破产清算会计应建立在持续经营假设的基础上。　（　　）

7. 破产清算会计要遵循收付实现制原则。　（　　）

8. 破产清算会计应以历史成本为计量属性。　（　　）

9. 影响清算损益余额的因素包括清算收益、清算损失、清算费用和土地转让净收益。　（　　）

10. 企业在破产清算过程中发生的各种费用,应划分为破产费用和非破产费用。　（　　）

(二)单项选择题

1. 甲公司因购货原因于2017年1月1日产生应付乙公司账款1 000万元,货款偿还期限为3个月。2017年4月1日,因甲公司发生财务困难,无法偿还到期债务,经与乙公司协商,进行债务重组。双方同意,以甲公司的一栋自用写字楼抵偿债务。该写字楼原值1 000万元,已计提累计折旧350万元,公允价值为800万元。处置写字楼应交增值税销项税额为88万元，不考虑其他因素。则债务人甲公司营业外收入的金额为(　　)万元。

A. 150　　B. 350　　C. 262　　D. 200

2. 将债务转为资本的，债务人应当将债权人放弃债权而享有股份的面值总额确认为股本(或者实收资本)，重组债务的账面价值与股份的公允价值总额之间的差额，计入(　　)。

A. 营业外收入　　B. 营业外支出　　C. 资本公积　　D. 资产减值损失

3. 甲公司欠乙公司700万元货款，到期日为2×16年10月30日。甲公司因财务困难，经协商于2×16年11月15日与乙公司签订债务重组协议，协议规定甲公司以公允价值550万元的商品抵偿欠乙公司上述全部债务。2×16年11月20日，乙公司收到该商品并验收入库。2×16年11月22日，办理了有关债务解除手续。该债务重组的重组日为(　　)。

A. 2×16年10月30日　　B. 2×16年11月15日

C. 2×16年11月20日　　D. 2×16年11月22日

4. 正保公司应收大华公司账款的账面余额为585万元，由于大华公司财务困难，无法偿付应付账款，经双方协商同意，进行债务重组。已知正保公司已对该应收账款提取坏账准备50万元。债务重组内容为：大华公司以90万元现金和其200万股普通股偿还债务，大华公司普通股每股面值1元，市价2.2元，正保公司取得投资后作为可供出售金融资产核算。正保公司因该项债务重组确认的债务重组损失为(　　)万元。

A. 5　　B. 55　　C. 100　　D. 145

5. 以修改其他债务条件进行债务重组的，如果债务重组协议中附有或有应付金额的，该或有应付金额最终没有发生的，应(　　)。

A. 冲减营业外支出

B. 冲减已确认的预计负债，同时确认营业外收入

C. 冲减财务费用

D. 不做财务处理

6. 破产管理人应在(　　)编制破产清算资产负债表。

A. 破产申请时　　B. 破产清算开始日

C. 破产解散日　　D. 破产结束日

7. (　　)在清算期间应向报表相关者报送会计报告。

A. 破产企业法人　　B. 破产管理人

C. 债权人　　D. 破产主管部门

8. 因债权人原因无法归还的债务，应该作为(　　)处理。

A. 营业收入　　B. 清算损益　　C. 清算收益　　D. 清算债务

9. 企业在清算期间，归还短期借款本金和利息，其中利息应该作为(　　)处理。

A. 营业外支出　　B. 清算损益　　C. 清算收益　　D. 清算债务

10. 能够全面反映破产企业的清算净资产和清算损益的报表是(　　)。

A. 破产清算资产负债表　　B. 破产清算财产表

C. 破产清算损益表　　D. 破产财产分配表

(三)多项选择题

1. 债务重组的主要方式包括(　　)。

A. 以现金资产清偿债务　　B. 将债务转为资本

C. 修改其他债务条件　　D. 以上方式的组合

E. 以非现金

2. 下列各项中，属于债务重组范围的有(　　)。

A. 银行免除某困难企业积欠贷款的利息，银行只收回本金

B. 企业 A 同意企业 B 推迟偿还货款的期限，并减少 B 企业偿还货款的金额

C. 债务人以非现金资产清偿债务，同时又与债权人签订了资产回购的协议

D. 银行同意降低某困难企业的贷款利率

E. 银行同意债务人借新债偿旧债

3. 下列有关债务重组时债务人会计处理的表述中，正确的有(　　)。

A. 以现金清偿债务时，债务人实际支付的现金低于债务账面价值的差额，计入资本公积

B. 以非现金资产清偿债务时，转让的非现金资产公允价值低于重组债务账面价值的差额，计入资本公积

C. 以非现金资产清偿债务时，转让的非现金资产公允价值低于重组债务账面价值的差额，计入当期损益

D. 以非现金资产清偿债务时，转让的非现金资产公允价值高于重组债务账面价值的差额，计入当期损益

E. 以非现金资产清偿债务时，转让的非现金资产公允价值高于其账面价值之间的差额，计入当期损益

4. 在债务重组的会计处理中，以下表述正确的有(　　)。

A. 债务人应确认债务重组收益

B. 无论是债权人还是债务人，均不确认债务重组损失

C. 用非现金资产清偿债务时，债务人应将应付债务的账面价值大于用于清偿债务的非现金资产账面价值的差额，直接计入当期营业外收入

D. 用非现金资产清偿债务时，债务人应将应付债务的账面价值大于用于清偿债务的非现金资产公允价值与相关税费之和的差额，计入营业外收入

E. 用现金资产清偿债务时，债权人没有损失

5. 以非货币性资产偿还债务的债务重组中，下列说法正确的有(　　)。

A. 债务人以存货偿还债务的，视同销售该存货，应按照其公允价值确认相应的收入，同时结转存货的成本

B. 债务人以固定资产偿还债务的，固定资产公允价值与其账面价值之间的差额，计入投资损益

C. 债务人以长期股权投资偿还债务的，长期股权投资公允价值与其账面价值之间的差额，计入营业外收入或营业外支出

D. 债务人以无形资产偿还债务的，无形资产公允价值与其账面价值之间的差额，计入营业外收入或营业外支出

E. 债务人有可能会发生债务重组损失

6. 下列选项中，属于清算会计基本原则的有(　　)。

A. 合法性原则　　B. 公正性原则

C. 收付实现制原则　　D. 可变现净值原则

E. 权责发生制原则

7. 破产清算会计报告是综合反映被清算企业的清算过程和结果的一系列财务报表，下列属于破产管理人在清算期间应向人民法院、主管部门、债权人及投资者报送的会计报告有（　　）。

A. 破产清算资产负债表　　B. 破产清算财产表
C. 破产清算损益表　　D. 破产财产分配表
E. 破产清算现金流量表

8. 根据清算会计核算对象的特点，会计要素中的资产可分类为（　　）。

A. 担保资产　　B. 抵销资产　　C. 应追索资产　　D. 清算资产
E. 清算负债

9. 根据清算的原因和处理方式不同，清算可分为（　　）。

A. 破产　　B. 解散　　C. 整顿　　D. 变卖
E. 注销

10. 导致企业解散清算的原因主要有（　　）。

A. 自动解散　　B. 请求解散　　C. 命令解散　　D. 破产解散
E. 并购

（四）计算分析题

练习一

2016 年，甲公司应收乙公司货款 125 万元，由于乙公司发生财务困难，遂于 2016 年 12 月 31 日进行债务重组，甲公司同意延长 2 年，免除债务 25 万元，利息按年支付，利率为 5%。但附有一个条件：债务重组后，如果乙公司自第二年起有盈利，则利率上升至 7%；若无盈利，利率仍维持 5%。假定实际利率等于名义利率。甲公司未计提坏账准备。乙公司预计很可能盈利。

要求：编制债权人甲公司和债务人乙公司的会计分录（金额单位以万元表示）。

练习二

2017 年 3 月，甲公司销售一批商品给乙公司，含税价款为 800 万元。乙公司到期无力支付款项，甲公司同意乙公司将其拥有的一项库存商品和一项无形资产用于抵偿债务。

（1）乙公司库存商品的账面余额为 400 万元，已计提存货跌价准备 10 万元，公允价值为 500 万元，增值税税率为 17%。

（2）无形资产的原值为 100 万元，已累计摊销 20 万元，公允价值为 200 万元，增值税销项税额为 12 万元。

（3）甲公司为该项应收账款计提 20 万元坏账准备。

（4）交换前后不改变用途，假定不考虑其他相关税费。

要求：编制甲、乙公司的会计分录（金额单位以万元表示）。

练习三

甲、乙企业为一般纳税企业，增值税税率为 17%，消费税税率为 10%。2016 年 3 月 6 日，甲企业因购买商品而欠乙企业购货款及税款合计 234 万元。由于甲企业发生财务困难，不能按照合同规定支付货款。2017 年 3 月 5 日，双方经协商，甲企业以其生产的产品偿还债务，该产品的销售价格为 180 万元，实际成本为 185 万元，已计提存货跌价准备 1 万元。乙企业接受甲企业以产品偿还债务时，将该产品作为库存商品入库；乙企业对该项应收账款计提了 4 万元的坏账准备。

要求：分别做出甲、乙企业债务重组时各自的会计处理(金额单位以万元表示)。

练习四

A 公司于 2017 年 9 月 15 日经法院宣告破产，主要清算业务如下：

(1)收回应收账款 325 000 元，存入银行，而应收账款的账面余额为 466 820 元。

(2)变卖各种材料的收入计 150 000 元，收取的应交增值税为 25 500 元，一并存入银行，而各种材料的账面价值为 193 000 元。

(3)处置各项在建工程的收入计 432 000 元，存入银行，而在建工程的账面价值为 480 000元。

(4)处置无形资产的收入计 640 000 元，存入银行，而无形资产的账面价值为 500 000 元。

(5)计算处置无形资产的应交增值税销项税额为 32 000 元。

要求：编制 A 公司的会计分录。

练习五

华夏公司为增值税一般纳税人，2017 年 3 月 17 日申请破产清算阶段，发生以下经济业务：

(1)账面 300 000 元的应收账款中，清算组确认坏账 50 000 元，实际收回 230 000 元，存入银行。

(2)处置产成品获得价款 58 500 元(含增值税)，该批商品成本为 55 000 元，适用的增值税税率为 17%。

(3)清算组支付财产评估费 10 000 元。

要求：根据以上经济业务，编制相关会计分录。

三、复习思考题

1. 债务重组包括哪些方式?
2. 请说明以非现金资产清偿债务方式下债务人、债权人的会计处理原则。
3. 请说明以债务转为资本方式下债务人、债权人的会计处理原则。
4. 破产会计核算的前提有哪些?
5. 破产会计核算的原则有哪些?

四、案例分析题

案例一

2017 年 4 月 25 日，某银行(甲方)、乙公司(乙方)及该贷款的担保方丙公司(丙方)三方共同签署了《某银行贷款利息减免协议》。协议主要条款如下：①甲方同意乙方所欠的下列贷款可以根据本协议减免所欠部分利息：贷款总金额 28 235 万元，贷款结欠利息总计 18 012.219 945 万元(截至 2016 年 12 月 31 日)。②甲、乙双方同意乙方在 2018 年 1 月 6 日前偿还贷款本金 28 235

万元、利息 1 500 万元，具体还款期限、金额根据约定的还款计划执行。③甲方同意在乙方履行上述还款义务后，免除乙方所欠剩余利息 16 512.219 945 万元(截至 2016 年 12 月 31 日)及至本息清偿日止新生利息。④如乙方未按照约定期限偿付贷款本金、利息及相关费用，甲方有权终(中)止本协议，对剩余贷款本金及利息进行追偿。

思考与分析：

(1)乙公司的债务重组是何方式？进行债务重组有何意义？

(2)该债务重组如何进行会计处理？

案例二

A 公司在册职工人数 856 人，进入 21 世纪以来，由于管理不善，企业亏损严重，负债累累。A 公司领导已更换几届，均无功而退，债权人曾通过债务重组使企业起死回生，以减少损失，但是公司改革已走到尽头。特别是经过国际金融风暴后，A 公司已严重资不抵债，难以继续经营，广东高院和广州、深圳两个中院分别依法受理。2017 年 8 月，A 公司进入破产程序，广东高院和广州、深圳两个中院及时、依法指定了破产管理人。破产管理人在法院的监督指导下，先后组织召开了 7 次债权人会议，向所有债权人详尽公布破产事项，确保了破产程序的公开、公正、公平，有效防止了破产财产的流失。2017 年 8 月 13 日，A 公司以债务人身份申请破产。经法院裁决宣布破产。

思考与分析：

(1)什么是破产清算会计？破产清算会计具有什么特点？

(2)简述破产会计如何进行核算。

第十二章 外币交易会计

一、本章重点与难点

1. 重点：外汇的定义，汇率及汇率变动。
2. 难点：汇兑损益、外币交易的会计处理。

二、本章练习题

(一)判断题

1. 我国某企业记账本位币为美元，则该企业以人民币计价和结算的交易属于外币交易。 (　　)

2. 记账本位币是指企业经营所处的主要经济环境中的货币。 (　　)

3. 境外经营是指企业在境外的子公司、合营企业、联营企业、分支机构。在境内的子公司、合营企业、联营企业、分支机构，采用不同于企业记账本位币的，也属于境外经营。 (　　)

4. 利润表中的收入和费用项目，应采用交易发生日的即期汇率折算。 (　　)

5. 企业收到投资者外币出资的，合同约定汇率的，应采用合同约定汇率折算。 (　　)

6. 企业收到投资者以外币投入的资本，应当采用合同约定汇率折算，外币投入资本与相应货币性项目的记账本位币金额之间产生的外币资本折算差额，计入“资本公积”。 (　　)

7. 套算汇率包括基本汇率。 (　　)

8. 售汇是指外汇指定银行将外汇卖给用汇单位或个人，按一定汇率收取本国货币的行为。 (　　)

9. 两项交易观，也称两笔业务交易观，是指在外币交易的会计处理中，把企业销售或购买交易的发生和账款结算看作两个相对独立的交易。 (　　)

10. 对于外币货币性项目，因结算或采用资产负债表日的即期汇率折算而产生的汇兑差额，计入当期损益，同时调增或调减外币货币性项目的记账本位币金额。 (　　)

(二)单项选择题

1. 我国某企业记账本位币为美元，下列说法中，错误的是(　　)。

A. 该企业以人民币计价和结算的交易属于外币交易

B. 该企业以美元计价和结算的交易不属于外币交易

C. 该企业的编报货币为人民币

D. 该企业的编报货币为美元

2. 下列交易中,不属于外币交易的有(　　)。

A. 买入以外币计价和结算的商品

B. 借入外币资金

C. 接受外币捐赠

D. 向美国销售以美元计价和结算的商品(该企业以美元为记账本位币)

3. 按我国会计准则的规定,母公司编制合并财务报表时,应对子公司外币资产负债表进行折算,表中"实收资本"项目折算为母公司记账本位币所采用的汇率是(　　)。

A. 合并报表决算日的市场汇率　　B. 实收资本入账时的即期汇率

C. 本年度平均市场汇率　　D. 本年度年初市场汇率

4. 甲公司对外币业务采用发生当日的即期汇率进行折算,按月计算汇兑损益。2×17 年 4 月 30 日,市场汇率 1 美元=6.28 元人民币,"银行存款——美元户"余额 10 000 美元,5 月 10 日将 3 000 美元售给银行兑换人民币,当日即期汇率 1 美元=6.27 元人民币,银行买入价为 1 美元=6.17 元人民币,5 月 31 日市场汇率 1 美元=6.26 元人民币,无其他外币账户或业务。5 月份外币兑换和外币持有合计影响"财务费用——汇兑损益"的金额是(　　)元。

A. 300　　B. 170　　C. 470　　D. 200

5. 某股份有限公司对外币业务采用业务发生日的市场汇率进行核算,按月计算汇兑差额。2×17 年 4 月 10 日,从境外购买原材料一批,价款总额 1 000 万美元,价款尚未支付,当日的市场汇率为 1 美元=6.2 元人民币,4 月 30 日的市场汇率为 1 美元=6.15 元人民币,5 月 31 日的市场汇率为 1 美元=6.1 元人民币。该外币债务 5 月份发生的汇兑损失是(　　)元。

A. 100　　B. −100　　C. 50　　D. −50

(三)多项选择题

1. 企业对境外经营的财务报表进行折算时,应采用发生时的即期汇率折算的有(　　)。

A. 递延所得税资产　B. 管理费用　C. 实收资本　D. 投资性房地产

2. 企业对境外经营的财务报表进行折算时,应采用资产负债表日即期汇率折算的有(　　)。

A. 应收及预付款项　B. 固定资产　C. 资本公积　D. 盈余公积

3. 企业选定记账本位币,应当考虑(　　)因素。

A. 该货币主要影响商品和劳务的销售价格,通常以该货币进行上述费用的计价和结算

B. 该货币主要影响商品和劳务所需人工、材料和其他费用,通常以该货币进行上述费用的计价和结算

C. 融资活动获得的货币

D. 保存从经营活动中收取款项所使用的货币

4. 外币交易应当在初始确认时将外币金额折算为记账本位币,可采用的汇率有(　　)。

A. 交易发生日的即期汇率

B. 期初汇率

C. 按照系统合理的方法确定的、与交易发生日即期汇率近似的汇率

D. 年初汇率

5. 企业对处于恶性通货膨胀经济中的境外经营财务报表进行折算时,下列说法不正确的有(　　)。

A. 对资产负债表项目按照最近资产负债表日的即期汇率进行折算

B. 在境外经营不再处于恶性通货膨胀经济中时，应当停止重述，按照停止之日的价格水平重述的财务报表进行折算

C. 对资产负债表项目按照一般物价指数变动予以重述，再按照最近资产负债表日的即期汇率进行折算

D. 对利润表项目运用一般物价指数予以重述，不按照最近资产负债表日的即期汇率进行重述

6. 企业在选择境外经营的记账本位币时，应考虑的因素包括（　　）。

A. 境外经营对其所从事的活动是否拥有很强的自主性

B. 境外经营活动中与企业的交易是否在境外经营活动中占有较大比重

C. 境外经营产生的现金流量是否直接影响企业的现金流量，是否可以随时汇回

D. 境外经营活动产生的现金流量是否足以偿还其现有债务和可预期的债务

7. 企业在资产负债表日，应当按照准则规定对外币货币性项目和外币非货币性项目进行处理，下列说法正确的有（　　）。

A. 外币货币性项目，采用资产负债表日即期汇率折算

B. 外币货币性项目，因资产负债表日即期汇率与初始确认时或者前一资产负债表日即期汇率不同产生的汇兑差额，计入当期损益

C. 外币货币性项目，因资产负债表日即期汇率与初始确认时或者前一资产负债表日即期汇率不同而产生的汇兑差额，计入递延损益

D. 以历史成本计量的外币非货币性项目，仍采用交易发生日的即期汇率折算，不改变其记账本位币金额

8. 企业在资产负债表日，应当对外币货币性项目和外币非货币性项目进行折算，下列说法正确的有（　　）。

A. 外币货币性项目，采用资产负债表日即期汇率折算

B. 以历史成本计量的外币非货币性项目，采用资产负债表日即期汇率折算

C. 以历史成本计量的外币非货币性项目，仍采用交易发生日即期汇率折算

D. 对于以公允价值计量的股票，期末按照公允价值确定当日的即期汇率折算

9. 企业对境外经营的财务报表进行折算时，应采用发生时的即期汇率折算的有（　　）。

A. 递延所得税资产　B. 管理费用　C. 实收资本　D. 投资性房地产

10. 企业对境外经营的财务报表进行折算时，应采用资产负债表日即期汇率折算的有（　　）。

A. 应收及预付款项　B. 固定资产　C. 资本公积　D. 盈余公积

三、复习思考题

1. 单项交易观和两项交易观有什么区别?

2. 什么是汇兑损益? 汇兑损益有哪几种?

四、案例分析题

案例一

某公司外币业务采用业务发生时的市场汇率进行折算，并按月计算汇兑损益。2×17 年

11 月 30 日，市场汇率为 1 美元=6.700 元人民币。有关外币账户的期末余额如下表所示：

某公司 2×17 年 11 月 30 日有关外币账户的期末余额

项　目	外币账户余额(美元)	汇　率	记账本位币金额(人民币元)
银行存款	200 000	6.80	1 360 000
应收账款	100 000	6.80	680 000
应付账款	50 000	6.80	340 000

该公司 12 月发生以下外币业务(假如不考虑有关税费)：

(1)12 月 1 日，对外赊销产品 1 000 件，每件单价为 200 美元，当日的市场汇率为 1 美元=6.700 元人民币。

(2)12 月 5 日，从银行借入短期外币借款 180 000 美元，当日的市场汇率为 1 美元=6.700 元人民币。

(3)12 月 10 日，从国外购进原材料一批，价款共计 220 000 美元，款项用外币存款支付，当日的市场汇率为 1 美元=6.700 元人民币。

(4)12 月 15 日，赊购原材料一批，价款共计 160 000 美元，款项尚未支付，当日的市场汇率为 1 美元=6.750 元人民币。

(5)12 月 20 日，收到 12 月 8 日赊销货款 10 000 美元，当日的市场汇率为 1 美元=6.750 元人民币。

(6)12 月 31 日，偿还借入的短期外币借款 180 000 美元，当日的市场汇率为 1 美元=6.750 元人民币。

思考与分析：

(1)编制该公司日常核算的会计分录。

(2)分别计算 2×17 年 12 月 31 日各外币账户的汇兑收益或损失金额。

(3)计算当月应计人损益的汇兑收益或损失金额。

(4)编制月末与汇兑损益有关的会计分录。

案例二

某公司 2×17 年 1 月初各外币账户的余额如下表所示：

某公司 2×17 年 1 月初各外币账户余额

	原币($)	汇　率	人民币(¥)
银行存款——美元户	30 000	6.750	202 500
应收账款	20 000	6.750	135 000
应付账款	10 000	6.750	67 500
长期借款(仅为购建固定资产而借入)	50 000	6.750	337 500

2×17 年 1 月发生业务如下(该公司外币业务采用期初汇率折算，按月计算汇兑损益，期初汇率为 1 美元=6.800 元人民币)：

(1)本月发生应收账款 10 000 美元。

(2)本月收回应收账款 5 000 美元,款项已存入银行。

(3)以外币银行存款偿还为购建甲固定资产的外币借款 20 000 美元,该固定资产正在建造中。

(4)接受投资者投入的外币资本 10 000 美元,作为实收资本,合同约定的汇率为 1 美元=6.700 元人民币。收到外币当日的市场汇率为 1 美元=6.750 元人民币,外币已存入银行。

思考与分析:

(1)编制该公司接受外币资本投资的会计分录。

(2)分别计算 2×17 年 1 月 31 日各外币账户的汇兑收益或损失金额。

(3)计算当月应计入损益的汇兑收益或损失金额。

(4)编制月末与汇兑损益有关的会计分录。

第十三章 外币报表折算

一、本章重点与难点

1. 重点：汇率及其定义。
2. 难点：外币报表折算的主要方法。

二、本章练习题

（一）判断题

1. 期末，对境外经营的财务报表进行折算时，资产负债表项目采用资产负债表日即期汇率折算；利润表中的收入和费用项目，采用交易发生日的即期汇率或即期汇率的近似汇率折算。（ ）

2. 企业选择的记账本位币一经确定，不得改变。（ ）

3. 我国外币报表折算所采用的方法是现行汇率法。采用该种方法进行外币报表折算时，应先折算资产负债表，再折算利润表；其中，资产负债表的各个项目均应采用编报日的即期汇率折算。（ ）

4. 资产负债表日，对于企业的外币非货币性项目都应以历史成本计量，不改变其入账时的记账本位币金额。（ ）

5. 货币性与非货币性项目法并不是为改进流动性与非流动性项目法而提出的。（ ）

6. 我国会计准则规定基本采用现行汇率法。（ ）

7. 现行汇率法是指对外币财务报表中的所有资产、负债项目，都使用资产负债表日的汇率折算。（ ）

8. 利润表中的收入、成本、费用理论上应按某项业务被确认时的汇率折算，但由于这样操作过于繁琐，经常表现出缺乏可操作性，所以一般按平均汇率或加权平均汇率折算。（ ）

9. 采用现行汇率法进行外币报表折算，其折算损益列示于资产负债表的所有者权益项下。（ ）

10. 非货币性项目在汇率变动时，其价值随当地通货膨胀的变动贬值或升值，因此，采用历史汇率折算比较合理。（ ）

（二）单项选择题

1. 下列项目中，不属于境外经营的是（ ）。

A. 企业在境外的子公司

B. 采用相同于企业记账本位币的、在境外的子公司

C. 采用相同于企业记账本位币的、在境内的子公司

D. 采用不同于企业记账本位币的、在境内的子公司

2. 某外商投资企业收到外商作为实收资本投入的固定资产一台，协议作价 20 万美元，当日的市场汇率为 1 美元＝6.25 元人民币。投资合同约定的汇率为 1 美元＝6.20 元人民币。另发生运杂费 2 万元人民币，进口关税 5 万元人民币，安装调试费 3 万元人民币。收到投资时，实收资本的入账价值为（　　）万元人民币。

A. 125　　B. 170　　C. 164　　D. 175

3. 某中外合资经营企业注册资本为 400 万美元，合同约定分两次投入，约定折算汇率 1∶6.20。中外投资者分别于 2×17 年 1 月 1 日和 3 月 1 日投入 300 万美元和 100 万美元。2×17年 1 月 1 日、3 月 1 日、3 月 31 日和 12 月 31 日，美元对人民币的汇率分别为 1∶6.20、1∶6.25、1∶6.24 和 1∶6.30。假定该企业采用人民币作为记账本位币，外币业务采用业务发生日的汇率折算。该企业 2×17 年年末资产负债表中“实收资本”项目的金额为人民币（　　）万元。

A. 2 280　　B. 2 296　　C. 2 485　　D. 2 320

4. 甲投资公司的记账本位币为人民币。2×17 年 12 月 6 日，甲投资公司以每股 10 美元的价格购入乙公司 B 股 10 000 股作为交易性金融资产，当日即期汇率为 1 美元＝6.5 元人民币。2×17 年 12 月 31 日，乙公司股票市价为每股 9 美元，当日即期汇率为 1 美元＝6.8 元人民币。假定不考虑相关税费。2×17 年 12 月 31 日，甲投资公司应确认的公允价值变动损益金额为（　　）元。

A. －38 000　　B. 48 000　　C. －78 000　　D. 78 000

5. 甲股份有限公司属于增值税一般纳税企业，选择确定的记账本位币为人民币，其外币交易采用交易日即期汇率折算。2×17 年 3 月 12 日，从美国乙公司购入某种工业原料 500 吨，每吨价格为 4 000 美元，当日的即期汇率为 1 美元＝7.6 元人民币，进口关税为 1 520 000 元人民币，支付进口增值税 2 842 400 元人民币，货款尚未支付，进口关税及增值税由银行存款支付。甲公司原材料成本为（　　）元。

A. 16 720 000　　B. 14 362 400　　C. 15 200 000　　D. 17 200 000

（三）多项选择题

1. 不管采用哪一种外币报表折算方法，所采用的汇率主要有（　　）。

A. 现时汇率　　B. 历史汇率　　C. 平均汇率　　D. 加权平均汇率

2. 资产负债表日，有关外币业务的会计处理，正确的有（　　）。

A. 对于外币货币性项目，因汇率变动而产生的汇兑差额属于经营活动的，计入财务费用

B. 对于以历史成本计量的外币非货币性项目，由于采用交易发生日即期汇率折算，不产生汇兑差额

C. 存货在资产负债表日采用成本与可变现净值孰低计量，在以外币购入存货时，计提存货跌价准备时，应考虑汇率变动的影响

D. 对于以公允价值计量的股票，期末将该外币资产按照公允价值确定当日的即期汇率折算的金额与原记账本位币金额之间的差额，计入当期损益

3. 外币报表折算损益处理的方法一般有（　　）。

A. 在当期利润表中作为非常项目列报
B. 在资产负债表中作为折算调整额列报
C. 在利润分配表中作为折算调整额列报
D. 在资产负债表中作为递延项目处理

4. 企业对处于恶性通货膨胀经济中的境外经营子公司的财务报表，应当按照下列规定进行折算：（ ）。

A. 对资产负债表项目运用一般物价指数予以重述，对利润表项目运用一般物价指数变动予以重述，再按照最近资产负债表日的即期汇率进行折算
B. 在境外经营不再处于恶性通货膨胀经济中时，应当停止重述，按照停止之日的价格水平重述的财务报表进行折算
C. 对资产负债表项目运用一般物价指数予以重述，不需要对利润表项目运用一般物价指数变动予以重述，并按照即期汇率进行折算
D. 在境外经营不再处于恶性通货膨胀经济中时，按照停止之日的价格水平重述的财务报表进行折算

5. 时态法要求按照外币财务报表上资产和负债项目的计价时间，分别采用现行汇率和历史汇率进行折算。下列描述正确的有（ ）。

A. 对货币性项目，按现行汇率（资产负债表日汇率）折算
B. 对其他非货币性资产项目，可以按历史汇率或现行汇率折算
C. 对负债项目，按现行汇率（资产负债表日汇率）折算
D. 对净资产项目，可以按历史汇率或现行汇率折算

三、复习思考题

1. 外币报表折算的主要方法有哪些？各有什么优缺点？
2. 外币报表折算损益有哪几种处理方法？

四、案例分析题

某企业拥有一家子公司，其编制会计报表所采用的货币为美元。为了编制合并财务报表，需要将子公司以外币表示的会计报表折算为人民币表示的会计报表，假设本会计期间期初汇率为1美元＝6.2元人民币，期末汇率为1美元＝6.0元人民币，本期平均汇率为1美元＝6.1元人民币，母公司对子公司投资时的汇率为1美元＝6.1元人民币，子公司期初留存收益为1 600美元，上期利润分配表折算后的留存收益人民币数额为13 800元，应付利润为1 600美元，实际支付利润时的汇率为1美元＝6.35元人民币。子公司存货的历史汇率均为6.45，存货的期初汇率为6.2，且期初存货为24 000美元，本期购进存货为72 000美元，固定资产和无形资产取得时的汇率均为6.15。子公司的外币会计报表如下表所示：

资产负债表

单位：美元

资产	金额	负债和所有者权益	金额
银行存款	6 000	应付账款	7 000
应收账款	9 000	短期借款	5 000

续表

资　产	金　额	负债和所有者权益	金　额
存货	16 000	长期借款	16 000
长期股权投资	8 000	实收资本	16 000
固定资产	6 000	留存收益	4 000
无形资产	3 000		
资产合计	48 000	负债和所有者权益合计	48 000

利润表

单位:美元

项　目	金　额
营业收入	118 400
减:营业成本	80 000
税金及附加	2 400
减:销售费用	16 000
管理费用(其中折旧费用 400)	8 000
财务费用	6 000
加:投资收益	3 200
营业利润	9 200
加:营业外收入	600
减:营业外支出	3 800
利润总额	6 000
减:所得税	2 000
净利润	4 000

利润分配表

单位:美元

项　目	金　额
净利润	4 000
加:期初留存收益	1 600
可供分配的利润	5 600
减:应付利润	1 600
留存收益	4 000

假设:该公司采用货币性与非货币性项目法对外币会计报表进行折算。

思考与分析:

(1)上述报表中哪些项目采用历史汇率折算?

(2)应该采用怎样的顺序对会计报表进行折算?

(3)计算折算后主营业务成本的数额。

(4)将子公司外币会计报表折算为以人民币表示的会计报表。

参考答案

第一章　企业合并会计概述

二、本章练习题

(一)判断题

1. √　2. √　3. ×　4. √　5. ×　6. √　7. √　8. √　9. √　10. √

(二)单项选择题

1. B　2. B　3. D　4. A　5. A

(三)多项选择题

1. ABD　2. BCE　3. ABDE　4. ABC　5. ABC

三、复习思考题

略。

四、案例分析题

略。

第二章　同一控制下的企业合并

二、本章练习题

(一)判断题

1. ×　2. √　3. ×　4. ×　5. √　6. ×　7. √　8. √　9. √　10. √

(二)单项选择题

1. D　2. A　3. C　4. C　5. D　6. B　7. C　8. A　9. B　10. B

(三)多项选择题

1. ACE　2. BC　3. ABCE　4. ABCDE　5. CD　6. ABCDE
7. ABCE　8. ABCD　9. DE　10. ACE

(四)计算分析题

练习一

(1)吸收合并下 A 公司的会计处理如下：

借:货币资金	40	
应收账款	360	
存货	400	
固定资产	600	
贷:短期借款		100
应付账款		10
长期借款		290
银行存款		960
资本公积——股本溢价		40

(2)控股合并下 A 公司的会计处理如下：

借:长期股权投资	1 000	
贷:银行存款		960
资本公积——股本溢价		40

练习二

(1)编制甲公司对乙公司控股合并的会计分录如下：

借:长期股权投资(11 000×80%)	8 800	
管理费用	100	
贷:股本		1 000
资本公积		7 800
银行存款		100

(2)编制甲公司对乙公司吸收合并的会计分录如下：

借:银行存款	200	
应收账款	800	
存货	4 000	
长期股权投资	1 000	
固定资产	8 000	
无形资产	1 000	
贷:短期借款		2 000
应付账款		1 000
其他负债		1 000
股本		1 000
资本公积		10 000
借:管理费用	100	
贷:银行存款		100

三、复习思考题

略。

四、案例分析题

略。

第三章　非同一控制下的企业合并

二、本章练习题

(一)判断题

1. × 2. √ 3. × 4. × 5. × 6. √ 7. √ 8. × 9. √ 10. ×

(二)单项选择题

1. B 2. A 3. B 4. C 5. C 6. D 7. C 8. A 9. C 10. A

(三)多项选择题

1. DE 2. BD 3. ABCE 4. AD 5. ABCDE 6. AB
7. ABCDE 8. ABCD 9. ABCD 10. ABCDE

(四)计算分析题

练习一

(1)吸收合并下甲公司的会计处理如下:

借:银行存款	1 000	
固定资产	3 300	
商誉	200	
贷:长期应付款		500
股本		1 000
资本公积——股本溢价		3 000

(2)控股合并下甲公司的会计处理如下:

借:长期股权投资	4 000	
贷:股本		1 000
资本公积——股本溢价		3 000

练习二

企业合并产生的暂时性差异如下表所示:

单位：万元

项　目	公允价值	计税基础	暂时性差异	
			可抵扣差异	应纳税差异
银行存款	8 000	8 000		
应收账款	1 200	1 200		
存货	300	200		100
长期股权投资	1 000	1 000		
固定资产	7 000	5 000		2000
无形资产	4 000	5 000	1 000	
短期借款	(100)	(100)		
应付账款	(5 000)	(5 000)		
其他应付款	(4 000)	(4 000)		
预计负债	(300)	0	300	
不包括递延所得税的可辨认资产、负债的公允价值	12 100	11 300	1 300	2 100

(1)计算合并日相关递延所得税资产或递延所得税负债：

递延所得税资产＝1 300×25%＝325(万元)

递延所得税负债＝2 100×25%＝525(万元)

(2)计算购买日商誉：

①可辨认净资产公允价值＝12 100(万元)

②考虑递延所得税后可辨认资产、负债的公允价值＝12 100＋325－525＝11 900(万元)

③企业合并成本＝12 500(万元)

④购买日商誉＝12 500－11 900＝600(万元)

(3)编制购买日有关会计分录：

借：银行存款	8 000	
应收账款	1 200	
存货	300	
长期股权投资	1 000	
固定资产	7 000	
无形资产	4 000	
递延所得税资产	325	
商誉	600	
贷：短期借款		100
应付账款		5 000
其他应付款		4 000
预计负债		300
递延所得税负债		525

股本 1 000
资本公积——股本溢价 11 500

三、复习思考题

略。

四、案例分析题

略。

第四章 合并财务报表概述

二、本章练习题

(一)判断题

1.√ 2.√ 3.√ 4.× 5.√ 6.√ 7.× 8.× 9.× 10.×

(二)单项选择题

1.A 2.C 3.B 4.D 5.C 6.D 7.B 8.D 9.D 10.B

(三)多项选择题

1.ACDE 2.BCD 3.ABCD 4.CE 5.ABCDE 6.ABC
7.ABCE 8.BE 9.ABC 10.AE

三、复习思考题

略。

四、案例分析题

略。

第五章 购并日合并财务报表的编制

二、本章练习题

(一)判断题

1.√ 2.√ 3.× 4.× 5.× 6.√ 7.√ 8.× 9.√ 10.×

(二)单项选择题

1.C 2.D 3.B 4.B 5.A 6.A 7.B 8.D 9.D 10.A

(三)多项选择题

1. AD　2. ABCD　3. BCE　4. ABDE　5. ACDE　6. ACE
7. BCDE　8. BDE　9. BE　10. CD

(四)计算分析题

练习一

(1)编制A公司投资入账时的会计分录:

借:长期股权投资——B公司　412 000
　资本公积　38 000
　　贷:银行存款　450 000

编制合并财务报表时的抵销分录:

借:股本　240 000
　资本公积　120 000
　盈余公积　24 000
　未分配利润　28 000
　　贷:长期股权投资——B公司　412 000

恢复子公司留存收益中属于母公司的份额:

借:资本公积　52 000
　　贷:盈余公积　24 000
　　　未分配利润　28 000

(2)编制A公司合并报表工作底稿。

A公司合并报表工作底稿

2016年1月1日　单位:元

项　目	A公司	B公司	抵销分录		合并资产负债表
			借　方	贷　方	
货币资金	75 000	140 000			215 000
应收账款	50 000	240 000			290 000
存货	175 000	220 000			395 000
长期股权投资——B公司	412 000			412 000	0
固定资产	350 000	280 000			630 000
资产合计	**1 062000**	**880 000**			**1 530 000**
短期借款	150 000	120 000			270 000
应付账款	200 000	160 000			360 000
应交税费	35 000	28 000			63 000
长期借款	200 000	160 000			360 000
负债合计	**585 000**	**468 000**			**1 053 000**

续表

项　目	A公司	B公司	抵销分录		合并资产负债表
			借　方	贷　方	
股本	300 000	240 000	240 000		300 000
资本公积	62 000	120 000	172 000		10 000
盈余公积	80 000	24 000	24 000	24 000	104 000
未分配利润	35 000	28 000	28 000	28 000	63 000
所有者权益合计	**477 000**	**412 000**			**477 000**

练习二

(1)A公司将投资入账时,应编制会计分录如下:

借:长期股权投资——B公司　　329 600

　资本公积　　20 400

　贷:银行存款　　350 000

将A公司的长期股权投资与B公司的所有者权益相抵销,应在合并财务报表工作底稿上编制抵销分录如下:

借:股本　　240 000

　资本公积　　120 000

　盈余公积　　24 000

　未分配利润　　28 000

　贷:长期股权投资——B公司　　329 600

　　少数股东权益　　82 400

恢复子公司留存收益中属于母公司的份额:

借:资本公积　　41 600

　贷:盈余公积(24 000×80%)　　19 200

　　未分配利润(28 000×80%)　　22 400

(2)编制A公司合并报表工作底稿。

A公司合并报表工作底稿

2017年1月1日　　单位:元

项　目	A公司	B公司	抵销分录		合并资产负债表
			借　方	贷　方	
货币资金	175 000	140 000			315 000
应收账款	50 000	240 000			290 000
存货	175 000	220 000			395 000
长期股权投资——B公司	329 600			329 600	0
固定资产	350 000	280 000			630 000
资产合计	**1 079 600**	**880 000**			**1 630 000**

续表

项　目	A公司	B公司	抵销分录		合并资产负债表
			借　方	贷　方	
短期借款	150 000	120 000			270 000
应付账款	200 000	160 000			360 000
应交税费	35 000	28 000			63 000
长期借款	200 000	160 000			360 000
负债合计	**585 000**	**468 000**			**1 053 000**
股本	300 000	240 000	240 000		300 000
资本公积	79 600	120 000	161 600		38 000
盈余公积	80 000	24 000	24 000	19 200	99 200
未分配利润	35 000	28 000	28 000	22 400	57 400
少数股东权益				82 400	82 400
所有者权益合计	**494 600**	**412 000**			**577 000**

练习三

(1)A公司将投资入账时,应编制会计分录如下:

借:长期股权投资——B公司　　700 000
　　贷:股本　　200 000
　　　　资本公积　　500 000

调整分录:

借:固定资产　　70 000
　　贷:资本公积　　70 000

抵销分录:

借:股本　　240 000
　　资本公积　　150 000
　　盈余公积　　64 000
　　未分配利润　　28 000
　　商誉　　266 200
　　贷:长期股权投资——B公司　　700 000
　　　　少数股东权益　　48 200

其中:少数股东权益=B公司可辨认净资产的公允价值×少数股东权益持股比例
=482 000×10%=48 200(元)

商誉=企业合并成本－合并中取得的被购买方可辨认净资产公允价值份额
=700 000－482 000×90%=266 200(元)

(2)编制A公司合并报表工作底稿。

A公司合并报表工作底稿

2017年1月1日　　单位:元

项　目	A公司	B公司	调整与抵销分录		合并资产负债表
			借　方	贷　方	
货币资金	175 000	140 000			315 000
应收账款	300 000	240 000			540 000
存货	275 000	220 000			495 000
长期股权投资——B公司	700 000			700 000	
固定资产	350 000	280 000	70 000		700 000
商誉			266 200		266 200
资产合计	**1 800 000**	**880 000**			**2 316 200**
短期借款	150 000	120 000			270 000
应付账款	200 000	160 000			360 000
应交税费	35 000	28 000			63 000
长期借款	200 000	160 000			360 000
负债合计	**585 000**	**468 000**			**1 053 000**
股本	500 000	240 000	240 000		500 000
资本公积	600 000	80 000	150 000	70 000	600 000
盈余公积	80 000	64 000	64 000		80 000
未分配利润	35 000	28 000	28 000		35 000
少数股东权益				48 200	48 200
所有者权益合计	**1 215 000**	**412 000**			**1 263 200**

三、复习思考题

略。

四、案例分析题

略。

第六章　购并日后合并财务报表的编制

二、本章练习题

(一)判断题

1.√　2.√　3.√　4.√　5.√　6.×　7.×　8.√　9.×　10.√

(二)单项选择题

1. D　2. B　3. A　4. C　5. D　6. C　7. B　8. C　9. A　10. D

(三)多项选择题

1. BD　2. AD　3. BCD　4. ACDE　5. ABE　6. ADE
7. AD　8. CDE　9. DE　10. DE

(四)计算分析题

练习一

(单位:万元)

(1)2017 年 1 月 1 日,A 公司对 B 公司进行投资时:

借:长期股权投资——B 公司　4 375
　　贷:银行存款　4 375

2017 年 3 月 5 日,B 公司宣告发放现金股利时:

借:应收股利　105
　　贷:投资收益　105

2017 年 3 月 9 日,实际收到现金股利时:

借:银行存款　105
　　贷:应收股利　105

(2)购买日 B 公司可辨认净资产的公允价值＝6 850－1 425＝5 425(万元)

购买日 A 公司应在合并资产负债表上确认的商誉＝4 375－5 425×70％＝577.50(万元)

购买日 A 公司应在合并资产负债表上确认的少数股东权益＝5 425×30％
＝1 627.50(万元)

调整分录如下:

借:存货　95
　　固定资产　2 075
　　无形资产　500
　　贷:资本公积　2 670

抵销分录如下:

借:股本　1 250
　　资本公积　3 420
　　盈余公积　250
　　未分配利润　505
　　商誉　577.50
　　贷:长期股权投资——B 公司　4 375
　　　　少数股东权益　1 627.50

(3)①B 公司存货低估金额＝225－130＝95(万元)

B 公司固定资产折旧费用少计金额＝(4 650－2 575)/10＝207.50(万元)

B 公司无形资产摊销少计金额＝(750－250)/10＝50(万元)

B 公司调整后的净利润＝800－95－207.50－50＝447.50(万元)

A 公司占 B 公司调整后净利润的份额＝447.50×70％＝313.25(万元)

归属于少数股东的净利润＝447.50×30％＝134.25(万元)

权益法下 A 公司长期股权投资的余额＝4 375－105＋313.25＝4 583.25(万元)

成本法下 A 公司长期股权投资的余额＝4 375(万元)

应调整增加长期股权投资余额＝4 583.25－4 375＝208.25(万元)

因此,合并工作底稿上应编制调整与抵销分录如下:

借:长期股权投资——B 公司	208.25	
贷:投资收益		208.25

②基于购买日的公允价值对 B 公司各资产和负债的账面价值进行调整:

借:营业成本	95	
固定资产	2 075	
无形资产	500	
贷:资本公积		2 670

③调整资产和负债高估数和低估数对 2017 年度的影响:

借:管理费用	207.50	
贷:固定资产		207.50
借:管理费用	50	
贷:无形资产		50

④将 A 公司对 B 公司的长期股权投资的年末余额同 B 公司所有者权益的年末余额抵销,确认少数股东权益和商誉。

借:股本	1 250	
资本公积	3 420	
盈余公积	330	
年末未分配利润	722.50	
商誉	577.50	
贷:长期股权投资——B 公司		4 583.25
少数股东权益		1 716.75

⑤抵销 A 公司对 B 公司的投资收益与 B 公司的利润分配,确认少数股东净利润。

借:投资收益	313.25	
少数股东净利润	134.25	
年初未分配利润	505	
贷:提取盈余公积		80
对股东的分配		150
年末未分配利润		722.50

练习二

借:投资活动现金流量——购买固定资产付现	20 000	
贷:经营活动现金流量——销售商品收现		20 000

借:筹资活动现金流量——分配股利付现 180 000
　　贷:投资活动现金流量——分得股利收现 180 000
借:经营活动现金流量——支付其他与经营活动有关的现金 10 000
　　贷:经营活动现金流量——收到其他与经营活动有关的现金 10 000
借:经营活动现金流量——购买商品付现 80 000
　　贷:经营活动现金流量——销售商品收现 80 000
借:投资活动现金流量——权益性投资付现 100 000
　　贷:筹资活动现金流量——吸收投资收现 100 000

三、复习思考题

略。

四、案例分析题

略。

第七章　集团公司内部交易事项的处理

二、本章练习题

(一)判断题

1. × 2. × 3. × 4. × 5. √ 6. × 7. × 8. × 9. √ 10. √

(二)单项选择题

1. A 2. D 3. C 4. D 5. B 6. D 7. C 8. C 9. C 10. A

(三)多项选择题

1. ABCD 2. ABCDE 3. ACDE 4. BE 5. ABCDE 6. BCD
7. BCDE 8. BDE 9. ABC 10. BDE

(四)计算分析题

练习一

(1)该设备的入账价值(或原价)=140.4+1+0.6+8=150(万元)

(2)该设备每月应计提的折旧额=150×(1-4%)/36=4(万元)

(3)使用期满时进行清理的情况下,A公司编制各年度合并财务报表中有关购买、使用该设备的抵销分录如下(单位:万元):

①2015 年度。

借:营业收入 120
　　贷:营业成本 84
　　　　固定资产 36

借：累计折旧　7
　　贷：管理费用　7

②2016 年度。

借：年初未分配利润　36
　　贷：固定资产　36
借：累计折旧　7
　　贷：年初未分配利润　7
借：累计折旧　12
　　贷：管理费用　12

③2017 年度。

借：年初未分配利润　36
　　贷：固定资产　36
借：累计折旧　19
　　贷：年初未分配利润　19
借：累计折旧　12
　　贷：管理费用　12

④2018 年度。

借：年初未分配利润　5
　　贷：管理费用　5

练习二

(单位：万元)

(1)抵销甲公司长期股权投资和 A 公司所有者权益：

借：股本　2 000
　　资本公积　700
　　盈余公积——年初　500
　　　　　　——本年　300
　　未分配利润　500
　　商誉　400
　　贷：长期股权投资　2 800
　　　　少数股东权益(4 000×40%)　1 600

(2)抵销甲公司投资收益和 A 公司利润分配项目：

借：投资收益　960
　　少数股东损益(1 600×40%)　640
　　年初未分配利润　400
　　贷：提取盈余公积　300
　　　　对所有者(或股东)的分配　1 200
　　　　年末未分配利润　500

(3)内部债权、债务的抵销：

借：坏账准备　150

贷:年初未分配利润 150

借:应付账款 1 800

贷:应收账款 1 800

借:坏账准备 50

贷:资产减值损失 50

(4)内部商品销售业务的抵销:

借:年初未分配利润(1 600×15%) 240

贷:营业成本 240

借:递延所得税资产 60

贷:年初未分配利润 60

借:营业收入 10 000

贷:营业成本 10 000

借:营业成本(2 000×20%) 400

贷:存货 400

2017 年 12 月 31 日,企业集团 X 产品的账面价值为 1 600 万元,计税基础为 2 000 万元,产生可抵扣暂时性差异 400 万元,X 产品产生的递延所得税资产的期末余额应为 100 万元,期初为 60 万元,应确认 40 万元递延所得税资产。

借:递延所得税资产 40

贷:所得税费用 40

(5)内部固定资产交易的处理:

借:年初未分配利润(800－680) 120

贷:固定资产 120

借:累计折旧[(800－680)÷6×6/12] 10

贷:年初未分配利润 10

借:累计折旧 20

贷:管理费用 20

三、复习思考题

略。

四、案例分析题

略。

第八章　信息披露

二、本章练习题

(一)判断题

1. ×　2. √　3. ×　4. √　5. √　6. √　7. ×　8. √　9. ×　10. √

(二)单项选择题

1.D 2.D 3.D 4.D 5.C 6.C 7.C 8.D 9.B 10.B

(三)多项选择题

1.ABDE 2.BCD 3.ABCDE 4.BCDE 5.ABC 6.ACDE
7.ABCDE 8.ABCD 9.ABCE 10.CE

(四)计算分析题

练习一

首先,不难发现,甲铝业公司各经营分部对外交易收入均超过其分部收入的50%(详见下表),满足大部分收入为对外交易收入的条件。

对外交易收入占各分部收入的比重 单位:万元

经营分部	对外交易收入	分部间交易收入	合　计	对外交易收入占该分部收入比重
氧化铝板块	1 800	660	2 460	73%
原铝板块	10 800	1 500	12 300	88%
贸易板块	7 500	600	8 100	93%
能源板块	2 000	—	2 000	100%
合　计	22 100	2 760	24 860	

其次,所有分部收入之和为24 860万元,因此,判断标准为所有分部收入合计额的10%,即2 486(万元)。根据收入判断标准,原铝板块和贸易板块应作为报告分部在报表附注中进行披露,而氧化铝板块和能源板块不纳入报告分部。具体判断过程如下表所示:

报告分部的判定:10%收入标准 单位:万元

经营分部	分部收入		判断标准	是否确认为报告分部
氧化铝板块	2 460	≤	2 486	否
原铝板块	12 300	≥	2 486	是
贸易板块	8 100	≥	2 486	是
能源板块	2 000	≤	2 486	否

练习二

由下表可知,红星服装公司盈利分部的利润合计额为480万元,亏损分部合计额的绝对额为50万元,因此,应取两者中的较大者480万元的10%确定是否为报告分部,判断值为480×10%=48(万元)。

红星服装各经营分部盈利情况　　单位:万元

项　目	男装分部	女装分部	童装分部
营业收入	300	860	520
营业成本	350	400	300
营业利润	－50	260	220

根据利润判断标准,男装分部、女装分部和童装分部均应作为报告分部在报表附注中进行披露。具体判断过程如下表所示:

报告分部的判定:10%利润标准　　单位:万元

经营分部	利润绝对额	亏损绝对额		判断标准	是否确认为报告分部
男装分部		50	≥	48	是
女装分部	260		≥	48	是
童装分部	220		≥	48	是

练习三

爱华家电资产总额为 4 750 万元,根据资产判断标准,判断值为 4 750×10%＝475(万元),所有分部均应作为报告分部在报表附注中进行披露。具体判断标准如下表所示:

报告分部的判定:10%资产标准　　单位:万元

分　部	分部资产		判断标准	是否确认为报告分部
冰箱分部	1 300	≥	475	是
冰柜分部	1 200	≥	475	是
微波炉分部	1 000	≥	475	是
销售分部	1 250	≥	475	是

练习四

甲公司截至 2017 年 3 月 31 日、6 月 30 日和 9 月 30 日分别提供各季度财务报告中应当分别提供的财务报表如下表所示:

2017 年第一季度应提供的财务报表

报表类别	本年度 中期财务报表时间(或期间)	上年度 比较财务报表时间(或期间)
资产负债表	2017 年 3 月 31 日	2016 年 12 月 31 日
利润表	2017 年 1 月 1 日～3 月 31 日	2016 年 1 月 1 日～3 月 31 日
现金流量表	2017 年 1 月 1 日～3 月 31 日	2016 年 1 月 1 日～3 月 31 日

2017 年第二季度应提供的财务报表

报表类别	本年度 中期财务报表时间(或期间)	上年度 比较财务报表时间(或期间)
资产负债表	2017 年 6 月 30 日	2016 年 12 月 31 日
利润表(本中期)	2017 年 4 月 1 日～6 月 30 日	2016 年 4 月 1 日～6 月 30 日
利润表(年初至本中期末)	2017 年 1 月 1 日～6 月 30 日	2016 年 1 月 1 日～6 月 30 日
现金流量表	2017 年 1 月 1 日～6 月 30 日	2016 年 1 月 1 日～6 月 30 日

2017 年第三季度应提供的财务报表

报表类别	本年度 中期财务报表时间(或期间)	上年度 比较财务报表时间(或期间)
资产负债表	2017 年 9 月 30 日	2016 年 12 月 31 日
利润表(本中期)	2017 年 7 月 1 日～9 月 30 日	2016 年 7 月 1 日～9 月 30 日
利润表(年初至本中期末)	2017 年 1 月 1 日～9 月 30 日	2016 年 1 月 1 日～9 月 30 日
现金流量表	2017 年 1 月 1 日～9 月 30 日	2016 年 1 月 1 日～9 月 30 日

练习五

南方公司应在 2017 年第三季度财务报告中确认 10 万元存货跌价损失。

中期会计要素的确认和计量应当与年度报告一致,中期会计计量应当以年初至本中期末为基础。《企业会计准则第 1 号——存货》规定,资产负债表日,存货应当按照成本与可变现净值孰低计量。存货成本高于其可变现净值的,应当计提存货跌价准备,计入当期损益。

三、复习思考题

略。

四、案例分析题

略。

第九章　公允价值会计

二、本章练习题

(一)判断题

1.× 2.√ 3.× 4.√ 5.× 6.√ 7.√ 8.√ 9.√ 10.√

(二)单项选择题

1.C 2.B 3.D 4.C 5.B 6.D 7.A 8.B 9.C 10.A

(三)多项选择题

1. ACD　　2. BC　　3. ABC　　4. ABCD　　5. ABCD　　6. BC
7. ACD　　8. CD　　9. ABCD　　10. ABCD

(四)计算分析题

练习一

(1)2016 年 12 月 20 日取得该项交易性金融资产的入账价值＝860－4＝856(万元)
(2)取得时确认的投资收益＝－4(万元)
收到现金股利时确认的投资收益＝100×1＝100(万元)
出售时确认的投资收益＝950－(860－4)＝94(万元)
甲公司从取得至出售该项交易性金融资产累计应确认的投资收益＝－4＋100＋94
＝190(万元)

(3)出售前公允价值变动损益与投资收益是损益类内部科目结转,不影响出售利润,影响利润总额的金额为出售价款与出售时资产账面价值的差额,即甲公司出售该项交易性金融资产时影响利润总额的金额＝950－100×9＝50(万元)。

练习二

(单位:万元)
(1)2014 年 12 月 31 日:
借:投资性房地产　　3 940
　累计折旧　　312
　贷:固定资产　　3 940
　　投资性房地产累计折旧[(3 940－40)/50×4]　　312
(2)2015 年 1 月 1 日:
借:银行存款　　480
　贷:预收账款　　480
2015 年 1 月 31 日:
每月确认的租金收入＝480/12＝40(万元)
每月计提的折旧额＝(3 940－40)/50/12＝6.5(万元)
借:预收账款　　40
　贷:其他业务收入　　40
借:其他业务成本　　6.5
　贷:投资性房地产累计折旧　　6.5
(3)2016 年 12 月 31 日:
借:投资性房地产——成本　　4 472
　投资性房地产累计折旧[(3 940－40)/50×6]　　468
　贷:投资性房地产　　3 940
　　盈余公积　　100
　　利润分配——未分配利润　　900

(4)2017 年 12 月 31 日：

借：投资性房地产——公允价值变动(4 550－4 472)　　78

　贷：公允价值变动损益　　78

(5)2018 年 1 月 1 日：

借：银行存款　　4 600

　贷：其他业务收入　　4 600

借：其他业务成本　　4 550

　贷：投资性房地产——成本　　4 472

　　　　　　　　——公允价值变动　　78

借：公允价值变动损益　　78

　贷：其他业务成本　　78

第十章　租赁会计

二、本章练习题

(一)判断题

1.√　2.×　3.×　4.×　5.×　6.√　7.×　8.√　9.√　10.×

(二)单项选择题

1. A　2. A　3. B　4. D　5. B　6. A　7. D　8. A　9. B　10. A

(三)多项选择题

1. BD　2. ABE　3. ACD　4. ABC　5. AB　6. BDE
7. ABCD　8. ABCDE　9. ABCD　10. ABCE

(四)计算分析题

练习一

(1)本租赁属于融资租赁。

理由：该最低租赁付款额的现值＝1 000/(1＋6%)＋1 000/$(1+6\%)^2$＋100/$(1+6\%)^2$＝1 922.40(万元)，占租赁资产公允价值的 90%以上，因此符合融资租赁的判断标准，该项租赁应当认定为融资租赁。

(2)起租日的会计分录如下：

最低租赁付款额＝1 000×2＋100＝2 100(万元)

租赁资产的入账价值＝1 922.40(万元)

未确认的融资费用＝2 100－1 922.40＝177.60(万元)

借：固定资产　　1 922.40

　　未确认融资费用　　177.60

　贷：长期应付款　　2 100

(3)2017年12月31日的会计分录如下：

支付租金时：

借：长期应付款　　1 000

　　贷：银行存款　　1 000

确认当年应分摊的融资费用时：

当年应分摊的融资费用＝1 922.40×6％＝115.34(万元)

借：财务费用　　115.34

　　贷：未确认融资费用　　115.34

计提折旧时：

计提折旧＝(1 922.40－100)/2＝911.20(万元)

借：制造费用　　911.20

　　贷：累计折旧　　911.20

2018年12月31日的会计分录如下：

支付租金时：

借：长期应付款　　1 000

　　贷：银行存款　　1 000

确认当年应分摊的融资费用时：

当年应分摊的融资费用＝177.6－115.34＝62.26(万元)

借：财务费用　　62.26

　　贷：未确认融资费用　　62.26

计提折旧时：

计提折旧＝(1 922.40－100)/2＝911.20(万元)

借：制造费用　　911.20

　　贷：累计折旧　　911.20

归还设备时：

借：长期应付款　　100

　　累计折旧　　1 822.40

　　贷：固定资产　　1 922.40

练习二

(1)最低租赁收款额＋未担保余值＝(最低租赁付款额＋第三方担保余值)＋未担保余值

＝[(各期租金之和＋承租人担保余值)＋第三方担保余值]＋未担保余值

＝[(1 000 000×3＋0)＋0]＋0＝3 000 000(元)

最低租赁收款额＝1 000 000×3＝3 000 000(元)

最低租赁收款额的现值＝2 700 000(元)

未实现融资收益＝(最低租赁收款额＋初始直接费用＋未担保余值)－(最低租赁收款额的现值＋初始直接费用＋未担保余值的现值)

＝3 000 000－2 700 000

＝300 000(元)

(2)判断租赁类型。

最低租赁收款额的现值为 2 700 000 元，大于租赁资产原账面价值的 90%，即 2 340 000 元(2 600 000×90%)，满足融资租赁的标准，因此，B 公司应当将该项租赁认定为融资租赁。

(3)账务处理。

①2016 年 1 月 1 日，租出程控生产线，发生初始直接费用时：

借：长期应收款——应收融资租赁款　　3 000 000

　贷：融资租赁资产　　2 600 000

　　营业外收入　　100 000

　　未实现融资收益　　300 000

②未实现融资收益分配的账务处理。

第一步，计算租赁期内各租金收取期应分配的未实现融资收益。

未实现融资收益分配表

2016 年 1 月 1 日

单位：元

日　期	租　金	确认的融资收入	租赁投资净额减少额	租赁投资净额余额
①	②	③=期初⑤×5.46%	④=②-③	期末⑤=期初⑤-④
(1)2016 年 1 月 1 日				2 700 000
(2)2016 年 12 月 31 日	1 000 000	147 420	852 580	1 847 420
(3)2017 年 12 月 31 日	1 000 000	100 869.13	899 130.87	948 289.13
(4)2018 年 12 月 31 日	1 000 000	51 710.87	948 289.13	0
合　计	3 000 000	300 000	2 700 000	

第二步，账务处理。

2016 年 12 月 31 日，收到第一期租金时：

借：银行存款　　1 000 000

　贷：长期应收款——应收融资租赁款　　1 000 000

2016 年 1～12 月，每月确认融资收入时：

借：未实现融资收益(147 420÷12)　　12 285

　贷：租赁收入　　12 285

2017 年 12 月 31 日，收到第二期租金时：

借：银行存款　　1 000 000

　贷：长期应收款——应收融资租赁款　　1 000 000

2017 年 1～12 月，每月确认融资收入时：

借：未实现融资收益(100 869.13÷12)　　8 405.76

　贷：租赁收入　　8 405.76

2018 年 12 月 31 日，收到第三期租金时：

借：银行存款　　1 000 000

　贷：长期应收款——应收融资租赁款　　1 000 000

2018 年 1～12 月，每月确认融资收入时：

借：未实现融资收益(51 710.87÷12)　　4 309.24

　贷：租赁收入　　4 309.24

③或有租金的会计处理。

2017 年 12 月 31 日，根据合同规定应向 A 公司收取经营分享收入 100 000 元时：

借：应收账款——A 公司　　100 000

　　贷：租赁收入　　100 000

2018 年 12 月 31 日，根据合同规定应向 A 公司收取经营分享收入 150 000 元时：

借：应收账款——A 公司　　150 000

　　贷：租赁收入　　150 000

④租赁期届满时的会计处理。

2018 年 12 月 31 日，将该生产线从 A 公司收回，做备查登记。

练习三

(1)该项租赁属于经营租赁。

(2)承租人的会计处理。

租入设备时，对租赁资产在租入固定资产备查簿中登记。

支付押金时：

借：其他应收款　　10 000

　　贷：银行存款　　10 000

按月确认租金时：

借：管理费用　　2 500

　　贷：其他应付款　　2 500

年末支付租金时：

借：其他应付款　　30 000

　　贷：银行存款　　30 000

交还设备时，注销备查簿的登记，同时收回押金。

借：银行存款　　10 000

　　贷：其他应收款　　10 000

(3)出租人的会计处理：

租出资产时：

借：固定资产——租出固定资产　　150 000

　　贷：固定资产——不需用固定资产　　150 000

收到押金时：

借：银行存款　　10 000

　　贷：其他应付款　　10 000

出租设备发生相关费用时：

借：其他业务成本　　1 500

　　贷：银行存款　　1 500

按月确认租金收入时：

借：其他应收款　　2 500

　　贷：其他业务收入　　2 500

按月计提折旧时：

每月应提折旧额=(150 000−1 500)÷8÷12=1 546.88(元)

借:其他业务成本　1 546.88
　　贷:累计折旧　1 546.88

每年年末收到租金时:

借:银行存款　30 000
　　贷:其他应收款　30 000

退还押金时:

借:其他应付款　10 000
　　贷:银行存款　10 000

期满收回设备时:

借:固定资产——不需用固定资产　150 000
　　贷:固定资产——租出固定资产　150 000

练习四

因为租赁期届满时租赁资产转让给A公司,所以此项租赁属于融资租赁。

(1)出售资产时:

借:固定资产清理　900 000
　　累计折旧　300 000
　　贷:固定资产　1 200 000

借:银行存款　1 000 000
　　贷:固定资产清理　900 000
　　　　递延收益——未实现售后租回损益(融资租赁)　100 000

(2)取得租赁资产时:

最低租赁付款额的现值为100万元,与租赁资产的价格相同,因此,A公司应按100万元作为融资租赁资产的入账价值。

借:固定资产——融资租入固定资产　1 000 000
　　未确认融资费用　600 000
　　贷:长期应付款——应付融资租赁款　1 600 000

(3)年末计提折旧时:

租赁期内折旧总额为100万元,每年应计提的折旧额为100÷8=12.5(万元),假定按年计提折旧:

借:制造费用——折旧费　125 000
　　贷:累计折旧　125 000

(4)年末分摊未确认融资费用时:

2017年应分摊未确认融资费用的金额=1 000×11.82%=11.82(万元)

借:财务费用　118 200
　　贷:未确认融资费用　118 200

(5)年末分摊未实现售后租回损益时:

借:递延收益——未实现售后租回损益(融资租赁)　12 500
　　贷:制造费用——折旧费　12 500

三、复习思考题

略。

四、案例分析题

略。

第十一章　企业财务困境

二、本章练习题

(一)判断题

1. √　2. √　3. ×　4. ×　5. √　6. ×　7. √　8. ×　9. √　10. √

(二)单项选择题

1. C　2. A　3. D　4. A　5. B　6. B　7. B　8. C　9. C　10. A

(三)多项选择题

1. ABCDE　2. ABD　3. CDE　4. AD　5. AD　6. ABCD
7. ABCD　8. ABCD　9. AB　10. ABC

(四)计算分析题

练习一

(单位:万元)

1. 乙公司(债务人)的会计分录:

2016年12月31日:

借:应付账款	125	
贷:应付账款——债务重组		100
预计负债(100×2%×1)		2
营业外收入——债务重组利得		23

2017年12月31日支付利息时:

借:财务费用(100×5%)	5	
贷:银行存款		5

2018年12月31日假设乙公司自债务重组后的第二年起盈利:

借:应付账款——债务重组	100	
财务费用	5	
预计负债	2	
贷:银行存款		107

假设乙公司自债务重组后的第二年起无盈利：

借：应付账款——债务重组 100
　财务费用 5
　预计负债 2
　　贷：银行存款 105
　　　营业外收入 2

2. 甲公司(债权人)的会计分录：

2016 年 12 月 31 日：

借：应收账款——债务重组 100
　营业外支出——债务重组损失 25
　　贷：应收账款 125

2017 年 12 月 31 日收到利息时：

借：银行存款 5
　　贷：财务费用(100×5%) 5

2018 年 12 月 31 日假设乙公司自债务重组后的第二年起盈利：

借：银行存款 107
　　贷：应收账款——债务重组 100
　　　财务费用 7

假设乙公司自债务重组后的第二年起无盈利：

借：银行存款 105
　　贷：应收账款——债务重组 100
　　　财务费用 5

练习二

(单位：万元)

1. 乙公司(债务人)的会计分录

计算债务重组利得＝800－(585＋200)＝15(万元)

计算无形资产的处置损益＝200－(100－20)－10＝110(万元)

借：应付账款 800
　累计摊销 20
　　贷：主营业务收入 500
　　　应交税费——应交增值税(销项税额)(85＋12) 97
　　　无形资产 100
　　　营业外收入——处置非流动资产利得 110
　　　债务重组利得 13

借：主营业务成本 390
　存货跌价准备 10
　　贷：库存商品 400

2. 甲公司(债权人)的会计分录

借:库存商品　500
　应交税费——应交增值税(进项税额)　85
　无形资产　200
　坏账准备　20
　　贷:应收账款　800
　　　资产减值损失　5

练习三

(单位:万元)

1. 甲企业的账务处理

借:应付账款　234
　　贷:主营业务收入　200
　　　应交税费——应交增值税(销项税额)　34
借:主营业务成本　185
　　贷:库存商品　185
借:税金及附加　18
　　贷:应交税费——应交消费税　18
借:存货跌价准备　1
　　贷:主营业务成本　1

2. 乙企业的账务处理

借:库存商品　180
　应交税费——应交增值税(进项税额)　30.6
　坏账准备　4
　营业外支出　19.4
　　贷:应收账款——甲企业　234

练习四

(1)借:银行存款　325 000
　　清算损益　141 820
　　贷:应收账款　466 820
(2)借:银行存款　175 500
　　清算损益　43 000
　　贷:原材料　193 000
　　　应交税费——应交增值税(销项税额)　25 500
(3)借:银行存款　432 000
　　清算损益　48 000
　　贷:在建工程　480 000
(4)借:银行存款　640 000
　　贷:无形资产　500 000
　　　清算损益　140 000

(5)借:清算损益　32 000
　　贷:应交税费——应交增值税(销项税额)　32 000

练习五

(1)借:银行存款　230 000
　　清算损益　70 000
　　贷:应收账款　300 000
(2)借:银行存款　58 500
　　清算损益　5 000
　　贷:库存商品　55 000
　　　应交税费——应交增值税(销项税额)　8 500
(3)借:清算费用　10 000
　　贷:银行存款　10 000

三、复习思考题

略。

四、案例分析题

略。

第十二章　外币交易会计

二、本章练习题

(一)判断题

1.✓　2.✓　3.✓　4.×　5.×　6.×　7.×　8.✓　9.×　10.✓

(二)单项选择题

1.D　2.D　3.B　4.C　5.D

(三)多项选择题

1.BC　2.AB　3.ABCD　4.AC　5.ACD　6.ABCD
7.ABD　8.ACD　9.BC　10.AB

三、复习思考题

略。

四、案例分析题

略。

第十三章　外币报表折算

二、本章练习题

(一)判断题

1. ×　2. ×　3. ×　4. ×　5. ×　6. √　7. √　8. √　9. √　10. √

(二)单项选择题

1. C　2. A　3. C　4. A　5. A

(三)多项选择题

1. ABCD　2. ABCD　3. ABD　4. AB　5. AB

三、复习思考题

略。

四、案例分析题

略。